明朝果然很有料

第三卷

小院之观
著

中国工人出版社

图书在版编目（CIP）数据

明朝果然很有料. 第三卷 / 小院之观著. —北京：中国工人出版社，2023.4
ISBN 978-7-5008-8178-0

Ⅰ.①明… Ⅱ.①小… Ⅲ.①中国历史－明代－通俗读物 Ⅳ.①K248.09

中国国家版本馆CIP数据核字（2023）第071461号

明朝果然很有料·第三卷

出 版 人	董　宽
责任编辑	刘广涛
责任校对	张　彦
责任印制	黄　丽
出版发行	中国工人出版社
地　　址	北京市东城区鼓楼外大街45号　邮编：100120
网　　址	http://www.wp-china.com
电　　话	（010）62005043（总编室）　62005039（印制管理中心） （010）62379038（社科文艺分社）
发行热线	（010）82029051　62383056
经　　销	各地书店
印　　刷	三河市万龙印装有限公司
开　　本	710毫米×1000毫米　1/16
印　　张	21.5
字　　数	325千字
版　　次	2023年7月第1版　2024年5月第2次印刷
定　　价	49.80元

目 / 录

第一章『夺门之变』

“金刀案”之谜

朱祁镇被送到南内疗养后，除了被禁止在宫内自由走动，总体来说日子还算过得去，直到发生了一桩“金刀案”。

“金刀案”的起因并不复杂，朱祁钰派到南宫监视和服侍朱祁镇的是一群宦官，其中有个叫阮浪的老宦官。一天，朱祁镇把自己使用过的一把金刀和一个金绣袋送给了阮浪，阮浪又转送给了他的朋友皇城使王瑶。王瑶接手刀、袋后又向他的朋友卢忠炫耀一番。卢忠是个锦衣卫，出于职业的敏感性，他意识到这刀和袋都不是寻常物品，便将王瑶灌醉后偷走刀、袋，报告给太监高平。高平向朱祁钰密报，太上皇用金刀和金绣袋收买人心，有阴谋复辟的意思。“金刀案”案发，阮浪和王瑶被下狱拷打，但并没有从他们口中问出什么，两人都被处决。

此案过后，朱祁钰把对哥哥朱祁镇的戒备等级大大提高，不仅派锦衣卫日夜监视，还把大门上锁灌铅，送给太上皇的食物，只能从门上的小洞递进去。为了防备有人越过高墙与太上皇联系，他还下令把南宫的树木全部砍掉，剥夺了朱祁镇夏天在院子里乘凉的权利。

从表面证据来看，“金刀案”是朱祁钰捕风捉影，把哥哥朱祁镇的生活水平一降再降，真是太过分了！可是，这桩案件的关键在于，朱祁镇送刀、袋给阮浪，到底是什么意思？

阮浪在诏狱遭受严刑折磨，也没有供出只言片语，后来史书里只能这样记录：“英宗居南宫，浪入侍，赐镀金绣袋及镀金刀。”这样来看，阮浪、王瑶两人并没有和太上皇阴谋复辟的动机。

但是我们简单推理一下，事情可能没这么简单。朱祁镇是大明身份最敏感的人，阮浪很清楚这一点。这位老宦官在永乐年间就已入宫，经历过朱高煦的夺嫡之争和朱祁钰即位后清算王振的行动，是见识过残酷政治斗争的人。阮浪也不是个憨直之人，他时任御用监少监，说明他是个有点文化的宦官。如果说阮浪只是收了朱祁镇的刀、袋自己把玩，那也就算了，关键是他竟然如此“大方”，把御用之物送给了王瑶。

皇帝送的贵重物品，随便就转手送人，这合适吗？而且这位皇帝还是身份敏感的太上皇！阮浪本来就是被派去监视、服侍朱祁镇的，他这是得有多大的胆子？更想不到的是，王瑶竟然也大大咧咧地收下了，这得是有多大的心啊。

这把刀不是普通的刀，记载中是“异常制”，估计上面刻着皇家标识，才会被卢忠一眼看出是御用之物。

王瑶的身份要比阮浪更为重要，他时任皇城使，负责宫门出入和启闭等事，并负有侦察、保卫等任务，是事关皇宫安全的一个官员。一个是宦官，另一个是外臣，阮浪为啥不送别人，偏偏送给王瑶？

几个疑点结合起来看，朱祁镇未必无辜。

那么，阮浪、王瑶在狱中为什么死也不肯承认与朱祁镇相勾结呢？这也不难解释，谋逆这种超级重罪，不管承认与否，都难逃一死，区别是不承认只会自己死，承认了会株连到家人。

从朱祁钰最后的判决（凌迟）来看，他认定阮浪、王瑶犯的是谋逆罪。但由于两人并没有承认，所以没有株连到他们的家人，同时也保住了朱祁镇。

这个判决只能说是正常操作，毕竟朱祁钰是皇帝，要是真想弄死太上皇，即便没有口供也不是不能操作，搞个失足落水、患病暴毙，都是很简单的事。一桩可以大做文章的谋逆大案，在朱祁钰手里办得虎头蛇尾，要是落到他父亲朱瞻基手里，不把朱祁镇和他的儿子们都杀光，那都是客气的了。

再从朱祁镇的角度看，联系到“金刀案”发生的时间点，也不能说他一定是心如止水。因为在景泰三年（1452 年），发生了一件对他极其不利的事。

易储风波

坐稳了帝位，朱祁钰在满足之余，始终被一件事所困扰，那就是当初与孙太后的那个政治交易。太后的意思很明白，大明江山依然属于朱祁镇和他的子孙。朱祁钰即使当上了皇帝，也只不过是代理执政而已，最后是要交还给哥哥那一支的。

在“土木堡之变”刚发生时，只是郕王的朱祁钰没办法和孙太后较量，可是当坐稳了龙椅后，他就开始对这个交易越来越不满。他想的已不仅仅是自己，而是要他的儿子、他儿子的儿子都当上皇帝。要达到这个目的，就必须废掉侄儿朱见深，立自己的儿子朱见济为太子。

朱祁钰也知道，废立太子有违之前的交易，为此他先向身边的太监金英试探口风说：“七月初二，是东宫太子的生日。”金英马上回答：“东宫生日是十一月初二。”前者是朱祁钰之子朱见济的生日，后者是太子朱见深的生日。朱祁钰揣着明白装糊涂，讨了老大个没趣。

初步试探没有达到理想的效果，朱祁钰隐忍了一段时间，又开始不断地试探大臣。为了收买人心，他还动用了自己的私房钱，来给内阁成员发双倍俸禄。但是在“正统性”这种事上，明朝大臣们是出了名的“死硬”，他们宁愿少拿钱，甚至挨骂、挨打，也要维护心中的“道”。

面对朝野上下一边倒的反对声，朱祁钰怒了，他终于决定撕毁之前与孙太后达成的协议，无论如何也要办成这件事。在皇权高度集中的明朝，当一个皇帝下定决心，要在朝堂上达成一个决议时，只要他不在乎大家的议论和身后的评价，那他就真的能做到。

这件事上朱祁钰决定要做了，就连他的汪皇后（非朱见济生母），也因极力反对丈夫的做法触怒了他，竟被废掉后位，打入冷宫。

朱祁钰宣布，反对无效，我就是要废立太子，你们能拿我怎么样？除了集体辞官，大臣们还真不能怎么样。但就算辞官也改变不了结果，百官终于沉默下来，他们不得不接受这个现实，朱见深的太子之位是保不住了。

景泰三年（1452 年）五月初二，朱祁钰废掉侄子朱见深的太子之位，改封沂王，立自己四岁的独子朱见济为太子。

易储事件中，头号重臣于谦也沉默了。于谦拒绝了朱祁钰的双倍俸禄，但在皇上不讲道理的时候，他洪亮的嗓门并没有再次响起，他和众人一样，只能无奈地接受了这个既成事实。当然，于谦就算据理力争，景泰帝朱祁钰也不可能收回成命。可无论如何，于谦没有带头发出声音，多少有点未抗争就服软的意思。这件事，是于谦一生中唯一一件不太圆满的事。

表面上看，“金刀案”和改立太子没什么关系，再看看它们发生的时间，总觉得有点不对劲——景泰三年，易储事件发生；第二年，“金刀案”发生。再把整件事的细节联系到一起：儿子被废——朱祁镇无缘无故地赠御用物品——阮浪莫名其妙地转送他人——这个人偏偏是皇城使王瑶。把它推理为：朱祁镇在南宫安安稳稳地待了三年，情绪一直很稳定。可听说儿子的太子之位被废掉后，他就开始不安了，想自己导演一出“夺门之变”——在逻辑和证据链上是可以成立的。至于到底是不是，我们没办法确定，因为后来发生的事，让众多史料中留下的线索有限。

总之，后来朱祁镇果然复辟了，他的判决是将卢忠和高平凌迟，追赠阮浪太监职位。

从“金刀案”后朱祁钰采取的一些措施来看，朱祁镇这位南宫囚徒似乎是遭到了虐待。但是从许多方面都能看出，他的日子过得并不差。

再说明一下，南宫不只是一幢房子，它与东宫等类似，是个建筑群的概念，黑瓦殿只是它的主体建筑。南宫原先是“皇太孙宫”（复于皇城东南建“皇太孙宫”），后来明朝皇帝还隔三岔五地过去住住。它的规制与大内其他宫殿一样，是按照南京皇宫的标准建设的，甚至更加高大壮丽（宫殿门阙规制悉如南京，而高敞壮丽过之）。到了嘉靖年间万寿宫失火时，内阁首辅严嵩还请嘉靖暂时移驾到南宫居住，虽然被拒绝了，也能说明南宫的居住条件是不错的。

南宫的树虽被砍光了，但并不影响朱祁镇的其他业余生活。《明英宗实录》里记载了他复辟后的自述——在南宫时每天弹弹琴、写写书，日子悠闲得很。更能说明问题的是朱祁镇的婚姻生活。这位南宫的囚徒，在被软禁期间竟然和妃子们连生了十个娃娃，存活下来的也有七个。

确实，“金刀案”后，朱祁钰加强了对太上皇朱祁镇的限制，他没有去看过哥哥，群臣想要朝见太上皇就更加不可能了。不过也谈不上虐待，除了加强一些“安保”措施，朱祁钰并没有过多地关注太上皇，甚至没有禁止孙太后与朱祁镇保持联系。

种种迹象显示，除了失去行动自由，太上皇朱祁镇在南宫的生活还是比较丰富多彩的。这样的日子一直过了七年。

或许有人觉得朱祁钰很过分，可这都是朱祁镇自找的。这是他宠信宦官的代价，他要为二十多万大军的死伤和数十位文武大臣的死难负责。王振已经死了，留下朱祁镇反省反省，也没什么不好，至少他还活着。

“夺门之变”

事情照这样发展下去，正常流程会是景泰帝执政若干年后驾崩，传位给朱见济，皇位会在朱祁钰这一支代代传承下去。但是就在朱见济被封为太子后的第二年，这个小娃娃就夭折了。

就在朱祁钰极度痛心的节骨眼上，还有大臣火上浇油。贵州道监察御史钟同上疏复立朱见深为太子，在奏疏里他竟得意扬扬地说："太子薨逝，说明了天命到底在谁身上啊。"朱祁钰大怒，立即下令将钟同下狱杖毙。

钟同被打死，还是挡不住大臣们对太子问题的关心，复立沂王的呼声始终没有断过，朱祁钰则坚决不同意，逻辑很简单，复立沂王的话，不就说明自己当时废立太子是个错误吗？

朱祁钰还不到三十岁，这个年纪应该还能有很多儿子，只要尽快生下个龙种，不就又能重建亲子皇储了？他并没有把大臣们的呼声当回事，而是把希望寄托于在后宫广洒雨露上。可是事与愿违，此后几年他一直也没能再有一儿半女。

更要命的是，可能是由于劳累过度，景泰七年（1456年）年底，朱祁钰在出郊祭天的时候突然病倒了。病情还有点重，他不得不下旨取消原定的元旦贺庆仪式。

这下大臣们着急了，皇上病重，太子问题到了必须解决的时候。以兵部尚书于谦、吏部尚书王文、户部尚书肖镃、工部尚书江渊、兵部左侍郎商辂等为代表的一批大臣都主张复立沂王，他们推举大才子商辂主笔，草拟了一份《复储疏》，打算呈请孙太后，复立沂王监国主政。

事情到这里都很明确，朱祁钰没有儿子，朱见深是朱瞻基的嫡长孙，万一朱祁钰驾崩，由朱见深即位既正常又平稳，所有人都不会有什么话说。

拟完奏疏后天色已晚，众人商定，第二天（正月十五）早朝时一起把奏疏交上去。

但并不是所有人都这么想，政局发生动荡，野心家们必然蠢蠢欲动。景泰八年（1457年）正月，这群野心家分别是石亨、徐有贞、曹吉祥、杨善、张軏、张輗。

因为朱祁钰是出巡郊外时突然发病，所以就近留宿在了城外的斋宫，其他亲近大臣并不在身边，负责护卫的石亨就成了朱祁钰最信任的大臣。

关于立谁当太子，并不是只有一种声音，在于谦等人拟奏疏的同时，另一个小道消息也开始流传：于谦、王文等大臣准备谋立襄王世子。襄王在宣德到正统年间都是个比较敏感的藩王，襄王朱瞻墡是朱瞻基同母弟弟，向来深受母亲张氏宠爱。当初朱瞻基驾崩后，就传出张太后有意立襄王的消息，此事后来不了了之。这次对象又换成了襄王世子朱祁镛，一样传得有鼻子有眼。

石亨亲眼看到了朱祁钰的病情，又听说了谋立襄王世子的流言，开始盘算起来。不管是复立朱见深还是立襄王世子，功劳都是于谦那帮文官的，轮不到石亨这样的武将。

但并不是说石亨就没有机会，办法还是有的。只要挪动一颗棋子，整个棋局就会发生逆转，到时石亨不但能保住自己的地位，还能青云直上，把于谦等人踩在脚下。这枚棋子就是太上皇朱祁镇。

只要拥立朱祁镇，太上皇复辟成功，石亨就是立下头功的从龙之臣，飞黄腾达指日可待。可是朱祁镇现在是个囚徒，要达成这个目标，正常流程是走不通的。石亨需要发动一场政变。

政变很危险，光靠石亨一个人的力量不够，必须与其他野心家合作，他立即派人找到了张軏和曹吉祥。张軏，英国公张辅之弟，任前军都督府右都督，总管京营。曹吉祥就不用多介绍了，这个太监胆大包天，除了大收贿赂，还暗中豢养了一批死士，家里藏有许多盔甲和兵器，只要有利可图，他什么都敢干。

这俩人都对现状有所不满，张軏在景泰二年（1451 年）曾因骄淫不道被下狱，曹吉祥离司礼监的天花板还有段距离。这件大事干成，他们的人生就再也不用奋斗了。

石亨、张軏、曹吉祥有出入皇宫的便利条件，也有一点自己的力量，不过还欠缺一样很重要的东西：谋略。石亨、张軏都是武夫，曹吉祥是个胆大无谋的太监。发动政变不是那么容易的，如果没有周密的方案，不仅容易被当场杀死，还会株连整个家族。

三人做了分工，由曹吉祥进宫密告孙太后复辟之事，得到皇家的支持。石亨和张軏去找太常寺正卿许彬商议，想请这个德高望重的五朝老臣出来为他们出谋划策。许彬很佩服石亨的勇气，可他已经很老了，不想再掺和这些事。他为石亨推荐了另一个人——曾托他办事的徐埕，现在该叫他徐有贞。

徐有贞算是个厉害的角色，不光会治水，还喜好军事。他曾上呈数条提升边军战斗力的办法，当时虽未被采用，但后来有个将领听说后觉得很有道理，还专门翻出徐有贞的文章来学习，这位将领叫戚继光。

在一群死读“四书五经”的士大夫里，徐有贞是个懂点科学的另类。他曾写过《文武论》(前)(后)两篇雄文，处处流露出自己的理想：大丈夫生天地之间，当出将入相，列鼎而食，不可老死无闻，虚度一生！

与石亨、曹吉祥相比，徐有贞确实是有政治抱负的，区区一个左副都御史远不能让他施展拳脚。郁闷的时候，徐有贞就在晚上绕着屋子暴走，嘴里还大喊：你们都不理解我啊！（绕屋驰走，曰：人不知我！）

徐有贞的理想很远大，当有一个能少奋斗十年的机会摆在面前时，他动心了。

这天正好是上元节，石亨找到徐有贞后，他立即跑到屋外，仰望星空，以期找出“天命”所在。正好天上紫微星的位置发生了变化，仿佛在向他说话。

徐有贞大为兴奋，对石亨等人说：“紫微有变，成事就在今晚，机不可失啊。”有了徐有贞的详细谋划，他们决定当晚立即动手。徐有贞换上朝服，在家里焚香祷告一番后，怀着紧张而忐忑的心情离开了家。临行时他交代妻女：“我要去办一件大事，办成了是国家之福，办不成我徐家就是灭顶之灾，你们要有心理准备。”

说完，徐有贞便赶往皇宫，路上他又邀请到了左都御史杨善和靖远伯王骥作为同党。这两个人都是朱祁镇的亲信大臣，当年杨善在两手空空的情况下，仅凭一张嘴就接回了朱祁镇，却并没得到什么封赏。王骥则是因为与王振的关系受到牵连，已经提前退休。他们都是朱祁镇的拥戴者，又都有点不得志。朱祁镇复位对他们都有大大的好处，两人都表示要以死报答太上皇。

另外，石亨叫上了侄儿石彪，曹吉祥带上从子曹钦，张軏又叫上了弟弟张輗。

经过这样一通操作，一个政变集团正式形成了，他们的分工如下：

坚强的核心：徐有贞。

拥有军事指挥才能的将领：石亨、张軏、张輗。

掌管皇城钥匙的内应：曹吉祥。

还有巧舌善辩的杨善、以军功封爵的前文官王骥。

他们还拥有千余人的兵力，包括石亨、曹吉祥的家丁和张軏调来的五百京营士兵。几方人马会合后，一起向皇城进发。目标：夺取南宫大门，救出朱祁镇。

三更锣响过后，“夺门”集团带着两个营的兵力出发了。他们提心吊胆地抄着小路前进，生怕碰到巡夜的士兵，引来京师卫戍部队的围剿。

按理来说，即使他们小心翼翼，千把号人在京城移动，无论如何也会引起许多注意。非常奇怪，明明有许多人看见了他们，可能阻止他们的团营兵马却并没有出现。这一路上，他们甚至没有遇到任何阻拦，非常顺利地就抵达了皇城门口。

徐有贞有点纳闷，提督团营的正是于谦，他不可能没接到报告，可是他在干什么？形势让他来不及多想。曹吉祥喝令开门，门口的守军不明所以，但也不敢过问。四更时分，大队人马在守军的注目下，从长安门进入紫禁城，一路直达南宫。

来到门前，石亨派人用巨木悬于绳上，数十人一齐举木撞门。谁知南宫宫门坚固异常，门没有撞开，反而把右边的墙给震塌了。“夺门”成了夺墙，略微有点尴尬，总之南宫与外界的联系被打通了。众人也不管那么多，从墙洞一拥而入，四处嚷嚷着寻找太上皇朱祁镇。

朱祁镇在南宫度过了七年失去自由的时光，直到这一天，他在沉睡中被轰隆隆的巨响惊醒。战战兢兢地跑出来一看，发现坚实的宫墙已经倒塌，一帮举着刀枪的人从缺口拥了进来。朱祁镇的第一反应是惊慌失措，这很容易让他联想到，弟弟朱祁钰派人来杀自己了。没承想，这些人一看到他，立即跪地磕头高呼“万岁”。

朱祁镇似乎明白了什么，大着胆子问：“莫非你们请我复位吗？这事必须要谨慎啊。”

这时乌云突然散尽，月明星稀。众人士气空前高涨，徐有贞撩起袖子就把朱祁镇扶上辇车，众人簇拥着他直奔奉天殿而去。

这场政变简直顺利得像过家家，看到路上的士兵，朱祁镇只需要大喝一声“朕是太上皇”，便无人敢挡。众人兵不血刃地进入奉天殿，殿上的武士们挥金瓜要打徐有贞等人，也被朱祁镇喝止。

从始至终，预想中很可能出现的武装政变并没有出现，连一丁点交战也没有发生。徐有贞一伙就像奉旨办事一样，直接把朱祁镇抬上了龙椅。众人一起叩拜，高呼“万岁”。石亨敲响钟鼓，召集群臣到来。

这时天色已经微亮了，等待早朝的大臣们开始聚集到了外面。听到钟鼓齐鸣，众人如往常一样按照班次顺序进入，等他们抬头一看，都怀疑自己是不是在做梦。端坐在龙椅上的不是皇上朱祁钰，而是太上皇朱祁镇。

就在群臣面面相觑、搞不清楚状况时，徐有贞站出来大喊道：“太上皇复位了，你们还不拜见！”朱祁镇终于再次坐上那个他熟悉的宝座。这个人当了十四年的皇帝，眼看大臣们还在犹豫，他立即明白了自己该做什么。“景泰皇帝病重，群臣迎朕复位，你们各人仍担任原来的官职。”

事已至此，大臣们也不敢轻举妄动，只好跪倒参拜。前后不过几个时辰，朱祁镇的身份又戏剧性地从囚徒变成了皇帝。

这短短一个夜晚发生的诡异事件就此载入史册，史称“夺门之变”，它让大明王朝的运行轨迹再次转了一个弯。

第二章 忠臣于谦

社稷为重，君为轻

复盘这次政变，徐有贞、石亨一伙人的行动顺利得难以想象，千把号人在京师跑来跑去，又在紫禁城进进出出，忙活了大半夜，居然没有遇到任何实际上的阻力。是政变集团的方案实在太完美，还是京师的防备实在太松懈？都不是。朱祁镇能顺利复辟，与另一个人的态度有极为重要的关系。

表面看来，政变集团的成员有文官、武将、内臣、元老，该有的似乎全有了。但这只是个假象，他们缺少一样最重要的东西：兵权。王骥已经退休，张軏是前军都督府右都督，张輗是中军都督府右都督，他们是京营将领没错，可是自从土木堡惨败后，原来概念里的“三大营”已经不存在了。

于谦主持京师保卫战时，进行了军制改革，把“三大营”可用之兵十多万人改编为“十团营”。“十团营”淘汰出来的老弱，被称为“老家”，总称为京军或京营。景泰年间，“十团营”就是原来的京师“三大营”，京营则类似军人退休养老的机构。

武清侯石亨是团营总兵官，但他并没有调兵的权力。张軏、张輗也同样没有。他们带来的五百名京营老弱士兵，是以瓦剌人又来骚扰了，京城安全需要保护为借口骗来的。

那么谁能调动团营的兵力呢？严格地说，只有皇帝才可以。

明朝的军事领导系统，遵循“以文制武，以内制外”的原则，严厉禁止各级武官私自调兵，凡征调、守卫、朝贡、保塞之令，都归兵部职方司执掌。正常情况下，调兵流程应该是兵部请旨，兵科凭旨意到御马监领取火牌、兵符，再发到兵部具体执行。这个体系的原理是“合之则呼吸相通，分之则犬牙相制”，避免出现武将、权臣和太监其中一方单独掌握军队的情况。

但有句话说得好，规矩是死的，人是活的。在皇帝缺位、政变即将发生的紧急情况下，死抱着规矩不放是没有意义的。朱祁钰最信任的大臣，兵部尚书兼领提督团营的于谦就是最高级别的官员，他拥有便宜行事的权力。

这是个政治正确的问题，只要能帮朱祁钰保住皇位，非常手段可以被接受，于谦非但无罪，而且有大功。如果这个夜晚有一个人能调动团营，那只能是于谦。

石亨、张軏这些人都能拼凑起来一千多人，以于谦的地位和威望，只要振臂一呼，要想灭掉“夺门”集团如同摧枯拉朽——“时（于谦）重兵在握，灭徐石如摧枯拉朽尔”。

徐有贞他们在京城闹出那么大的动静，于谦一向留心京城的治安（于少保最留心兵事），他当然不可能不知道。于谦之子于冕早就打听到了石亨等人正在推动复辟的消息，他立即回家报告给父亲。于谦厉声呵斥：“国家大事，你小子知道什么？出去！管好你自己就行了！”

没有于谦的命令，团营的将领不敢轻举妄动。这才是“夺门”集团能畅通无阻的原因。

报告还在不断送来，徐有贞带人进入南宫了、他们簇拥着太上皇出来了、钟鼓被敲响了……于谦仍没有丝毫异动（公悉知之，屹不为动）。他神色不变，徐徐地整理好朝服，按照每天上朝的程序入班进殿。

当天，于谦、王文就被投入大狱，等待他们的是朱祁镇可怕的判决。

后来许多人不理解，于谦明明有能力阻止政变，为何视而不见？还是那句话，“社稷为重，君为轻”。

太阳底下没有新鲜事，所谓的帝王心术，不过是洞察人性罢了。于谦不是不知道官场门道，从当初那句“天命已定，宁复有它”就能看出，他对人性的洞察是深刻的。

朱祁钰卧病在床，听到钟鼓响声，问出的一句话竟然是：“是于谦吗？”这说明，要搞政变，有实力的也只能是于谦啊！怎么能是那个被软禁了七年的朱祁镇？

于谦总督军务，掌管京师“十团营”，要权有权，要兵有兵。如果说大明朝真的曾经出现过有实力、有机会来操纵皇帝废立的大臣，那只有一个人，就是于谦。

可是，于谦的偶像是文天祥啊。当权臣，操纵皇帝废立？那他还是于谦吗，大家只会戳着他的脊梁骨说：看，那个人就是明朝的曹操。

于谦要阻止石亨、徐有贞他们易如反掌，难的是如何善后。阻止太上皇复辟，朱祁镇的行动必被定性为谋逆，这个人当皇帝的合法性就被否定了。这样可能产生两种后果：

一、仍然立沂王。

二、迎立外藩，比如襄王世子。

假设于谦选一，仍然立沂王，朱见深就成了皇帝。儿子当了皇上，宣判老子谋逆？这从逻辑上就讲不通！就算逻辑成立，请问，要如何处理谋逆的朱祁镇？谋逆肯定是死罪，问题是，孙太后和朱见深会同意处死朱祁镇吗？再追究下去，“夺门”集团行动前曾与孙太后联络，她也算谋逆的同党，又该如何处理太后？

那么，把朱祁镇废为庶人圈禁起来呢？暂时是可行的，但等到朱见深成年，肯定会释放父亲并为他平反，那样于谦也成了罪人。

选来选去，要想不成为权臣，于谦只有迎立外藩一个选项。可是在有沂王的情况下，迎立外藩的合法性又从何而来？于谦那样做，不是又成了操纵皇帝废立的权臣吗？总之，如果当天于谦采取行动，那么他就不再是于谦，而是成了王莽、曹操、司马昭那样的人。

绕来绕去，这道题目无解，不管怎么选，大家会在京师兵戎相见，政局会发生剧烈动荡。除非有人愿意牺牲，换来权力的相对平稳过渡。

“社稷为重，君为轻。”朱祁镇、朱祁钰，这哥俩谁当皇帝都行。至于于谦嘛，那就当自己什么也不是好了。只要大明能够稳定地繁荣下去，我一个于谦又算得了什么？如果社稷稳定的代价是这样，就让我来承受吧！

天下冤之

逮捕于谦容易，要如何处理他，朱祁镇也比较难办。说这个人有罪吧，实在找不到什么证据。于谦的功劳大家都看在眼里，要不是他主持大局，击退也先，自己又怎能回到北京？说他没罪吧，想到当时于谦坚定地拥立朱祁钰，还不把他这个太上皇当回事，朱祁镇心里又很不舒服。

定什么罪名好呢？徐有贞走过来，阴恻恻地说了一句：“不杀于谦，今日之事无名！”这句话成了于谦的“催命符”。

“夺门”行动既没有口谕，也没有诏书，完全是野心家发动的一场阴谋。很幸运，他们成功了。这还不够，政变集团还需要程序的合法性来包装自己，把“夺门”美化成一件正义的事情。这个逻辑是，由于于谦等人私自谋立外藩，皇位传承的正统性受到了威胁，所以徐有贞一伙的行动是主持正义，是合法合规的。谁谋逆，谁死！若不处死于谦、王文，此事师出无名！

徐有贞亲自提审，要他们认罪。王文气得怒目圆睁，大骂不止。于谦早已明白，徐有贞要的不是什么真相，他笑着说：“不管有没有这事，只要我们死就行了。”

最后，他们也没有承认罪名，徐有贞只得在案卷上写下“虽无显迹，意有之”——虽然没有确凿证据，但他们确实有这个意思！这个罪名也可以用一句著名的话来替换，意思一模一样：莫须有！

朱祁镇知道于谦是冤枉的吗？当然知道，但这又有什么关系！自己当了一年多俘虏，于谦根本不管他，自己随时面临被杀的危险。他还是朱祁钰称帝的重要推动者和社稷重臣，朱祁镇能不恨他吗？

正月二十三日，一个阴霾翳天、行路嗟叹的日子。于谦被押往崇文门外，就在这座他曾拼死保卫的城池前，得到了最后的结局——斩决。

北风吹，吹我庭前柏树枝。树坚不怕风吹动，节操棱棱还自持，冰霜历尽心不移。——于谦最后看了这个世界一眼，他不曾后悔自己的选择。

监斩官一声令下，刽子手手起刀落，这颗五十九岁的大好头颅，被一腔碧血冲上了苍穹。所有人都知道于谦是被冤枉的，史载：天下冤之！

什么是英雄

英雄，是在生死面前勇于踏出一步的人，是在危难之时敢于迈出一脚的人。他们的人生道路从来不是平坦的，真正的英雄，往往敢打破常规，趋于极端。很多时候，他们无法循规蹈矩，必须要有行人之所不能行、为人之所不能为的勇气和决心，才能把握转瞬即逝的机会。有了这种特质，他们才能成就一番事业。

驱逐元朝、完成大一统的朱元璋，能算英雄吗？五征蒙古、开拓不止的朱棣，能算英雄吗？当然算，他们都是不世出的英雄。但是物极必反，绝对完美的英雄似乎是不存在的。朱元璋有小农思想的局限，朱棣有迫害建文遗臣的冷酷，他们的评价是有分化的。

有完美的英雄吗？不能说绝对没有，于谦就是一个。在他五十九年的生命中，几乎没有留下任何负面记录。

巡按地方时，他是有口皆碑的清官、好官，听说他要调任北京，地方官民自发请愿让他留任。

王振当权时，他是少数不畏权势、不肯依附的官员。

他手中握有极高的权力，却从来没有为自己和家人谋取过什么利益——在他活着时，独子于冕始终没能当官；事后被抄家，官员以为可以发现满屋子的金银财宝，翻找半天却一无所获。众人不信，发现一间正室大门紧锁，兴奋地打开后，里面只存放着皇帝赏赐的蟒袍、宝剑（启视，则上赐蟒衣、剑器也）。这些御赐物品，别人都是光明正大地拿出来显摆，于谦却是深锁屋内，从不示人。除此之外，家无余财。

他一生从未纳妾，五十岁丧妻后，再也没有续弦。他为亡妻写下悼内十一首，字字诉说着对妻子的思念，如——双亲闻讣肠应断，百岁同心事已非。垂老不堪生死别，客边日日泪沾衣。

他在朝堂上，在战场上，一次次把大明的命运拉回正轨；他能轻易灭掉“夺门”集团，却选择牺牲自己，换来国家的稳定。

正所谓：双手扶明光日月，一心救国壮山河。

什么是英雄？

你说你克服了心中的畏惧，战胜了现实的困难，那你是英雄，是你自己、你家人、你朋友心目中的英雄。

一个人，如果能够坚韧不拔，坚守自己的理想信念，以天下苍生为己任，甘愿牺牲自己，那他就是整个国家、整个民族的英雄，是千千万万人的英雄。

很多人在达成一定的成就后，会被现实的黑暗面击败。一个“权”字和一个“利”字，就足以将无数人心中的坚守击得粉碎，磨平他们曾引以为傲的傲骨。在他们心中，何尝没有过一个英雄梦，然而又有多少人活成了自己最不想看到的样子？

选择与黑暗面对抗，是要付出很大的代价的。这个代价不只是粉身碎骨，更可能永远被误解，被抛弃。因为，英雄往往是很孤独的。

于谦被冤杀后，家属也受牵连，于冕发配山西龙门，于冕妻邵氏发配山海关，直到明宪宗成化初年才被赦免放回。但那又如何？余心之所向兮，虽九死其犹未悔！

成大事者，方能被公认为英雄。而要成大事，必为人所不能，必突破心智与规律的羁绊，更要能承受孤独。

于谦被害，“天下冤之”——这个“天下”并不包括他的昔日同僚。满朝文武都知道于谦之冤，却没人站出来反对，甚至还有不少利用这事谋取功名的人——“一时希旨取宠者，率以谦为口实”。除了圣意不可违，这还说明大家并不想让于谦活下去，否则一定会有人跳出来大喊：不能杀！

古代，一个清官，一个手握大权的清官，如果不肯结党，往往会为自己树很多敌人，就像当时的刘基一样。就算杨士奇这样的强人，也要为喜欢捞好处的杨荣说话来保全自己。

徐有贞想的，就是大家想的。于谦这个人一不贪财，二不好色，也不居功自傲，还不喜欢结党。偏偏，这个人竟然是帝国头号重臣！他不玩玩权谋，不搞搞厚黑也就算了，还不肯选边站，这像什么话？官场就是个大染缸，你于谦想要清清白白，什么意思？世事洞明皆学问，人情练达即文章。于谦不懂人情，不通世故，不会站队，是个异类，让这样的人活下去，对大家都没有好处。

满朝大臣没有人为于谦辩护，因为这个人的功劳太大又太完美，让人嫉妒得发狂——“以定社稷功，为举朝所嫉”。在官员们看来，于谦是个有性格弱点的人，也是个迂腐不知变通的傻子，自取其死耳。

于谦真的错了吗？

那些说于谦不懂站队的人是可笑的，如果他要站队，早就把徐有贞、石亨、曹吉祥之流收为爪牙，愉快地融入权力斗争的旋涡，把自己变成一个圆滑的政治家。讽刺的是，站队“正确”的徐有贞、石亨、曹吉祥最后都身败名裂，以奸臣的面目被定格于历史。站队“错误”的于谦反而得到名垂青史的待遇，受万世敬仰。

英雄大多是孤独的，于谦是个孤独的英雄，因为他的信念纯粹而超脱，不能见容于人情世故的大染缸。

幸运的是，时间最终给了于谦应有的公正。

于谦被杀后，都督同知陈逵被其忠义感动，收殓了他的遗骸，葬在北京城西。数年后，女婿朱骥将于谦灵柩扶归杭州，归葬西湖南岸。

成化年间，于冕上疏申诉，于谦终于沉冤得雪。朱见深亲自下诰文：“当国家之多难，保社稷以无虞。唯公道之独持，为权奸所并嫉。在先帝已知其枉，而朕心实怜其忠。”并特派官员南下杭州，替他祭奠于谦。明孝宗弘治二年（1489 年），朝廷追赠于谦为特进光禄大夫、柱国、太傅，谥号“肃愍”，赐在墓边建祠堂，题为“旌功”，由地方有关部门年节拜祭。万历十八年（1590 年），改谥为“忠肃”。各省各地历代奉拜，祭祀不止。

历经一百三十三年，于谦彻底平反，从无谥变成“肃愍”，再到“忠肃”。于谦的历史功绩，就此定论。

为生民立命，为天地立心——于谦做到了。他符合了英雄的一切特质。

英雄，是那些为他人利益，勇敢发声的；

英雄，是那些众人危难时，挺身而出的；

英雄，是那些不计个人，乐于付出的；

英雄，是那些不惧生死，逆向而行的。

——虽千万人，吾往矣。

最关键的是，于谦是经得起时间考验的。重名节，轻名利；重成仁，轻杀身；重社稷，轻君王。大家都敬佩这样的人物，放到任何时代，他都是真正的英雄！

西湖边的于谦祠堂五百多年来屡次毁于天灾和战火，后人又执着地一次次重建，规模和名气反而越来越大。

千锤万凿出深山，烈火焚烧若等闲。
粉骨碎身浑不怕，要留清白在人间。

这首于谦十二岁时写下的《石灰吟》，终于成了他的自我写照。

《明史》赞曰：“谦亦忧国忘家，身系安危，志存宗社，厥功伟矣……而谦忠心义烈，与日月争光，卒得复官赐恤。公论久而后定，信夫。”

第三章 徐有贞、石亨的悲惨结局

徐有贞的结局

蒙冤去世一百三十三年后，于谦洗刷了自己的名声，多少能告慰他的在天之灵。当初陷害他的那几个人，结局又如何呢？

有句话这么说：正义或许会迟到，但不会缺席。幸好，这次正义真的出现了，而且没有迟到太久。

朱祁镇复辟后，改元天顺，论功行赏，果然封徐有贞为武功伯，加封兵部尚书兼华盖殿大学士，掌文渊阁事；封武清侯石亨为忠国公，并封石亨从子石彪为定远侯；太监曹吉祥获赐大量庄田，协理京营军务，从子曹钦封为昭武伯；张軏封太平侯；张輗封文安伯；等等。

“夺门”集团这一次赚得盆满钵满，一夜翻身，成为炙手可热的新权贵。但这样的局面不可能维持太久，因为他们本来就是各怀鬼胎的。其中最主要的就是徐有贞和石亨、曹吉祥的矛盾。

徐有贞终于实现了他梦寐以求的仕途目的，达到了他为人臣的政治顶峰。与此同时，他与石亨、曹吉祥的矛盾也越来越突出。

徐有贞毕竟是个饱读“四书五经”的士大夫，他的政治理想是：出将入相，列鼎而食，不可老死无闻，虚度一生！成为内阁首辅后，徐有贞摩拳擦掌，打算实现抱负，青史留名。可他很快发现，石亨、曹吉祥成了自己的绊脚石。和徐有贞不同，这两个人没什么崇高的政治抱负，他们发动“夺门”的目的相当单纯，只是为了升官发财。

徐有贞的理想必定与石亨、曹吉祥的现实发生冲突，有这一群贪得无厌的小人把持朝堂，徐有贞越看越不顺眼。他时常找机会在朱祁镇面前打小报告，说石、曹贪横枉法，暗示皇上把他们换掉。时间一长，朱祁镇也对两人有了意见（帝亦为之动）。

徐有贞想踢开石亨、曹吉祥单干（欲立功名自异），石、曹当然不会坐视徐有贞大权独揽，双方的斗争逐渐升级，发展到了你死我活的地步。

俗话说三个臭皮匠顶个诸葛亮。曹、石虽然顶不上诸葛亮，但两人联手的力量还是要大过徐有贞。御史杨瑄、张鹏（朱祁钰亲信宦官张永从子）弹劾曹吉祥、石亨侵占民田。曹、石反咬一口，诬陷两人是因为张永被处死而鸣不平，至于他们的幕后主使，便是内阁首辅徐有贞和阁臣李贤。这下犯了朱祁镇大忌，他把杨、张以及参与弹劾的御史全部关进“诏狱”，徐有贞和李贤也一并被逮捕。

曹、石怎容徐有贞翻身，又给他扣上一顶欺君的大帽子。徐有贞就此在斗争中败下阵来，险些丢了性命。不久，他被贬为庶人，流放到云南金齿（今云南保山腾冲一带）。一生追求功名的徐有贞再也没能翻身，此时距他位极人臣仅仅过了半年。

这个人曾创造了一个纪录，没有立下军功就获得了武功伯的爵位，并担任内阁首辅，堪称明代内阁官爵最高的官员。他也曾立下治水的不世奇功，发明的分洪治水法，后来被人们沿用，解决了许多水患问题，这份功劳无法抹杀。

平心而论，徐有贞是有才干的，他的才干在当时算得上出众，即使在与石、曹的斗争中失败，日后未必就不能翻身——如果他没做那件事的话。谗杀于谦，让徐有贞遭到时人的仇视，因此始终未能得到起复。他就此被钉在历史的耻辱柱上，以小人的面目定格。

于少保君子也，君子不容于小人，小人固可畏矣。徐有贞小人也，小人不容于小人，小人愈可畏，君子愈可悯也。

石亨的末日

徐有贞丢了仕途，但相比石亨、曹吉祥，他的结局简直像中了头彩一样幸运。

石亨不过比于谦多活了三年，在这三年里，他权欲膨胀，通过他的推荐冒功进官者，包括他五十多个亲戚，还有四千多名部下和朋友。一时间，石亨势焰熏天，一些企图升官的人都拜在他的门下，时有“朱三千，龙八百”的歌谣来描述他的骄横。石亨成为继张辅之后，大明最有权势的武将。

一天，朱祁镇在宫内登高远眺，发现一座富丽堂皇的新府第拔地而起，规格远超大臣府第。他便问旁边跟随的恭顺侯吴瑾：“这是谁家的府第？”吴瑾回答：“这一定是王府！”朱祁镇摇头：“不是。”看到皇上装傻，吴瑾非常配合地说：“不是王府，谁敢用这样的规格？”朱祁镇没有说话，只是会心一笑。

没有任何一个皇帝会容忍武将专权。在这点上，石亨其实有个很好的学习对象——和他一起因“土木堡之变”下狱，又在京师保卫战中为自己正名的杨洪。

京师保卫战立功后，杨洪因功晋封为昌平侯，朱祁钰特许他率所部留在京师，监督京师部队训练，并兼管左军都督府事务。其堂侄杨能、杨信被擢升为都督同知、都督佥事，分任左、右参将，其子杨俊为右都督，掌管三千营。杨氏一门一侯三都督，官至极品，手握重兵，人称“杨家将”。杨洪反而担心起来，他主动上疏要求退休，再三请求把子侄调往他处。

杨洪不像石亨，他是个知进退的人。他深知盛名遭嫉、盛极必衰的道理——别看家族现在风光，一旦有事，就是灭族之祸。这种政治智慧叫“持满戒盈”，比喻身居高位而能警诫自己不骄傲自满，当初的杨溥就深知这个道理。

石亨就不同了，他在风光的同时，也在自我毁灭的道路上越走越远。朱祁镇当然知道那是石亨的府第，有此一问，只能说明他对石亨已动了杀机。皇权在往越来越集中的趋势发展，石亨竟僭越仪仗，反其道而行之，是想回到唐末呢，还是想当董卓？朱祁镇是经历过数次生死的人，他不可能容忍这样一个武将存在。

石亨的好日子没有过上太久，天顺三年（1459 年），锦衣卫指挥佥事逯杲揭发石彪谋反。朱祁镇下令将其逮捕，审出石彪私有绣蟒龙衣、拥有违反礼法的寝床等违反国法之事。不知石彪是真的私藏了这些违禁品，还是逯杲的刑侦功夫太厉害，反正石彪被坐实了谋反之罪。

石亨这才想起向杨洪学习，他主动上疏请罪，提出自己要负连带责任。朱祁镇叫他不要怕，还好言安慰：石彪犯法，和你没关系。

真的没关系吗？石亨毕竟不放心，又两次上疏请求辞去家族人等职务，放他们回家种田。朱祁镇只批准了一半，下诏将他削官为民，勒令在京闲住，并开始追查石亨的朋党。

天顺四年（1460 年）正月，斗争矛头不可避免地指向石亨。逯杲再上密奏，说石亨心怀怨恨，与其侄孙石俊（石彪之子）密谋不轨。朱祁镇将密奏向大臣们展示，大家深恨石亨，都说不可轻饶。石亨被逮捕，罪名是散布谣言，蓄养无赖，窥测朝廷。

一个月后，石亨就死在了狱中，记载中是“瘐死”。这种死法可以解释为病死，也能解释为在狱中因饥寒而死，总之死得不太正常。很快，石氏族人都以谋反罪被处斩。

石亨谋反案并没有什么真凭实据，他的死因只是不知“盈满为惧”为何物。作为一员武将，如此热衷权力，自然引起皇帝的警惕和文臣的不满。

石亨不光彩地死掉了，他和石彪都是不可多得的勇将。本来他们不必搞什么“夺门”，仅凭自己的骁勇就可封侯，小心谨慎一生，最后以民族英雄的身份载入史册也不是不可能。还是功名之心最终害了他们。所以，以史为鉴不难，难的是大多数时候都做不到，因为这与自己的现实利益相悖。

后人评价：（杨）洪知盛满可惧，而（石）亨邪狠粗傲，怙宠而骄，其赤族宜哉。

第四章 曹吉祥最终死于千刀之下

曹吉祥之乱

短短三年，“夺门”三大人物徐有贞被废，石亨被杀，曹吉祥预感到，自己的时日也不多了。

曹吉祥这个太监，最大的特点是胆大。他数次担任监军，随军南征北战，与王骥、徐亨、陈懋等大将都并肩作战过。为以防万一，每次出兵，曹吉祥都会挑选出一些勇敢的番将和灵活矫健的士卒隶属于自己帐下，班师后则把他们养在家里，故家中多藏有武器和勇士。石亨不敢谋反，曹吉祥敢！

这些人慌了，一旦曹吉祥倒了，他们也就完了。曹吉祥的从子曹钦更是惊慌，他凭借“夺门”的功劳晋封昭武伯，开创了大明历史上内官子弟封爵的历史，曹吉祥若倒了，曹钦铁定完蛋。

他们很快达成一致：不能让曹吉祥倒下。

可是曹吉祥倒不倒，不由得他们说了算，能决定曹吉祥生死的那个人叫朱祁镇。要扳倒朱祁镇似乎也不难，当初他不就是由曹吉祥等人抬进奉天殿的吗？反正“夺门”这事儿一回生二回熟，只有想不想，没有敢不敢。

对曹氏叔侄有利的是，他们手下的蒙古降人都是四肢发达、头脑简单的武夫，战斗力很强，还不怕死，而且曹吉祥还可以在宫内接应。

经过密谋，曹家叔侄定下了又一次“夺门”方案：由曹吉祥负责开门，宫门一开，曹钦带领五百敢死队拥兵入内，曹吉祥在宫内率人接应。先控制朱祁镇，然后杀死兵部尚书马昂和团营总兵官孙镗，控制京师兵权。

从理论上看，这个方案在短时间内还真有成功的可能。皇宫内并没有多少驻军，曹钦只要能迅速攻入宫门，和曹吉祥里应外合，朱祁镇一时还真没什么好办法。只要抓住朱祁镇，曹氏叔侄就成功了一半！为什么只是一半呢？因为接下来还有个很重要的问题：抓了皇帝，谁来当皇帝？

常识告诉曹钦，曹吉祥是个太监，太监不可能当皇帝，那么太监的侄儿行不行？这下难倒了读书不多的曹钦，他向一个饱读诗书的门客冯益咨询：历史上有没有太监后代当上皇帝的？冯益说：“有啊，您曹家老祖宗曹操不就是宦官后代嘛。”曹钦一听大喜，那还等什么，他必须成为第二个曹操。

可是冯益忘了告诉曹钦，曹操不是通过政变上台的，他的江山是凭自己一步一步打出来的。即使是这么强的曹操，活着的时候也没敢拿汉献帝怎么样。曹吉祥和曹钦算是什么东西，除了那帮手下，还有几个人会买他们的账？

曹钦不管那么多，叔侄俩经过密谋，将动手时间定在了天顺五年（1461 年）七月庚子日。当夜，曹钦大摆宴席，宴请“夺门”死士。席上曹钦十分激动，唾沫横飞地对勇士们封官许愿，想到再过几个时辰就能位极人臣，众人也都很兴奋。

酒席过半，趁着众人正喝得七荤八素，一个名叫马亮的蒙古降将找了个借口离席。他蹑手蹑脚地潜出曹家，一路往紫禁城的方向狂奔。皇城的大门夜晚都是紧闭的，在承天门外有两排朝房，白天群臣上朝前在那里休息，晚上有大臣值班。

马亮是蒙古降人，本名完者秃亮，他明白跟着曹钦只有死路一条。为了自救和立功，他决定直奔朝房报信，因为这天晚上，在朝房有个他的蒙古朋友——恭顺侯吴瑾。吴瑾是汉化的蒙古人，他的祖父叫巴都帖木儿，归附明朝后朱棣赐名为吴允诚。此后吴允诚屡立战功，爵封恭顺伯。

大家更熟悉的可能是吴允诚之子，吴瑾父亲答兰，他的汉名叫作吴克忠。“土木堡之变”中，吴克忠与兄弟吴克勤作为明军后卫与也先激战，兵败后拒绝投降，遭到残酷肢解。

吴瑾也参加了那次战斗，在父亲和叔叔双双战死后，吴瑾没有逃跑而是留下守护二人尸首。蒙古兵杀死吴克忠、吴克勤后，才知道他们是同族人，懊悔不迭。后来，蒙古人没有难为吴瑾，把他放回了京师。

吴瑾听到马亮报告大惊失色，糟糕的是他只是个值夜班的，手里并没有军队。按照明朝的兵制，将领调兵的流程是非常烦琐的，等把军队召集起来，估计朱祁镇已经死了。好在这个夜晚，上天还给朱祁镇留下了另一个人——怀宁伯孙镗。

孙镗当年在西直门外九死一生，战后也得到了封赏。朱祁镇二次登基后，加封孙镗为怀宁伯，出任团营总兵官。天顺五年（1461 年）六月，甘肃很不太平，朝廷决定派孙镗率军出征，准备第二天就出发。按规矩，将领出征要在早朝时面辞皇帝，为了省事，孙镗就留宿在了朝房。曹钦真是挑了个好日子，这个本来不该出现在这里的人，将要承担起历史的使命。

吴瑾与孙镗商议，事不宜迟，他们急忙赶赴西侧的长安右门通知皇上。

此时已近三更，正是大家熟睡的时候，除非有皇上的命令，皇宫大门严禁打开。不过为防意外发生，也规定如有急事，大臣可以写一封紧急奏章从门缝投入。无论何人经手，即达御前，迟则以军法处斩，这种应急通信方式叫“急变”。

事情本来很简单，吴瑾、孙镗只要写上一份简单的奏疏，大略说明情况就可以了。可是在紧闭的大门前，两人抓耳挠腮了好久，也没人动笔。倒不是他们谦虚，实在是不好意思，奏章这玩意，俩人谁也不会写。

这要讲到明朝文武官员的选拔制度。文官是通过科举一步步考上来的，除了写文章，他们还要学习军事知识；武官主要靠世袭，强调弓马娴熟，学文化得靠自觉。世袭的武将也有学问厉害的，如杨洪、郭登。杨洪有传世的《杨颍国武襄公奏疏》，收录他数篇奏疏；郭登更是诗才恣肆，被“茶陵派”代表人物李东阳誉为明代武将之冠。偏偏孙镗、吴瑾都是不自觉的武将，两人加起来大字不识一箩筐，要他们上马砍人是手到擒来，要他们提笔写奏章，确实是张飞穿针——有劲无处使。

在门口憋了好久，两个人搜肠刮肚，总算拼凑出了一封奏章。严格来说，这只能算是一封“电报”，上面总共只有六个字，其中还有三个字是重复的：曹钦反，曹钦反。这大概是历史上最短的一封奏章，没有什么公文格式，更没有华丽的辞藻，就连落款也没有。可它起到的作用远远大过了无数洋洋洒洒的万言奏章。

朱祁镇从睡梦中被叫醒，立即采取紧急行动，下令皇城诸门和京城九门的卫士紧闭各门，不许开启，并当场逮捕了曹吉祥。

马亮消失后，曹钦很快就发现了，他派人在家里翻了个遍也没找到人，那就只剩下一种可能：马亮逃走了。曹钦的酒马上就醒了，马亮逃走意味着阴谋已经泄露。事到如今，反也是死，不反也是死，不如殊死一搏，兴许还能有点机会！他瞬间决定：提前行动，趁着天还没亮，强攻皇城！

曹钦集结人马出发了，在进攻皇宫之前，他还要顺路先办件小事，去取一个人的脑袋。

锦衣卫逮杲

朱祁镇复辟后，对大臣们并不怎么放心。天顺年间，一股熟悉的力量重新崛起了，那就是锦衣卫。锦衣卫编制庞大，担负礼仪、护卫、情报、武器制造等诸多功能。这里的锦衣卫，指的是北镇抚司。

正统时期，王振气焰熏天，连指挥使马顺也拜倒在王振脚下，锦衣卫被他们折腾得乌烟瘴气，沦为牟取私利和整治异己的工具。

景泰帝即位后，锦衣卫的力量得到了恢复，他们也迎来了一位好上级朱骥。

朱骥早年承袭官职，出任锦衣卫千户，马顺死后，他被指定掌管北镇抚司。朱骥宅心仁厚，废除了一些过于残忍和变态的刑具，使得北镇抚司重新成为断案的所在，而不是逼供的代名词。在朱骥的统领下，从锦衣卫开创至天顺年间，这是北镇抚司“口碑”最好的一段时间，朱骥也因此被人称为“青天”。

几年后，经兵部主事吴宁推荐，朱骥成为于谦的女婿。于谦当时对要不要选个特务头子当女婿还有点疑虑，吴宁说：“以后您会有用得着他的地方。”于谦被杀害后，朱骥果然出面为他归丧安葬。然而，身为于谦的女婿，朱骥还是受到了牵连，后来他被罢官流放威远。

赶走了朱骥这样优秀的官员，朱祁镇起用门达掌管北镇抚司。门达是参与“夺门”的人员之一，这个人有点能力，也很喜欢往上爬，他上任后一度平反了一些冤案，赢得了不错的名声。

但是，朱祁镇并不满足于锦衣卫断案的功能，他更需要恢复它的侦缉功能，为此他又重用门达的手下逯杲。

逯杲原本只是个锦衣卫校尉，他靠着诬陷锦衣卫百户杨瑛和千户刘勤升为百户，又得到曹吉祥推荐，擢升为锦衣卫指挥佥事。逯杲揣摩上意，判断出朱祁镇有动石亨的意思，于是“伺其阴事”，再次拿下了一桩天大的功劳，成为朱祁镇最得力的密探。

石亨倒台，下一个就该轮到曹吉祥了，逯杲怎肯放过这个机会？他又开始卖力地刺探曹吉祥和曹钦的密谋，已经把线索查到了曹钦手下百户曹福的身上，逼得曹钦不得不杀死曹福以灭口。这个人有很强的侦缉能力，而且他竟然是曹吉祥推荐的！曹氏叔侄对他恨得牙根都发痒（吉祥、钦大恨）。曹钦宁可耽搁一点时间，也要先杀了可恶的逯杲。曹钦打马冲到逯杲门口时，逯杲正准备出门上朝，曹钦直入逯杲府第，挥刀就砍下了他的脑袋。

逯杲最大的特点是倒戈，他第一次倒戈是随同参与了“夺门之变”，随后又靠诬陷同僚高升。得到朱祁镇信任后，他再次反戈一击，告发“夺门”同伙石亨、石彪。他最后一次倒戈目标是曹吉祥，这次还没成功就死在了曹钦手里。这个小人也算是恶有恶报，成了马顺之后又一名不得好死的锦衣卫高官。

孙镗力挽狂澜

此时正好是大臣们上朝的时间，长安街上全副武装的甲卒奔行驰骋。入朝大臣先以为是孙镗率领的军队出征，一听说是叛兵造反，众人一哄而散。

上朝这种事，大部分臣子是踩着点到的，也总有少数大臣会提前来到办公地点。这些人的工作积极性值得肯定，灾难是他们来得太早，没能在路上得知叛乱的消息。

早到的大臣正在朝房等待上朝，曹钦凶神恶煞一般，提着逯杲的人头冲入西朝房，砍死了跟他有仇的都御史寇深，接着冲进东朝房，砍伤了大学士李贤和吏部尚书王翱。曹钦的神志已经混乱了，闯下这样“诛九族”的大祸，他竟然用刀逼着李贤写下奏疏，表明他是受了逯杲的刺激，不得已而为之，希望皇上赦免他的罪过。好在李贤平时为人厚道，曹钦最终没有加害他们。他丢下李贤、王翱，又去四处寻找跟他有仇的大臣。

大开杀戒的曹钦已经成了一头野兽，他带着弟弟曹铉、曹鐇、曹铎及番将伯颜也先等率领精锐卫士，指挥着叛军在门外往来呼叫，开始纵火攻打城门。但是皇宫不是那么好打的，紫禁城城墙高达十米，宫门也是高大坚固。曹钦“夺门”计划的关键是内应曹吉祥，曹吉祥被抓，叛军只有几百人，也没有炸药和大炮，宫内守军只要加固一下城门，就足够撑到援兵到来。

长安门根本攻不动，曹钦带人赶往东安门，路上遇到了第一拨援兵，为首的正是恭顺侯吴瑾。说是援兵，更像是侦察队，连吴瑾在内总共只有五六人。

吴瑾和孙镗投入奏章后，分头去召集兵马平叛。吴瑾没有兵权，仓促之下他带着五六名骑兵赶往东安门，想召集起更多的人手，不想迎头就撞上了曹钦。面对杀气腾腾的叛军，吴瑾大可以打马就跑。生死存亡之际，吴瑾这个蒙古人表现出了父亲吴克忠、叔叔吴克勤一样的勇气，奋不顾身地率兵冲杀，全部力战身亡。

朱祁镇复辟后，吴瑾随侍左右，颇得信任。朱祁镇曾想让他领兵出镇甘肃，吴瑾推辞道："臣是外族人，如果用臣守边，恐怕外族会轻视中国。"朱祁镇于是收回成命。这个蒙古家族，从最早归附的巴都帖木儿到其孙辈吴瑾乃至其后，吴氏一门多有殁于王事者，对明朝忠心耿耿。所谓满门忠烈如果不是指他们，没人更有资格。吴瑾死后被追封凉国公，他的恭顺侯爵位一直承袭到明亡。

杀到东安门，叛军遇到了真正的援兵，由孙镗率领。

很少有人知道，孙镗其实也是蒙古人，他出生在东胜州，那地方如今叫作托克托，属于内蒙古。孙镗与吴瑾告别后，第一时间前去召集军队。这位将军也面临一个严重的问题，按照大明兵制，调兵必须要走好几道流程，否则一个兵也调不动。

兵部尚书马昂找不到，监军太监刘允诚躲在宫里，另一个监军太监曹吉祥已经被逮捕。身为总兵官却无法调动一兵一卒，孙镗急得直跳脚。万般无奈下，他跑到太平侯张瑾家，请求他派家丁跟随自己平叛。

张瑾是另一位"夺门"功臣张軏之子，此时张軏已经去世，张瑾袭爵太平侯。照理张瑾有足够的动机维护朱祁镇的统治，他也有不少家丁，可是不知出于什么原因，他拒绝了孙镗。后来张瑾遭到清算，爵位被革除。

这里可以看出明朝制度的一个弊端，不给武将兵权原则上没错，可一旦出现内乱，数量庞大的京师卫戍部队竟然只能看戏，这说明准备一个应急预案的重要性。

好在孙镗并不是那么死脑筋，慌乱一阵后，他迅速冷静下来。正规调兵肯定是来不及了，联想到张軏当年"夺门"时欺骗士兵的故事，他想到了一个好办法。张軏的借口是为了防备蒙古奸细，需要加强京师防守。但是，这个借口已经用过了，而且它没有把握人性的弱点，只召集到了几百个人。

孙镗不傻，当年他就靠行贿太监金英得到过晋升，审时度势之下，他想到一个更高明的主意。孙镗吩咐两个儿子：“你们赶紧去找锣鼓，到兵营门口跟我会合。”儿子不敢多问，很快找来锣鼓奔到兵营。孙镗说行了，你们给我敲锣打鼓，声音越大越好！

锣鼓声中，孙镗扯直了喉咙大喊：“刑部关押的囚犯越狱了！抓获者有重赏！”这叫重赏之下必有勇夫，换个说法，也叫无利不起早。这一嗓子惊醒了睡梦中的士兵，许多人一听有赏金，立马睡意全无，抄起兵器就跑出了大营。

粗略一统计，为了领赏放弃睡觉的士兵达到了两千多人，孙镗利用人性的弱点召集到的这支赏金部队，成了平叛的主力。

孙镗带着他们来到长安门附近，指着映天的火光，说出了他的真实目的：“没看到长安门的大火吗？是曹钦领兵谋反！但他的人马少，活捉或击杀他的赏以重金！”工部尚书赵荣也策马赶来大呼：“曹钦作乱，是壮士的，跟我一起讨贼！”

士兵们这才知道上了大当，但在两位大人的注视下，再缩回去就太㞞了。而且讨贼一样有赏金，砍谁不是砍呢？士兵们纷纷表示愿意跟随杀敌。

这时天已经快亮了，孙镗统领京营士兵冲杀到东安门。按说叛军的兵力不多，又是做贼心虚，看到大队官军前来围剿，应该四散逃命才对。没想到曹家叔侄养了这么多年的鞑官不是普通的乌合之众，他们都是训练有素的职业军人，战斗素质远高于孙镗手下的士兵，官军被打得节节败退，叛军一度占据了优势！

混战中，孙镗之子孙辄一刀砍中了曹钦的肩膀，孙辄却被曹钦的卫士杀死。曹钦弟弟曹镭督兵猛攻，京军眼看抵挡不住，已经开始出现溃退的迹象。

在此紧要关头，孙镗展示出了实力，虽说整个奏章能叫这位仁兄憋死，但一到马上，他就恢复了弓马娴熟的本色。督战的孙镗望得真切，张弓搭箭，一箭正中曹镭，又一箭射中曹钦，曹镭落马被杀，曹钦负伤，官军这才稳住阵脚。

好勇斗狠的叛军并不肯认输，这帮人的战斗力也着实叫人吃惊。曹钦的另一个弟弟曹铉临时接过指挥权，率领一百余名骑兵往来驰奔。他们且战且退，从东安门一直奔走到安定门、东直门、齐化门，最后退入了曹府。双方交战了整整一天，从天色刚亮一直打到夕阳西下。

官军越来越多，兵部尚书马昂、会昌侯孙继宗分别统军增援，鏖战杀敌，喊声震天。士卒们呼喊着团团包围了曹钦宅第，可叛军困兽犹斗，官军围攻了整整两个时辰，还是没能攻破大门。

但是，曹家已经坚持不了太久了，孙镗下令推来大炮，炮火声中，军士们攻入大门，见到带活气的就是一顿乱砍。最后，曹钦投井自尽，曹铉、曹铎死在乱刀之下，曹家被杀了个鸡犬不留。

第二天，朝廷下旨，族灭曹家及其姻家，尽屠参与政变的党羽，把大太监曹吉祥当众碎剐，只有出首告变的马亮好命，得授都督一职。

这个明朝历史上最大胆的太监家族，就这样被灭族了。至此短短几年，“夺门之变”的三大野心家，一贬二死，没有一个好下场。他们的结局是必然的，因为朱祁镇已经不认“夺门”这回事了。

第五章 唯一没被葬入明十三陵的皇帝

"夺门"无用论

朱祁镇二次登基，改元天顺。天顺四年（1460 年）某天，皇上有意无意地向大学士李贤问起了"夺门之变"的细节情况。李贤回答："说迎驾是可以的，'夺门'这种提法怎能示给后人？天位本来就是陛下的，说'夺'名声就不顺了。而且那时幸亏成功，万一事机先露，石亨等人死不足惜，到那时候，将置陛下您于何地呢？"

李贤是朱祁镇信任的大臣，也是个正直的名臣，他这番话对不对呢？在天顺四年的时候，无疑是正确的，因为朱祁钰已经死了。朱祁钰死了，于谦、王直拥立外藩便是子虚乌有。朱祁钰无子，朱见深年幼，皇权只能回归太上皇。所以，李贤的话立场坚定，逻辑缜密，无比正确。

朱祁镇恍然大悟，随即下诏，从今以后奏章中不能用"夺门"这种字眼，还将冒功的四千多人全部革除，以示得位的正当性。

不过，李贤这番话要是在朱祁镇刚复辟后就说出来，就有很大的问题。

复辟两三天后，朱祁镇曾在朝堂上对大臣们说，弟弟的病好多了，可以吃粥了，事情与他无关，都是小人在使坏。天顺元年（1457 年）二月初一，朱祁镇废朱祁钰为郕王，把他软禁到西内永安宫。

关于朱祁钰的病情，官方文件肯定不会记录，一些其他史料里有较为详细的记载：景泰八年（1457 年）正月十二，景泰帝忽然吐血，太医院判董速与宦官二十余人日夜侍奉榻前；十三日，于谦求见；十四日，景泰帝再次命董速诊脉，回奏："圣体安矣"，于是景泰帝决定次日上朝；十四日晚，"夺门之变"发生。

把这些细节联系起来看，朱祁镇这番话很可能是真的。

朱祁钰本来已打算在正月十五日（"夺门之变"发生当天）恢复上朝，可见他的病情已大为好转。

朱祁镇是最不希望朱祁钰活着的人，没有之一。要是朱祁钰病势沉重，他不可能说出"弟弟的病好多了，可以吃粥了"这样的话。

朱祁钰还不到三十岁，没有大病记录，身体还素来不错。老朱家虽然没有长寿基因，但活个四十岁左右问题不大，像朱高炽都活了四十七岁，朱祁钰凭什么不能多活几年？

天顺元年二月十九日，朱祁钰薨逝。他成为明朝十六位皇帝中，寿命倒数第三的一位。比他更短命的是建文帝朱允炆（二十五岁），明熹宗朱由校（二十三岁）。不过，这两人并非自然死亡，朱允炆是失踪了，朱由校是意外落水病死。朱祁钰的死因是什么呢？不明。不明的意思是没有记载，如果只是病逝，大可大大方方地写明。可是李贤、杨瑄、尹守衡等同时代大臣的作品中只记载了"薨"，都没说为何"薨"。景泰帝的死亡成了一桩历史疑案。

几十年后，关于朱祁钰之死的确切原因开始见诸一些史料，这些说法都指向一个人：太监蒋安，是蒋安勒死了景泰帝。"景泰帝之崩，为宦官蒋安以帛勒死。"

蒋安是朱祁镇的亲信太监，他不敢私自杀死朱祁钰，只有一个理由，他是奉旨行事。极有可能，朱祁钰是被谋杀的。这个假设成立的话，"夺门"就很有用了！

朱祁钰病体康复继续执政，立沂王朱见深能不能成功就很难说。按景泰帝在这件事上的坚持，他很可能继续拖下去，拖到自己生出儿子，然后将其立为太子。那朱祁镇还有希望吗？

说“夺门”没用，是因为朱祁钰很快就不明不白地死掉了。假使朱祁镇给他自己当年一样的待遇，“夺门”都还是有用的。李贤当然只能这么说，他不可能去为朱祁钰翻案。他不说，也会有别人说出朱祁镇想听的话。

不被承认的皇帝

朱祁钰去世后，并未被葬入帝陵，明朝一共有十六位皇帝，北京却只有明十三陵。除去葬在南京的朱元璋，下落不明的朱允炆，还缺一位皇帝。那就是朱祁钰了，他不被承认当过皇帝，更没有庙号。

在安排弟弟身后之事上，朱祁镇表现得六亲不认。朱祁钰的帝号，哥哥朱祁镇复辟后肯定不会保留，这还能够理解。不过朱祁镇赐给弟弟朱祁钰的谥号，就有点恶毒了，他赐朱祁钰谥号为“戾”，称“郕戾王”。这是一个恶谥，表示朱祁钰终身为恶。人死还要诛心，朱祁镇下诏指责朱祁钰“不孝、不悌、不仁、不义，秽德彰闻，神人共愤”。

朱祁钰在生前已营造陵寝，起名寿陵，打算与皇后合葬。景泰七年（1456 年），肃孝皇后去世葬入寿陵。寿陵规模已成，可以和长陵、献陵相媲美。天顺元年（1457 年），朱祁镇下诏将寿陵捣毁，肃孝皇后灵柩去向失去记载。

赐给如此恶谥，再想葬入祖陵，那是痴心妄想。朱祁钰被按照亲王礼节葬在北京西山，陵寝位于今天北京海淀的金山陵园。朱祁钰成为明朝迁都北京后，唯一一位未被葬入十三陵的明朝皇帝。

朱祁镇再不承认，也不能更改朱祁钰当过皇帝的事实，而且他这个皇帝当得还不错。朱见深即位没多久，为朱祁钰鸣不平的声音就已经出现了。大臣们认为，朱祁钰危难之时受命，削平惑乱，使老百姓安居乐业，功劳很大，却被谥以“戾”字，很不公平。甚至有人责问，当时若不是朱祁钰即位，瓦剌如何能退，太上皇如何能返京?

朱见深曾被朱祁钰废去太子之位，但对这位叔叔的功绩还是相当认可的。几经周折，成化十一年（1475 年）十二月下诏恢复朱祁钰帝号，定谥号为“恭仁康定景皇帝”，下令按帝陵的规格修饰陵寝，在一定程度上承认了景泰帝的功绩。

但明宪宗朱见深没有给朱祁钰全面平反，所定谥号仅五个字，明朝其他皇帝的谥号都有十七个字，朱祁钰在规格上较其他皇帝低，而且他还没有庙号。直到朱祁钰死后一百八十七年，崇祯十七年（1644 年）秋，这时朱由检已经自缢于煤山，朱由崧建立了南明弘光政权。七月初四己丑，弘光帝追加朱祁钰的庙号为“代宗”，并增加谥号到十七字——符天建道恭仁康定隆文布武显德崇孝景皇帝。

至此，朱祁钰在礼仪规格上与明代其他皇帝平等了，他的历史功绩总算稍稍为后人所知。

朱祁钰能笃任贤能，励精图治，外御强敌，内保社稷，有再造大明之功。他与于谦配合相得益彰，要是这样干下去，俨然有一代英主的潜质。可惜一场突如其来的疾病，不仅剥夺了他做皇帝的权力，更不明不白地剥夺了他的生命。要说他在执政七年多里有什么明显的过错，也就仅仅是在废立太子上的自私吧。

朱祁镇和朱祁钰的兄弟相残，清楚地揭示了人性、亲情如何在权力面前变得扭曲，乃至血腥。朱祁钰对哥哥朱祁镇谈不上多优待，但绝对算得上仁慈。七年时间，他只要随便说句话，就能让朱祁镇不明不白地死去，死得悄无声息。然而，他并没有这样做，这说明，朱祁钰心里还是顾着那么一点兄弟之情的。朱祁钰的过错是好人没当成，坏人没做绝。皇室斗争容不得任何优柔寡断，这点他比朱祁镇差多了。

相比朱祁钰的手下留情，朱祁镇对弟弟的手段可称乖张。朱祁钰做过最大的错事，就是过于心慈手软而放过朱祁镇，导致南宫复辟。因为与弟弟相比，朱祁镇这个皇帝当得就有点差劲了。

第六章 朱祁镇『夺门』成功后的报复

冷酷的“暖男”

朱祁镇复辟后，可不只杀了于谦、王文两个人，一起被杀的还有景泰朝的司礼监太监王诚、舒良、张永、王勤。除了他们，还有一批官员被牵连：兵部侍郎商辂、王伟被贬为民；吏部侍郎项文曜充军；户部尚书陈循充军，萧镃（挂尚书衔）被贬为民；工部尚书江渊充军；刑部尚书俞士悦充军。

六部尚书几乎一扫而空，硕果仅存的是礼部尚书胡濙。这位老尚书经历过数朝政治斗争，深知其间厉害，自从当年在殿上喊出一嗓子后，胡濙就明哲保身，极力避免卷入任何涉及皇位纷争的事。御史钟同当初上疏请求复立朱见深，曾找胡濙声援，胡濙未置可否，只是嘴里念念有词：找死，找死。

据称胡濙在“夺门之变”发生前已知道内幕，却以年老为由拒绝参与，不过他也没有告发，再次平静地接受了改朝换代的事实。凭着在朱家兄弟两人之间相对超然的态度，胡濙没有被追究，他也不失时机地提出告老还乡，顺便辞去了景泰帝赐给他的“少傅”“太子太师”头衔。

朱祁镇没有难为胡濙的理由，还表扬他“宅心允臧、处事谨慎”，友好地允许他退休。胡濙成了个不大不小的政坛奇迹，他安然度过近六十年间的种种血雨腥风，成为历仕建文、永乐、洪熙、宣德、正统、景泰、天顺的七朝传奇老臣。天顺七年（1463 年）八月，胡濙在老家常州安然去世，享年八十九岁。

胡濙只有一个，朱祁镇不会放过当年那些拒他于千里之外的武将。

景泰年间，郭登在大同干得很不错。除了御敌有方，他还善于练兵，在他任内，大同从一座残破的军镇成为拥有精兵数万、战马一万五千匹的塞外巨镇。

虽然在景泰朝屡获重用，但由于在“土木堡之变”后几次没给大同城下叫门的朱祁镇好脸色看，郭登因此不为朱祁镇所容。朱祁镇与郭登还是儿女亲家，想到这点朱祁镇更加生气，亲自下诏申斥：“原大同总兵郭登屡拒朕于城外，欺君之罪不可不究。”郭登先被调任南京，随后又被弹劾，去其爵位，降为都督佥事，贬往甘肃立功赎罪。好在朱见深即位后恢复了郭登的爵位，晋升他为甘肃总兵官，不久又下旨将郭登调回京城，命他提督“十二团营”，负责禁军训练。成化八年（1472 年），郭登病逝于京城，得到厚葬。

郭登的运气已经是相当不错，当初在北京城下大战瓦剌的，还有一员名将范广。

范广精于骑射，骁勇绝伦，于谦安排他充任石亨副将，从北京一路追杀瓦剌到紫荆关，立下汗马功劳。此后，他仍然协助石亨提督团营兵马。但因与石亨不和，朱祁镇复辟后，他遭到了“党附于谦、谋立外藩”的诬陷。范广的结局非常悲惨，除他本人被抄家处死，儿子贬戍广西外，妻女、宅第竟都被赏给蒙古降人。

一个为国抵抗蒙古入侵的优秀将领，最后家眷却被赏给蒙古人，这已经不是讽刺，而是恶心。就算范广真的有罪，他的家人也不该落得个如此下场。后人为他鸣不平：孙镗、范广善战略相等，而广以冤死。所遇有幸有不幸，相去岂不远哉！

北京保卫战中闪耀一时的将星还有杨洪。

深知“盈满为惧”的杨洪，总应该有个好结局了吧？杨洪在景泰二年（1451年）已经去世，朱祁钰追赠他的颍国公爵位和“武襄”谥号，朱祁镇确实没动。这并不等于不动杨洪的儿子，朱祁镇把旧账算在了杨洪之子杨俊头上。杨俊被加上坐视皇帝被俘不救，及党附于谦等罪名，夺爵弃市。杨俊之子杨珍也受牵连被流放广西，直到朱见深即位后才被召还。

杨俊被杀还有个民间传说，据说他被斩首后，有位风尘女子——杨俊的红颜知己高娃，不顾执刑官的威胁，大喊“屈杀忠良也”，伏身用嘴舔干杨俊颈上的鲜血，用针缝合尸体，然后拔刀自刎。这段故事在民间广为流传。

对当年得罪自己的外臣，朱祁镇毫不客气；对朱祁钰的后宫，朱祁镇也谈不上仁慈。

朱祁钰原配皇后汪氏，刚毅偏执，心怀仁德。朱祁镇被幽禁南宫时，她时常安慰皇嫂（朱祁镇的妻子钱氏）；朱祁钰欲改立太子时，汪皇后竭力反对，付出了皇后之位被废的代价。朱祁镇有这样个一直向着他的弟妹是种幸运，可他对汪氏的“报答”却令人心寒。

朱祁镇复辟后，汪氏恢复了郕王妃的称号，从宫中迁到郕王府。在钱皇后的照顾下，得以将私产和服侍她的宫女、太监带出宫。事情到这里还算和气，可没过多久就发生了一件事。

一天，朱祁镇想起了自己以前的一件玉玲珑腰带，命宦官查找，答复说被汪氏拿去了。皇宫大内珍宝不计其数，一件没啥特殊意义的玉玲珑腰带，按说拿去就拿去了，朱祁镇却不依不饶地叫人去拿回来。汪氏直接就不干了，她发怒道：“我夫君当了七年天子，难道不能拥有这区区几片玉吗？”说罢直接就把腰带丢进了井里。此话传到朱祁镇耳中，大怒，命人没收了汪氏从皇宫带走的全部财物。

汪氏的命运在朱见深即位后才得到好转，朱见深知道这位婶婶当年支持继续以他为太子，因而对她相当孝敬。汪氏后来活到了八十岁高龄，以妃嫔之礼与朱祁钰合葬于金山景泰陵。正德二年（1507年），明武宗上尊谥曰“贞惠安和景皇后”。

朱祁镇曾经是个暖男，在他第一次执政时，搞出了“土木堡之变”这样的奇耻大辱，但考虑到他还年轻，只要好好学习，改正错误，事业还是有翻盘机会的。第二次执政后，他身上曾让人温暖的特质逐渐消失了。

除了上面提到的几件事，还有一件事让人感觉到了朱祁镇的冷酷。

在蒙古当俘虏时，袁彬是朱祁镇最亲近的人，袁彬生命受到威胁时，朱祁镇宁可不顾形象哭求也先放人，表现出对袁彬的深厚感情。等他再次大权在握后，一度知恩图报，给了袁彬很多优待。还时常召他进宫宴请，谈论当年患难事，君臣欢洽如故。

可惜，蒙难皇帝和护驾忠臣终得圆满的故事，只能存在于童话中。曹石之变后，朱祁镇与袁彬的关系开始发生变化。

朱祁镇经历了几次生死考验，成为人质的惨痛经历让他不信任大臣。两次险些命丧太监之手，现在他也不信任宦官，只有特务能给他带来安全感。逯杲死后，朱祁镇任命袁彬执掌锦衣卫，希望这个他信任的生死之交，能成为他新的耳目和鹰犬。

袁彬不同于逯杲，当年他舍命护主，并不是指望朱祁镇能重登大宝，他纯粹认为那是正确的事情。袁彬不要什么功名，他要的是坚守自己的道德底线。统领锦衣卫可以，要他去干那些见不得人的脏活，他干不来。

生死之交变得不听话了，袁彬在朱祁镇心中的地位直线下降，他又召来了门达。门达长期被部下逯杲压制，按照逯杲的受宠程度，门达很快就要成为逯杲的下属。幸好逯杲的脑袋被曹钦砍下来了，任务又回到了门达身上。

门达曾经也算是个正直的官员，但有了逯杲和袁彬的正反示范，门达明白了该做什么，他决心干得比逯杲更出色。权臣石亨、曹吉祥被消灭，朝廷又出现了一个新的权臣，而且是朱祁镇亲自扶持的。

在门达手下，北镇抚司的恐怖名声又回来了。他把锦衣卫特务分散到四方，以致含冤下狱者不计其数，造成狱舍紧张。大臣们被门达搅得日夜惴惴不安，纷纷向他行贿以求自保。

也有不肯向门达低头的，袁彬就是一个。对于袁彬的无声挑衅，门达很是愤怒。而且，袁彬还是锦衣卫指挥使，是门达名义上的上级。不扳倒袁彬，门达怎么甘心？

但袁彬毕竟救过皇上的命，能不能动他，门达想了一招投石问路。天顺七年（1463 年）四月，门达手下的特务打听到一件事，袁彬的岳父之一（某个妾室的父亲）搞了点不正当活动。门达大喜，很快把这件事汇报给朱祁镇，流露出的意思很清楚：是不是可以动一动袁彬？

门达正红得发紫，朱祁镇很想答应他，想到门达的手段，他又有点犹豫，于是回答了这样一句话：“任汝径治，但以活袁彬还我。”——随便你怎么整，只要不把袁彬弄死。

门达领会精神，将袁彬下狱一顿暴打。随后，门达又为袁彬在监狱特设了一个包厢，这个小房间冬寒夏热，墙壁厚重无比，无论如何喊叫，声音都无法传出。

门达的手下精通刑罚，让袁彬在狱中受遍酷刑又不致死亡。袁彬的夫人前来探监也不许入内，只在隔日被审讯时，跪在堂下三米多远的地方，大致望几眼，这之后就再也不准探访。

袁彬已经六十四岁了，他不相信这是皇上的意思。当年那个把脚伸到他怀里取暖，在他将被喜宁杀死时，为他痛哭求情的年轻人，怎么会变得如此冷酷呢？就算皇上对自己有所不满，也犯不着让门达如此折磨他呀！袁彬只求能再见一眼皇上，那样他才能死得甘心。

门达看到朱祁镇毫无表示，便变本加厉，给袁彬扣上了受贿请托、党附曹石、私建住宅、夺人女子等罪名，判处袁彬死刑。总算朱祁镇兑现了他的承诺，没有批准执行，改为免死流放。

在被流放期间，袁彬写了一本回忆录《北征事迹》，里面记录了他与朱祁镇蒙难的点滴。遭受如此不公正的待遇，袁彬的字里行间所见却只有怜悯和温情。或许在他眼里，那个在寒夜中搂着自己颤抖哭泣的年轻人，那个失去所有权力的人质，才是真正的朱祁镇。

成化年间，袁彬被召回重新执掌锦衣卫。朱祁镇复位后短短几年，锦衣卫先后被逯杲、门达搞得声名狼藉，天下苦之，在袁彬治下，锦衣卫又恢复了原来的样子。

成化十三年（1477 年），袁彬以七十六岁高龄卒于任上，朝廷追封他为光禄大夫、上柱国、左军都督，母、妻都诰封为一品夫人，后代世袭锦衣佥事。他确实是个高尚的人，高尚的人理应受到尊重。

门达没猖狂多久，几年后朱祁镇驾崩，失去靠山的门达立即被弹劾下狱，没收家产，儿子、从子、女婿等都被谪戍。门达本人发配广西充军，很快死在当地。这个人也曾是个有为的官员，最后落得个死后列入《佞幸传》，遗臭万年的下场。

一念起，风生水起；一念落，万劫不复。

为尊者讳

天顺元年（1457 年），朱祁镇做了一件令人瞠目结舌的事。他下诏为王振正名，并开祖宗之先例，在京城智化寺北院为王振建立旌忠祠。王振早已尸骨无存，便以香木为王振雕像，祭葬招魂，这座寺庙至今犹存。

要知道，在京城为一个宦官设祠，大明历史上前无古人，何况还是被定性的王振。要解释这件莫名其妙的事，会牵扯到一个“避讳”的概念。

古代避讳很厉害，还避出了一门学问，总的原则是“为尊者讳，为亲者讳，为贤者讳”。一般意义上的避讳要容易理解一点，即避免直接说出或写出尊长和贤者的名讳。比如于谦的儿子向别人介绍自己父亲时，他会说“家父讳谦”。如果是徐有贞的儿子，他该说“家父上字讳有，下字讳贞”。

然而避讳绝不止避名字，它的引申意义更厉害。

《春秋》里记录了一件事：鲁僖公二十八年，天子狩于河阳。不明白的人，怎么看都是周天子去河阳打猎而已。了解背景才能知道，这一年是天下霸主晋文公在河阳召集诸侯会盟。要是如实记录，就该是晋文公发号施令，周天子不敢不去。可是晋文公再厉害也是臣子，周天子再弱也是天下共主，这样记录成何体统，皇家的面子还要不要了？于是就有了“天子狩于河阳”。天子是在河阳出现了，至于和晋文公有没有关系，不能明说，只可意会。

事情确实有，记录史实时要讲究笔法，要有为地位尊崇的人遮掩的觉悟，这叫“为尊者讳”。朱祁镇的“北狩”也是这个意思。这个传统一直延续到清末，咸丰皇帝、慈禧太后出逃都不叫逃，叫“狩”。

在朱祁镇为王振招魂这件事上，能看到“为尊者讳”的蛛丝马迹。

传统观点认为王振是个奸宦，皇上亲征完全是受了王振的挟持；在回军路上，由于王振的瞎指挥，军队没有选择安全的蔚州—紫荆关路线，而是走了宣府—居庸关路线；至于错误地选择在没有水源的土木堡扎营，那还是王振的意思，坚持等待后队的千余辆辎重车辆，导致大军被包围歼灭。

“土木堡之变”，罪魁祸首是王振，英宗朱祁镇负次要责任，这些观点在《明史》《明实录》《明通鉴》等史料中都可以找到。

再从情理方面考虑一下，朱祁镇亲征时早已不是八九岁的小娃娃，而是个二十二岁的成年人。正统八年（1443 年），张太皇太后薨逝后，他就开始收回权力，已经有了六年的亲政经验。

明代制度告诉我们，明代宦官完全不同于唐代宦官可以随意废立天子，他们仅仅是皇帝意志的代言人。宦官权势再大，也大不过皇帝的一句话。王振之后还有很多权宦，最厉害的“九千岁”魏忠贤势力远比王振庞大，也没能在即位不久的崇祯皇帝手下撑过一个回合。说王振蛊惑可以，说他“挟帝亲征”，未免太看得起他了。

假使王振真如记载所说这般，朱祁镇还有必要在复位后如此大动干戈地为王振正名吗？用“为尊者讳”来解释就很清楚了。

王振没有权力，也没有能量挟持朱祁镇，他只有建议权而没有决定权，所有行动最终还是要皇上拍板。可是朱祁镇是天子啊，总不能说，都是皇上外行瞎指挥，才导致明军崩溃的吧！这事太大，已经没法用“天子狩于河阳”之类不清不楚的话掩饰过去了。皇帝出征失败了，那总要找个负责人吧？谁来承担这个责任？王振对皇上很忠心，王振已经死了，大家都恨王振……为尊者讳——王振，这责任你不负谁来负！

国家层面上，王振负全部责任；私人层面上，朱祁镇对王振是有真感情的，恨不起来。恰恰是王振帮朱祁镇背了土木堡惨败这口大黑锅，他心中有所愧疚，才会不惜开先例为王振设忠祠。后来的大太监们，汪直、刘瑾、魏忠贤等荣宠比之王振有过之无不及，却没有人受到过这样的待遇（考直、瑾、忠贤，皆蒙主眷，而没后追思，惟振一人），应该很能说明问题了。

历史的评价应该颠倒一下，“土木堡之变”，朱祁镇负主要责任，王振负次要责任。

天顺八年（1464 年）正月十六，朱祁镇驾崩，终年三十七岁，葬于裕陵，庙号英宗，谥曰法天立道仁明诚敬昭文宪武至德广孝睿皇帝。

明英宗朱祁镇，前后两次在位，共计二十二年。三十七年的人生，七年太子，十四年皇帝，七年幽禁，最后八年又当皇帝。少年不识愁滋味，肆意北征的热血，加上从皇位坠落的彷徨与毫无自由的恐慌，最终失而复得，这样的人生不可谓不复杂。

客观来说，朱祁镇在执政最后几年还是做了点好事的。例如他废除了一项古老而残忍的制度：妃嫔殉葬。

活人为死人殉葬，这项制度从商朝就开始出现，奴隶社会进入封建社会后被继续保留。汉唐两朝风气改为让皇亲国戚和达官显宦死后陪葬在皇陵附近。到了宋朝，随着契丹、女真、蒙古等先后崛起，人殉传统再次兴起，并被明朝继承。

这是一项非常残酷的制度，不知有多少嫔妃在青春年华被迫为死去的皇帝陪葬。如明太祖驾崩后，内侍随即宣读留给后宫的遗诏：内宫中所有嫔妃，以及曾经侍寝的宫女，除幼女宝庆公主（时年三岁）之母张美人外，一律赐死殉葬。这些女子原本正嘤嘤抽泣，不知是伤心于朱元璋之死，还是担心自己的命运。等宣读完遗诏，嘤嘤抽泣一下子变成了号啕大哭，有几个妃嫔直接就晕了过去。几天后，殉葬的时辰到了，她们被召集到庭院内用完最后一餐，随后被引入一个偏殿。殿内早已准备好一张张小木床，梁上系好了一个个绳套，这里就是她们的生命尽头。

踏进殿内，妃嫔们才知道死期已到，一个个大放悲声。但这也只是徒耗时间而已，旁边有如狼似虎的内官伺候，谁又敢违抗圣旨。纵然有瘫软的或是不情愿的，内官也会七手八脚地“帮”她们把脖子套到绳索里。几十条鲜活的生命，皇子、皇女的母亲，瞬间香消玉殒，真是天下一大惨事。

为朱元璋殉葬的妃嫔、宫女达到五十八人之多。这些女子被迫殉葬后，也不可能被葬入地宫，而是被分开葬在了三个地方：一是在如今的南京植物园内；二是在明孝陵宫墙外东南角一处；三是妃子墓区，位于明孝陵右侧。这样对应了墓葬“左辅右弼”的格局，与明太祖的孝陵、太子朱标的东陵遥遥相望，象征这些美貌薄命的女子，死后还要继续为皇帝服务。

这个极不人道的制度在天顺年间得到废除，朱祁镇下诏：“用人殉葬，吾不忍也，此事宜自我而止，后世勿复为。”他还交代儿子朱见深，以后也不许这么做，从此嫔妃陪葬在制度上被扫进了历史的垃圾堆。此后，清朝又有反复，从努尔哈赤到皇太极、多尔衮和顺治，都有妃嫔、侍女殉葬的事情，直到康熙年间才最终停止。

不过，朱祁镇做的这件善事是打折扣的——并不包括朱祁钰的妃嫔们。朱祁钰去世后，朱祁镇勒令其后宫唐贵妃等人殉葬，并让大臣讨论是否要让汪氏殉葬。在大学士李贤等人的反对下，汪氏才得免。

此外，朱祁镇还释放了从永乐时期起就被圈禁的朱标一系的子孙们，并妥善安排，给予照顾，使他们得以自由婚娶。这些人中被软禁时间最长的是朱允炆次子“建庶人”朱文圭，他已被关了五十多年，出来后连牛羊都分辨不了。或许是自己在蒙古和宫中都被软禁过的原因，朱祁镇特别能理解他们的处境，这是一件大善事，历来被史家称赞。

朱祁镇在执政后期，能任用李贤等贤臣并自己每天亲自批阅奏章，成为人质和被软禁的经历使他成熟了不少，能体会到百姓疾苦，施行了一些德政。但这远不足以抵消他犯下的过错。他复位以后冤杀于谦、王直、范广，听信谗言流放郭登、袁彬等人，重用门达、逯杲等奸臣，民间又爆发了数十万的流民起义，导致明朝自景泰时期恢复的国力再度受创。

“土木堡之变”是个概率极小的事件，有赖于于谦、朱祁钰的正确应对，它除了给大明留下一段奇耻大辱，还不至于让明朝就此衰落。如果真要说，那还是他取代朱祁钰这件事，因为历史清楚地表明，皇帝这个工作，朱祁钰比他干得出色多了。

“为尊者讳”讳言了朱祁镇的许多错误，但无论怎么掩饰，后人都能看到一个事实：朱见深即位后，迫不及待地推翻了朱祁镇的许多决定，儿子不给老子留面子，就足够说明问题了。

第七章 万贞儿宠冠后宫

帝王姐弟恋

朱祁镇两度为帝，朱见深也当了两回太子。天顺八年（1464 年）朱见深即位，改第二年为成化元年（1465 年），大名鼎鼎的成化皇帝登场了。

经过朱瞻基、朱祁镇父子两人的折腾，大明终于出现了一个正常点的皇帝。俗话说，新官上任三把火。成化初年，朱见深即为于谦平冤昭雪，平反了天顺年间的许多冤案，又不因叔叔朱祁钰曾废掉自己的太子之位，以德报怨，恢复代宗帝号，重修代宗陵寝，博得朝野一片称赞。

这一切说明，朱见深是个心胸宽广的人，没有对过去怀恨在心，这很大程度与他少更多难的经历有关。

被废掉的那些年，朱见深的日子并不好过，幸好还有一个女子一直不离不弃地陪伴着他。这个女人叫万贞儿，后来她得到了丰厚的回报。此事还要从正统十四年（1449 年）说起。

那一年，年方两岁的朱见深被立为太子，换来孙太后对朱祁钰即位的支持。朱见深的身边，同时多出了一个十九岁的少女。

这个名叫万贞儿的女子，原本是孙太后身边的侍女。在与郕王朱祁钰达成那个政治交易后，太后召来万贞儿，吩咐她卷铺盖搬到东宫去照顾太子，并特意叮嘱：不管发生了什么事，你务必要护他周全。

几十年后再看，这个特殊使命，万贞儿完成得很出色。甚至是过于出色了，她与朱见深还共同造就了历史上鲜见的帝王姐弟恋故事。

太子自小不与生母同住，两岁的朱见深还在吃奶的年龄，对自己的身份变化毫无所知。得到孙太后授意的万贞儿实际成了首席保姆，也是最接近朱见深的人。首次成为太子的三年多时间里，朱见深过得还算安稳。他很自然地对这个日夜不离身边的女子产生了依赖之情，她虽然不是自己的母亲，却比母亲更像母亲。

事情很快起了变化。没多久，叔叔朱祁钰开始变得暴躁不安，看朱见深的眼光时时流露出不满。小小的朱见深并不清楚发生了什么，只觉得身边的人对他的态度开始不一样了，只有那个万贞儿，对自己一如既往地温柔。

景泰三年（1452 年）的一天，一批宦官突然冲进东宫，口称奉旨请朱见深搬离，并立即离开紫禁城。这时他才知道，自己的身份已经降格为沂王，堂兄朱见济成了新的太子。太子不太子的，不到五岁的朱见深还不是太懂，他只记得那些宦官凶狠的嘴脸和不屑的表情，仿佛在说：你已经被废了，还不立马滚蛋！

身边的侍女、宦官们大都作鸟兽散，还是万贞儿紧紧地搂着他，拍打着他的后背。朱见深抬头，看着眼前这个二十二岁的女人，发出了一声十分没有底气地询问：“你也会跟他们一样，离我而去吗？”万贞儿的手拂过朱见深稚嫩的脸庞，柔声说道：“不会的，我会一直在你身边。”

权力的游戏里，废太子是很容易成为牺牲品的。虽说朱祁钰并没表示要拿朱见深怎么样，也少不了一帮站队的人，靠打压这个失势的孩子来获取政治资本。

人生的大起大落，竟要这个五岁的孩子品尝，他成了无人问津的“过时货”。所有人都觉得朱见深完蛋了，跟他那倒霉父亲一样，再也不会翻身。那些日子里，朱见深要面对的不仅是地位的下降，更有墙倒众人推的尴尬。就连生母周氏偶尔来探望他，也要表现得像例行公事，生怕被好事者抓住把柄。

这样的日子过了四年多，逐渐懂事的朱见深平静地接受了发生在他身上的事情。还好，在那些难挨的日子里，万贞儿始终和他在一起，一如既往地照顾、安慰着他。

在朱见深十岁时的一个深夜，紫禁城内南宫发生的那件事，让朱见深的命运再次发生了逆转，他又成了太子。二度成为储君，朱见深的地位一下子变得超然，身边重新围满了脸带谄媚的各色人等。然而，这些人加到一起也不能让他眨一下眼，他早已离不开万贞儿了。

随着年龄渐长，亦姐亦母的万贞儿扮演了朱见深人生中另一个重要的角色。这个女人不仅与朱见深共同品尝人生的苦难，在这个孩子长大后，还给了他一枚甜蜜的禁果。天顺六年（1462 年）孙太后去世后，十五岁的朱见深和三十二岁的万贞儿，虽无夫妻之名，已有夫妻之实。

两年后朱见深即位，万贞儿晋为贵妃。要按他的本意，皇后之位自然非万贞儿莫属。可是万贞儿毕竟比他大十七岁之多，不管从礼法上还是现实上，朱见深都没有立万贞儿为皇后的可能。封她为贵妃，已经是顶格的封赏，再不能更进一步了。

而且，朱祁镇早就给朱见深把亲事安排得明明白白。早在英宗生前，就为太子选妃，定下了王氏、吴氏、柏氏三人。经主选官牛玉极力推荐，太后批准，确定选中羽林前卫指挥使吴俊之女为未来皇后。

朱祁镇驾崩前特意叮嘱，要太子在自己百日后即行完婚——在此之前，从未有明朝皇帝在服丧期间大婚，朱祁镇这是为儿子打破了惯例。天顺八年（1464 年）七月二十一日，按照先帝遗命，太后安排，朱见深老老实实地迎娶吴氏为皇后，昭告天下：尔吴氏毓秀勋门，赋质纯粹，有端庄静一之德，有温和慈惠之仁。

吴皇后被废

太后和大臣们都松了一口气，接下来这小两口只要努力诞育子嗣就可以了，皇上还很年轻，他一定会有很多很多儿子。一个月后，朱见深就把他们美好的愿望击得粉碎。皇宫中传出一个令文武群臣及天下百姓大惊失色的消息：刚被册立不久的吴皇后被废了。

朱见深给出的理由是吴皇后“轻浮粗率”。可就在一个月前的立后诏书中，他刚刚说过：皇后端庄静一、温和慈惠。如此出尔反尔，这不光是打大家的脸，还捎带着把自己的脸给打肿了，朱见深为何要这么做呢？真实原因不能在诏书里说，也不能明白地告诉大臣。

吴皇后生于京城，这个风华正茂、知书达理的女子，满心以为会与年轻的皇帝相悦承欢，谁知每夜坤宁宫的孤灯总也等不来帝王的温存。非但吴皇后等不来，其他妃子也一样等不到皇上。

成化皇帝每晚去了哪里？在后宫深处一个名为昭德宫的地方，那里正是万贵妃的住处。每晚，皇上的红纱灯只为万贞儿起落闪烁。

年轻貌美的吴皇后无法理解皇帝丈夫。皇后之尊，更让她无法容忍这个半老徐娘天天独占皇帝，她抓住万贵妃一个小小的过错借题发挥，结结实实地打了她一顿板子。

从两岁的婴孩到十七岁成为皇帝，朱见深的整个童年和少年时期，都是在万贞儿的陪伴下度过的。他从她身上得到的不止无私的“母爱”，还有成熟女性的温馨，他把万贞儿当作感情的全部寄托，就算登上皇位之后，这种寄托也从未改变。

吴皇后可以杖责其他妃子，就算顶撞丈夫，朱见深也未必会废了她，可是她竟然痛打了万贵妃一顿！当初朱见深朝不保夕的时候，是这个女人不顾一切保护他、陪伴他。你们算是什么？如果我不是皇帝，你们会正眼看我一眼吗？这个世界上，永远不会有第二个万贵妃！这顿板子比打在朱见深自己身上还让他痛心。成化皇帝其实是个性格温和的人，但在这件事上，不存在任何妥协的余地，吴皇后必须受到处罚。

朱见深不仅一意孤行，亲手打落吴皇后的凤冠，还迁怒到当初推荐吴氏的太监牛玉、吴熹等人身上，把他们发配到南京孝陵种菜。有言官上疏反对废后，同样得到贬官调用的待遇。这几乎是朱见深一生中火气最大的一次，纵然太后反对，文武百官抗辩又如何？他就是要告诉世人，万贵妃是不能动的！

被打入冷宫的皇后结局通常很惨，她们只会在青灯古佛下孤寂地度过余生，然后默默死去。这不是吴皇后的结局，这位废后后来虽没得到追认，却依然享有太后般的待遇，这与十几年后的一个孩子有关。

两个月后，朱见深再婚，当初朱祁镇为他物色的另外一名候选人王氏，成为第二任皇后。王皇后比吴氏识趣很多，她深知自己只是替万贵妃坐着这个位子，从此低眉顺眼地做起了名义上的皇后。朱见深几年不来，她也毫无怨言，所有人都挑不出她的毛病。朱见深对王皇后也是十分冷淡，在位二十三年，宠幸她的次数都没超过十次（终其身不十幸）。

皇帝无子

记载中，万贵妃长得并没多么花容月貌，即使之前也曾青春逼人，到了三十五岁往上这个年纪，她的容貌也很难竞争得过一帮豆蔻年华的少女。朱见深还是个二十来岁的小伙子，大家都不能理解，皇上放着后宫那么多美女不宠幸，为啥偏喜欢这么个姿色并不出众的中年女人？

周太后忍不住质问儿子：她有什么美丽的，你为什么对她这么好？朱见深回答：“我喜欢她，不是因为她长得有多美，只有她给我按摩，我才能睡得安心（彼抚摩，吾安之）。”周太后无言以对。

这句话不知真假，却让朱见深有了一个交代得过去的理由。慢慢地，所有人都接受了这个现实，皇上离不开万贵妃，这不是装的，强行分开他们，后果会很严重。

其实对皇上中意哪个妃嫔，大臣们倒不关心，他们真正关心的是万贵妃的肚子——皇上老往昭德宫跑，这个女人的肚子却始终不见动静。这才是大事，帝国无后怎么行？

皇帝的家事就是国事，大学士彭时劝谏道："陛下您对爱情很专一，不过万贵妃迟迟不见有喜，有可能是她已经过了生育年龄。您后宫那么多妃嫔，为宗社大计考虑，能不能'均恩爱'一下？"

朱见深一句话就给顶了回去："我自己的事，你们管得着吗？！"

话虽如此，江山与爱情的分量，朱见深还是要掂量掂量的。他把感情寄托在万贵妃那里，并不影响身体本能的呼唤，本着"无后为大"的态度，他也少不了把希望寄托在后宫其他女子身上。比如，一个美丽的女战俘。

第八章 另类太监汪直

大藤峡之乱

天顺年间，民间起义不断，湖广、贵州、两广相继而起，一直延续到成化初期。

成化初年，大藤峡又发生民变，这块地方大致包括今天沿柳江—浔江一线数千平方公里的瑶族和壮族居住区，大明自立朝后，一直动乱不断。这次大型民变在史料中被称为“藤峡盗乱”，它的性质要比以往的民变更加恶劣，一面是攻打城池、擒杀官吏、释放囚犯；一面是抢劫财物、滥杀百姓、为害地方。许多无辜的平民遭受波及，惨遭屠戮，并开始蔓延到邻近省份。不管它开始的原因到底是什么，称为叛乱是没有多大问题的。

朱见深派出浙江左参政韩雍加右佥都御史之职提督军务，协同都督同知赵辅，调集诸省军队十六万人前往平乱。

这位韩雍是个狠角色，不久前，他刚因为得罪了内阁首辅李贤被贬为浙江左参政。推荐他的是另一个更狠的人，就是当初在殿上率众击打马顺的那个王竑。王竑这时正任兵部尚书，他顶住了李贤的压力，坚决要求起用韩雍。王竑极力向朱见深举荐说："韩雍才气无双，平定贼人非他莫属。"

韩雍成为平乱军统帅的消息传到苏州府吴县，一个六旬老者颓然扔掉手中铁鞭，叹道："原来天象应在这小子身上。"此人正是徐有贞。

石亨被杀后，徐有贞被放归，天天盼望能再次起复。徐有贞常仰观天象，见吴地有将星出现，便以此自负，认为会应在自己身上，常拿铁鞭起舞，时刻等待朝廷的召唤。将星却应在了韩雍身上，于是徐有贞彻底死心。成化八年（1472年），徐有贞郁郁而终，时年六十六岁。

韩雍果然不负徐有贞预言，他很快让戎马半生的赵辅也感觉胆战心惊。仔细分析敌情后，韩雍指出：叛乱蔓延数千里，看似声势很大，其实不难对付，只要巢穴倾覆，其他问题就迎刃而解。

官军按照韩雍的战术，先是集中兵力，收复修仁、荔浦二县，斩断了叛军的羽翼。随后兵分五路，全军直捣叛军老巢大藤峡。这招擒贼先擒王，要诀是攻其腹心，断其通道。

大军抵达峡口，出现了一个戏剧性场面。只见路边有数十位百姓跪伏，口称是当地土民，愿归顺官军，充当向导。这种事也算得上司空见惯，战事顺利时，沿路都会有百姓箪食壶浆，以迎王师，没人觉得有什么不正常。

报到韩雍那里，韩大人却似乎有什么心事，他招呼卫士："你们跟我来，我要亲自看一眼。"绕着恭顺下跪的百姓转了几个圈子，韩雍没说话，坐回自己案前。士兵正要将他们带走安置，却听韩大人拍案暴喝一声："来人哪！给我将他们拿下！"

韩雍绝对不是善茬，他的成长轨迹与于谦类似，进士出身后都是按照带兵文官来培养的——御史—按察使—出巡江西—巡抚宣大，并曾参与镇压福建的叶宗留叛乱。韩雍常年与乱民打交道，一看他们的神态表情，就敏锐地感觉到其中有诈。

不明就里的卫士们扑过去控制了这些人，一搜身，果然他们身上都藏有利刃。再一审讯，他们供认自己确实是刺客，来做向导是假，伺机谋刺将帅、制造混乱才是真。这种雕虫小技怎能瞒过韩雍？他下令将这些刺客处死肢解，挖出肠胃，分挂峡谷口树林之中，成串相连。赵辅等武将出生入死，身经百战，也没干过这种事，看到韩雍这个文官竟然如此心狠手辣，纷纷自叹不如。

韩雍倒也不是一味残忍，在大藤峡地区作战是件很痛苦的事。这里山高林密，天险众多，叛军无法与明朝大军正面对抗，可他们利用熟知地形、善于攀缘的优势，用毒箭、毒标等阴招不断偷袭官军。中箭受伤的士兵很难得到有效救治，只能眼睁睁地看着自己的伤口不断溃烂，在哀号声中绝望地死去。

韩雍这么做的主要意思有三点：第一，不要在本大人面前搞那些花花肠子，我比你们更加清楚。第二，现在投降还来得及，不然这些人就是你们的下场。第三，为了安抚手下——你们受的苦，我会加倍让敌人偿还。

文武全才的韩雍不负所托，仅花一年多便讨平叛军，俘杀首领侯大苟，截断江上大藤，改地名为断藤峡。

凭此功劳，韩雍正式升任左副都御史，提督两广军务。他一直在当地坐镇到成化十年（1474 年）致仕，他在任内屡定寇乱，为两广地区的稳定作出了很大的贡献。

朱见深绝对不会想到，这次军事行动将为他带回两个重要的人——其中一个将成为全新执法机构的首位掌门人；另一个将成为大明下一任皇帝的生母。

御马监太监

成化二年（1466 年），韩雍平定大藤峡叛乱。广西的崇山峻岭中，出现了一批年幼的儿童，他们被捆绑着双手，在军队押解下前往人生的下一个目的地——京师。这些儿童再也不会回到家乡，他们也不会再见到自己的亲人，等待他们的命运悲惨且未知。可以肯定的是，男童将被阉割，女童将成为宫女，他们都会成为皇室的奴隶，因为他们的身份是战俘。

其中有个叫汪直的幼童，他的年龄并没有确切的记载。古代三四岁至八九岁都称幼童，年龄太小无法承受长途跋涉，由此推断汪直当时应该八九岁。汪直被押到京城，挨了那残酷的一刀后送进皇宫，成为一名小宦官。宦官的升迁之路漫长而艰难，混到死还是个"备洒扫"的老宦官的比比皆是。不过，汪直的运气很好，他长得俊秀，又聪明伶俐，在挑选时被挑中送往昭德宫。成化年间，昭德宫主人的名字在后宫举足轻重，她正是万贵妃。

除了颜值高，汪直还很会来事，深得万贵妃欢心。有万贵妃支持，汪直的事业像踩了火箭一样青云直上，不出十年已晋升为御马监太监。《西游记》中，天庭御马监正堂管事名为弼马温，这个职位荣幸地归孙悟空所有。虽说这只是吴承恩故意的（猴子能避马瘟），也能证明御马监管事是很有实力的。

真实的御马监，权力更是大得吓人。明代宦官二十四衙门里地位较高的是十二监，十二监里最厉害的是司礼监，这点一般都没有异议。不过要问十二监的头头们，另一个部门的大太监或许会有话要说，那就是御马监。

御马监啥来头，敢不服司礼监？说起来，御马监的职责是"掌御马及诸进贡并典牧所关收马骡之事"。他们原来确实只是帮养马的宦官，情况是从宣德年间发生变化的。

宣德八年（1433 年），朱瞻基再次扩充天子亲军编制，从永乐年间的二十二卫增加为二十六卫。这次升级的腾骧左卫、腾骧右卫、武骧左卫、武骧右卫兵力，由神武前卫及亲军各卫养马军士整编而来，合称"四卫营"。

朱瞻基加强集权，重用太监，宦官势力大涨，除了获得"批红"权的司礼监，御马监在同一时期也得到了掌管"四卫营"的权力。

正统十四年（1449 年），二十六卫泰半精锐都随朱祁镇亲征，大部分折在了土木堡。此后，除锦衣卫、腾骧左卫、腾骧右卫、武骧左卫、武骧右卫之外，亲军二十六卫其余各卫的历史使命基本宣告结束。他们虽然还存在，但已混同于京师的普通部队，改由兵部管理，不再是皇帝亲自指挥的禁卫军了。

换句话说，御马监已成为掌管除锦衣卫外所有天子亲军的实权部门。御马监掌印太监，就是个披着“弼马温”外衣的禁军统领——腾骧等四卫勇士旗军，乃祖宗设立禁兵，以备宿卫扈从，名为养马，实为防奸御侮也。

可是司礼监除了拥有“批红”权，还掌握东厂，并有部分财政管理权和军事参与权。照这么看，御马监还是没法和司礼监相提并论。

然而，御马监的权力绝不止于此，御马监太监还经常被委以提督京师卫戍部队的任务。例如景泰—天顺年间著名的御马监太监刘永诚，他就长期与兵部尚书、总兵官一起执掌团营。朱见深即位后，将“十团营”增设为“十二团营”，由刘永诚一人总督“十二团营”、京营及御马监腾骧等四卫军马，人称“刘马太监”。

刘永诚和杨洪一样深知“盈满为惧”，成化初年他便屡次上疏请辞。朱见深不批，刘永诚又一再请求，将累朝赏赐的产业、俸禄、侍从等全部上交。看他这么诚心，朱见深终于允许他辞官养老，刘永诚最后以八十二岁高龄寿终正寝。

光看一个刘永诚，还不能得出御马监有挑战司礼监的实力。因为哪个太监提督京营，并没有明文规定，通常是皇帝根据喜好指定人选，御马监、司礼监、司设监的太监都有提督军务的可能。

不要紧，朱瞻基还给了御马监宦官另外一项重要使命——出镇地方。

在朱元璋的设计中，取消丞相和行中书省，设立地方三司是个集权的高招。从理论上看，三司并立，各负其责，相互协调并制衡，看起来十分稳当。执行起来，这个设计很快就被证明有问题。都司名义上掌管一省军务，但布政司参政、参议，按察司副使、佥事也有监军和操练之责；布政使司名义上掌管一省行政，整肃吏治却由按察司负责；按察司执掌刑名，但没有都司和布政使司的配合，他们什么也干不来。比如江西，江西都指挥使司听命于兵部、按察使司听命于都察院和刑部；布政使司又接受户部、刑部和工部的领导。这种情况导致工作流程混乱，在地方三司之间没有一个统一管理的机关，岗位职责变得很不明确。

或许朱元璋的深意正是在于三司间的互相制衡，这样便得听命于中央，避免发生地方割据的问题。但地方权力的配置毕竟是为了更好地为地方服务，基本职责在于维持地方的稳定。实际工作中，相互协调变成了相互牵制、互相扯皮，暴露出事权不一、效率低下的弊端，尤其难以应付突发事件。

“靖难之役”后，地方形势混乱，三司制度运转不灵的缺点更加暴露出来。于是，朱棣派出镇守总兵节制兵马，又派宦官监督武将，文臣处理地方善后事务，这样的制度比三司直接有效。三司逐渐失去了原来的地位，降格为部门性业务机关。

这是明代地方军政制度演变的过程，省级最高权力从三司逐渐过渡为三堂（镇守内官、镇守总兵、镇守文臣），最后又演变为巡抚主持地方军政。

三堂制度的分工是武将掌管军事，文官管理行政，宦官居中监督和协调。实际执行中，皇上明显更信任宦官，致使武将和文官许多时间要看镇守内官的脸色行事。

镇守内官除了有权监督文武官吏、调遣卫所士兵、过问地方司法事务，并向中央建议增削军政职能，还负有两项特殊使命：一是作为朝廷耳目，随时通报各地的情况；二是为皇室采办地方特产和贡品。这是个实权职位，而且是十足的肥差。

谁有资格担任镇守内官呢？规矩是除了南京守备太监必须由司礼监太监出任，其他各处的镇守内官人选都以御马监宦官为主。所以，朝廷文武大臣都不敢轻易得罪御马监宦官，万一哪天和人家当了同事，就得吃不了兜着走。

自然，身为御马监老大，御马监太监更受重用。从机构设置来看，司礼监和御马监一起监督外臣，又相互制约。御马监掌管火牌兵符，却必须先由兵部请旨，或者由司礼监传旨才能交出，再由兵科审核，发到兵部执行。御马监宦官出任监军或地方镇守，司礼监有推荐的权力；司礼监和御马监共同提督京营。司礼监的优势是还执掌东厂，是皇帝的耳目和别动队；御马监则提督“四卫营”和“勇士营”，是天子的近卫军。

在明朝，司礼监和御马监是宦官军事领导系统中的中央一系，二者各有侧重，互相制约。这本质上无法得出御马监大过司礼监的结论，可在成化朝就有点不同。

历史上最厉害的御马监太监，不是刘永诚，正是汪直。因为除了原本的职能，朱见深还赋予了汪直一个特殊的任务：提督西厂。

西厂督公

成化十二年（1476 年），一个恐怖的消息在紫禁城后宫流传：有个吃人的“黑狗精”在宫里出没，据说已经有不少宫人命丧妖口。一时间，宫廷内外人心惶惶。恰在此时，京师出现了一个名叫李子龙的道士，据说精通法术，经常为民降妖。听到李子龙的大名，内廷宦官们像抓到了救命稻草，一个名叫韦舍的太监利用职务之便，将李子龙放入大内“降妖除魔”。

搞不清楚李子龙到底是不是在“除妖”，反正他常常跑到万岁山等高处查探，这些地方能直接看到皇帝的行宫和寝宫。后宫出现了第二个男人，还是个道士，这种事很难瞒过负责保卫工作的御马监。汪直很及时地将这个道士抓捕下狱，时年二十九岁的朱见深还是被惊出了一身冷汗。后宫有“妖怪”出没，还有男人窥探自己的私生活，这么大的事，自己竟是最后一个知道的人！

锦衣卫、东厂有监视内外、不经司法系统进行调查抓捕的权力。他们却听任宦官、宫女与妖道结交，甚至连区区流言都查不出来源，这些人都在干些什么？要是有人趁机阴谋夺权，那还了得？

朱见深感觉这帮人都不可靠，他急于想了解外面的事情，于是命令汪直乔装打扮，带上两名手下出去秘密侦察。汪直堪称天生的特务，他换上布衣小帽，在京城内外穿梭了几个月刺探各种消息。除了一位御史以外，所有人都没有注意到汪直的行动。

此人名叫王越，曾出任“三边总制”提督边关军务。成化十年（1474 年），王越受到弹劾后称病还朝，继续干他的御史老本行。不知王越是欣赏汪直的机灵劲，还是故意想结交这个太监，总之他没有暴露汪直，让他得以继续完成秘密任务。汪直也接下了王越抛来的橄榄枝，两人自此成了好朋友。

汪直的情报工作卓有成效，从街头巷尾的议论到士大夫的言谈，都被他搜集到手，如实上报。

朱见深非常满意，他决定再接再厉。成化十三年（1477 年）正月，一个全新的内廷机构在灵济宫的旧灰厂开张，其权力在老牌特务机关锦衣卫和东厂之上。掌门人也选好了，人选非表现出色的御马监掌印太监汪直莫属。与东厂相对应，这个机构被称为西厂。

被选中的这一年，满打满算汪直也不过十八九岁，却已是办事老成的“老”太监。朱见深看着他长大，对他十分放心，授权汪直提督西厂，对京城大小事务进行秘密调查，“大政小事，方言巷语，悉采以闻”。

太监汪直办的第一件大案就让时人瞠目，对象竟然也是太监。

西厂开张没几天，手下来报：德州府武城县有人闹事，打死小吏一名，当地官府不敢处理。

小吏虽小，也算是朝廷官员，地方官竟敢不作为？汪直明白事有蹊跷，便问：“是何人所为？”

“南京镇守太监覃公公。”

南京镇守太监，是宦官中另一个实权职位，与守备南京勋臣、南京兵部尚书构成南都权力铁三角，除负责防务外，还有监督漕运及上贡的重任。

御马监宦官可以出任任何一个地方的镇守太监——南京除外。南京镇守太监是司礼监的传统势力范围，哪怕选中的宦官原先并不隶属司礼监，去南京前也必须转隶司礼监才得上任。

时任南京镇守太监覃力鹏是司礼监的实权人物，排名前三，和许多重要人物都打得火热。这个人，地方官确实动不了。

汪直又问：“覃公公为何会打死小吏？”原来覃力鹏十分能干，每次押送贡船入京，总不忘给京师的大人们带点好东西。可是覃公公大老远地来北京一趟，卸完东西放空船回去是很不划算的，为了把运费挣回来，覃力鹏每次也会在路上捎点压舱货回去。

这些东西在今天来看并不值钱，可在明代却是一本万利。对了，就是私盐，集市上没有，民间更是买不到，得拿着票证到朝廷开设的专卖场所购买。覃力鹏的贡船返回时装满了私盐，有了朝中大员的照应，他的船没人敢查，每票都能赚得盆满钵满。

只是这次，覃力鹏在德州府遇上了硬茬子，武城县典吏坚持要查船。覃力鹏怎肯答应，便纵容手下将典吏殴打至死，还打伤数人。

汪直听完，已有了主意，吩咐手下拿上他的火牌，多带缇骑，直入南都，将覃力鹏抓捕归案。手下迟疑："督公，覃公公是司礼监的人，这么做，他们面子上是不是不太好看？"汪直指指西缉事厂的牌子，哼了一声："皇上叫我'直察外间事'，可没说要顾着司礼监的面子。"

覃力鹏很快被逮捕，汪直亲自审明案情，说杀人偿命，论罪当斩！司礼监的太监黄赐果然坐不住了，几次三番地叫人前来说情，汪直都避而不见。黄赐没办法，厚着脸皮找到朱见深请求从轻发落。皇上说话，汪直不能不给面子，覃力鹏这才得以侥幸免死。

这件案子，汪直表现得不惧权贵，也不袒护系统内部人员，办案一往无前，无所畏惧，深得朱见深赞赏。朱见深相信自己找到了一个正确的人选，进一步授予汪直更大的权力。

汪直没有辜负皇上的信任，他立即办了第二件大案。这件案子更加难办，汪直需要挑战的是一股庞大的力量。

成化十三年（1477 年）二月，福建建宁卫指挥同知杨晔与其父杨泰在家乡严重违法——"暴横乡里，戕害人命"。事主层层上告讨公道，有司发下公文，命刑部和锦衣卫前往捉拿。杨氏父子见势不妙，躲入京城，藏在了亲戚董玙家里。

杨晔不是普通官员，他是当初那个说出"殿下先谒陵乎，先即位乎"名句的永乐一宣德重臣杨荣的曾孙。杨家故旧满京华，他们跑到京师来不是投案自首，而是带上了万贯家财，通过大把花钱打点，想要大事化小，小事化了，逃脱惩罚。董玙在帮他们四处活动。听说锦衣卫百户韦瑛是个很有能力的人，董玙便找到韦瑛行贿，求他伸出援手。

汪直的西厂成立后，朱见深决定扩大西厂编制，让汪直从锦衣卫军官中选拔人才，这些人再自行选置部下。短短几个月内，西厂的人员得到极大扩充，人数已经超过了老前辈东厂。韦瑛正是汪直新招募的得力干将，他也琢磨着给上级送份大礼，董玙算是正撞到了枪口上。韦瑛找到汪直报告，说董玙贿赂有司，包庇杀人重犯，证据确凿。

这件案子汪直早有耳闻，一直想办，只是苦于找不到线索，韦瑛算是“雪中送炭”来了。汪直下令，就由韦瑛亲自带队，前往抓捕董玙、杨晔、杨泰一干人犯。

韦瑛办事妥帖，迅速将人犯逮捕。只是回到西厂，他悄悄地把汪直拉到一边，说在杨晔身上还搜到了一份名单。汪直不解其意，问是什么名单。“行贿名单。”汪直有点明白了，随即走到内室。

韦瑛呈上名单。真是不看不知道，一看吓一跳，这份名单相当“豪华”，名字包括了内阁首辅商辂、三法司官员、司礼监太监黄赐等内外实权人物。韦瑛忐忑，问汪直是不是牵连过多，先缓一缓？汪直掂量了一下，认为可以先审杨晔父子，倘若这些人果真包庇罪犯……哼哼，当初覃力鹏又如何？

在西厂监狱，韦瑛进行了刑讯逼供。酷刑之下，杨晔父子很快就扛不住了，案件的来龙去脉迅速被查清。他们并招认，名单只是初拟，只来得及行贿了司礼监的黄赐、陈祖生等人，这件案子，杨晔父子除了犯下命案，还有巨额财产来源不明，以及企图逃跑等罪名，判斩立决，最后杨晔死在狱中（可能是没熬过去），杨泰斩首伏诛。

案件并未结束，汪直接着便奏明皇上，请求处理涉案的司礼监太监。内官勾结外臣，历来是很严重的罪名，司礼监太监黄赐、陈祖生被贬往南京司香，还有几位庇护、同谋的官员也被贬官或流放。

杨晔案其实是一起典型的古代官员家族涉黑案，其细节包括走私、行贿、黑社会、包庇等罪行，牵扯人员众多，影响很大。汪直使用自己的霹雳手段，短时间内迅速清查案件，表现出了很强的能力。

汪直两炮双响，一时西厂“权宠赫奕，都人侧目”。

可事情没这么简单，反弹很快就来了。

商辂的反击

杨晔案是很有挑战性的一个案件，杨家世代高官，势力盘根错节，根深蒂固。杨荣虽去世多年，但他的门生故吏依旧遍布朝堂内外。看看那份名单就明白，杨家绑定的是力量强大的文官群体。敢于触碰这个群体的利益，汪直的做法是相当冒险的。

果不其然，文官们感受到了来自西厂的威胁。成化十三年（1477 年）五月，大臣们以内阁首辅商辂为首上疏，指出西厂“伺察太繁、法令太急、刑网太密”，联合六部九卿请罢西厂。商辂等人的指控不是空穴来风。在古代制度下，凌驾于司法体系之上的特务机关，无法避免地存在着滥用刑罚、案件扩大化等倾向。

西厂抓人不需要任何法律手续，也不用任何人批准，时间地点更是随心所欲。当初韦瑛带人半夜三更地跑到杨晔叔父、兵部主事杨仕伟家里抓人，闹得鸡飞狗跳，四邻不安。住在杨仕伟隔壁的是翰林侍讲陈音，他找来梯子爬上墙头，骑墙大骂：“你们是什么人，竟然侮辱朝廷官员，难道就不怕王法吗？”韦瑛见有人敢管闲事，自报家门道：“你又是什么人？不怕西厂吗？”陈音又怼回去：“你不知道我吗？我，翰林侍讲陈音是也！是死是活我都不怕，你们无视国法，我要向朝廷弹劾你们！”

韦瑛听到是陈音，果然收声蹑足，动静小了不少，这倒不是他怕了陈音，而是这位侍讲大人是出了名的憨直。同事请他吃饭，他要么忘了主家是谁，跑错人家入错席；要么就是忘记了这回事，第二年同月同日才想起来赴宴，闹得人家接待不是，不接待也不是。要跟这位混不懔又认死理的陈音讲理，韦瑛和他手下加起来也不是对手，但这并不等于他们就会让步。杨晔案中，杨晔本人在酷刑之下“骨节皆寸解，绝而复苏”，杨仕伟妻女也被牵连“用刑辱打”，家里更是被抄掠一空。

此外，汪直还抓捕了从二品布政使刘福、正三品通政方贤等一批官员。这些人被抓并没有正当理由，只是根据特务的捕风捉影，按照“疑罪从有”的原则就将他们抓到西厂，可最后也没找到证据，监禁数天后只能释放。

而最关键的是，商辂的抨击触及了一个敏感的问题，汪直抓捕这些大臣的行动并没有向皇上朱见深请示，放人后也没有进行汇报。来自内阁首辅的精准打击让朱见深也不禁有些惊诧，他是给了西厂“便宜行事”的权力，可动这些二三品大员，特务们不说事先奏请，事后也不汇报，是不是有点不把皇上放在眼里的意思？

西厂只开张了四个多月，就这样无奈地关门了。春雨初霁，雾散云开，太阳照常东升西落，再也没有人会突然窜出来打搅他们的日常生活了，文官们拍手击节，个个面露喜色。

汪直的特务生涯似乎到头了，他却并不着急，他明白这场“战斗”并没有结束，皇上是不会这么轻易放弃西厂的。

确实，朱见深也在权衡之中。没有了西厂，朱见深越来越觉得很不方便，他仍然非常喜欢汪直，也需要有人帮他打探外面的消息。汪直的手段是激烈了一些，效果却是显而易见的。

在信任大臣还是信任宦官这件事上，朱见深考虑了一个月，下旨重开西厂。群臣大为震惊，商辂更是愤怒。杨晔案让他差点受到牵连，靠着三朝老臣、官声清明的资历才免遭波及。一个月前，他带头要求废除西厂，如今汪直又杀回来了，他要对付的头号目标，肯定是自己。

商辂可不是一般的人物，他是明代唯一一个得到官方认证“三元及第”的“神童”。读书人在乡试、会试、殿试都获取第一名，那就是梦想中的“连中三元”，代表着才华横溢，无人能及。商辂获得全省第一、全国第一和皇帝心中第一，这是古代科举的最高荣誉。放眼整个科举史，也只有十七人能做到。有明一朝二百七十六年，“三元及第”的仅有两人：洪武二十四年（1391 年）的黄观、正统十年（1445 年）的商辂。可惜黄观因为反对朱棣被除名，大明官方记录中“三元及第”的才子，有且仅有商辂一位。

商辂是个很宽仁的人，成化四年（1468 年），给事中董旻、御史胡深曾弹劾他不称职。朱见深很愤怒，免去董旻、胡深的职务，准备严厉处罚。商辂为他们求情：“臣曾经请求优待宽容进言的人，现在议论到臣反而责备他们，对公众舆论又怎么解释呢？”

商辂也不贪恋职务，成化三年（1467 年），朱见深召他进京入阁官复原职，他一度坚决推辞，皇上反复下诏他才上任。

五朝老臣商辂为官正直，宽厚有容，时人称“我朝贤佐，商公第一”，在整个大明历史上也是正直阁臣的杰出代表。

商辂见过大世面，正统—景泰—天顺年间的大风大浪他都经历过，早已养出了宠辱不惊的心态。他计较的不是汪直差点把他扯进杨晔案，也不是留恋内阁的职务，而要跟汪直死磕到底，原因不能跟皇上说，但他必须要做。因为汪直和西厂，触动的是文官群体的根基。

司礼监和内阁分别拥有“批红”权和“票拟”权，这个系统在一定的规则下运行，双方有合作也有制衡。这套规则在宣德年间被确立后，已经运行了半个世纪。大多数时候，司礼监和文官们能各司其职，相安无事，双方也磨合出了一套共处之道。但若是偶尔有哪一方权力溢出，另一方就会被压制。

王振就是个很好的例子。王振当权时，文官们被死死压制，付出了惨重代价。当王振失去这种权力后，迎来的是文官集团的强力反弹，大臣们不光全面清算王振团伙，甚至敢在大殿上当众打死王振党羽。这一切，都是权力失衡导致的结果。

王振得势时也曾提督东厂，但王振时期东厂的侦察范围还是限制在缉查大奸大逆上，并不那么跋扈张扬。而西厂这个开张没多久的新机构，却以

“承密旨”的名义，享有上不封顶的大权。而且在旧规则下，没有机构能对西厂加以制衡！文官们很容易认为，汪直就是升级版的王振，他挑战的不是商辂，是运转了五十余年的游戏规则。

那么，汪直真的是十恶不赦吗？

大学士刘吉、刘珝在入朝前议论汪直的不是，被左都御史王越听到了。王越忍不住说：“汪直行事也颇为公正。像黄赐专权受贿，不是汪直，没人动得了他。商（商辂）、万（万安）两位大人居官已久，是非多，您两位入阁才几日，怎么也做这种事？”刘珝正色回答：“我们说这些，不是为了自己，假使汪直行事都很公正，那朝廷还要我们这些公卿干什么呢？”这个问题王越心里有答案，但他不能告诉刘珝，只能保持沉默。

刘珝的回答道破了文官们对抗汪直的本质：汪直已经很有权力了，他办事再很公正的话，我们这些大臣还干什么？（使值行事皆公，朝廷置公卿大夫何为？）只有联合起来扳倒汪直，让大家摆脱这个强力机构的监管，才能有好日子过啊！

刘珝讲得大义凛然，这位大学士与刘吉、万安一起是成化年间著名的三位内阁重臣。说来好笑，他们出名的原因是尸位素餐，被称为“纸糊三阁老”，其中万安更是著名的“万岁相公”。

这个绰号有个来历，成化七年（1471 年），天现异象，朱见深下旨召开御前会议商量。当时彭时、商辂还在朝，新入阁的万安却是第一次单独受到召见。司礼监特意叮嘱他：“初次见面，感情还未融洽，不要多言，要说等到以后。”朱见深这个皇帝比较内向，不喜欢召见大臣，彭时、商辂打算抓住这个机会，说服皇上有事要多和内阁商议。朱见深问：“天变为何？”彭时回答：“钦天监说，君臣相隔，天象变异。”朱见深默然，良久说了句：“知道了。”彭时眼看机会来了，正准备进一步陈述自己的观点，却听旁边传来一身大呼：万岁！转头一看，万安已经跪倒在地磕起头来。

明朝臣子见皇帝必须下跪行礼，对内阁学士这种级别的官员，礼毕，皇帝都会请他们起身奏事。如果大臣年老力衰，皇帝也会赐座，以示对老臣的关怀。奏事完毕，学士们会再次下跪行礼，口呼万岁。这是一套程序中的最后一个动作，表示事儿谈完了，皇上再见。

在彭时有一肚子话还没说出口的情况下，万安就跟皇上说了再见，纵然两人见多识广，也不禁瞠目结舌。万安都说再见了，彭时、商辂也不好再赖下去，只有跟着磕头拜别。这事传出去后，万安遂得雅号“万岁相公”。

刘吉则是因为纂修《英宗实录》受到提拔，成化十一年（1475 年）刚刚与刘珝一起入阁办事。刘吉的为官特点是公事不管，精于营私，这样的大学士自然免不了受到言官们的弹劾。可刘吉也是个精通官场门道的人，他除了抱紧朱见深的大腿，还有个很厉害的特长，对弹劾的耐受力超强。随着官越做越大，刘吉受到的弹劾也越来越多，但他都能做到视而不见、充耳不闻，稳居内阁不倒，江湖人称“刘棉花”——意思是刘吉的脸皮就像棉花，不怕弹！

“纸糊三阁老”里，刘珝比其他两位略好一点，他曾痛骂万安“负国无耻”，也招来了万安、刘吉的联手攻击。成化二十一年（1485 年），刘珝被设计陷害，被迫退休，万安、刘吉的朋党势力越发壮大。

文官们决定对汪直进行反击，为了群体的崇高利益，内阁首辅商辂接下了这个挑战。商辂对汪直本人也没多大的意见，在他上次的奏疏里，主要攻击的是西厂这个机构，以及汪直的心腹韦瑛、王英等人。他强调汪直年轻，是被人利用了——“汪直年幼，未谙世事，止凭韦瑛等主使”。

这招在上次确实起到了作用，韦瑛等人已经被调往边军差操，谁知汪直很快又活蹦乱跳地回来了。这说明，只有打倒汪直，才能彻底终结这场“战斗”。

见上次的攻击没有收到理想的效果，商辂决定改变战术，直接对汪直火力全开。他率领内阁列出了汪直的十一条罪状，证明此人实在是大奸大恶之辈。他们还特别指出，去年的“妖怪”伤人事件发生后，人们就认为必有应验。汪直与西厂就是“妖物”出现的应验，只有革去西厂，废黜汪直，才可安天意、顺人心！

这个指控就有点过分了，朱见深毕竟不是傻子，搞秘密工作容易得罪人，向来不被大臣喜欢，这都好理解。可是商辂竟然把这个问题提高到鬼神的高度，说汪直是“黑狗精”应验，那他这个皇帝，是不是也和纣王差不多呢？

朱见深火了，他派司礼监太监到内阁“厉声传旨”，责问商辂等人。朝廷用个汪直怎么了？用他缉访奸弊，你们有啥好怕的？用个宦官，天下就要倾危了（用一内竖，焉得便系国家安危）？并追问这份奏疏出自何人主意（谁主此奏者）。

商辂见来者不善，不禁也有些担心。当时内阁有四位大学士：商辂、万安、刘珝、刘吉，后面三人都在朱见深做太子时当过东宫讲官，与皇上有师生之谊，如今虽为君臣，这份情谊还在。唯独他商辂，以景泰朝的旧臣入朝，和朱见深并没有什么个人接触，和当朝司礼监太监们也没什么交情，如今皇上追问奏疏主谋，明明是怀疑自己。

是承认自己是主谋呢，还是来个抵死不认账？商辂为人正直，要他为集体牺牲自己也不是不可以。商辂正准备挺身而出，一股意料之外的力量帮助了他。

朱见深派来传旨的有三个太监：怀恩、覃昌、黄高。覃、黄二人只是打下手，真正拿主意的是司礼监掌印太监怀恩。

这个怀恩，正是宣德初年因得罪朱瞻基被穿小鞋，后来被杀的兵部侍郎戴纶之弟。当初戴纶被朱瞻基下令乱棍打死，籍没其家。戴纶叔父河南知府戴贤、太仆寺卿戴希文皆被抄家系狱，戴希文幼子被系入宫，阉割为宦官，赐名怀恩。

强行阉割了人家还赐名怀恩，朱瞻基确实是杀人还要诛心。怀恩却没有自暴自弃，他本出身书香门第，见识、气度都比普通小宦官高出一大截。到了成化年间，怀恩已是历仕四朝的老太监。他资历既深，性情耿直，识义理，通典故，又廉洁不贪，在宦官中威信很高，已被提拔为司礼监掌印太监。

要说个人感情，怀恩也看不惯黄赐、梁芳、覃力鹏等人。这帮司礼监的同事仗着权势，勾结内外大捞好处，怀恩却从不与他们同流合污。别人行贿，怀恩总是拒绝；同事们做得太出格，怀恩也会忍不住出言阻止。

但是在组织利益上，怀恩与司礼监宦官们是一致的。西厂除了挑战文官，还挑战了司礼监在内廷的“第一署”地位，被接连干掉了几个司礼监要员。怀恩和商辂为人都比较正直，从个人角度，他们可以不跟汪直计较，但涉及组织地位问题，怀恩也站在了文官一边，希望商辂能斗倒汪直。

在商辂还没考虑好怎么回答时，怀恩漫不经心地说了一句：“圣上疑此奏未必四人同然下笔，必有先之者。”怀恩的话点到为止，却透露了一个关键信息。商辂的担心是正确的，皇上的意思是要抓典型，不会同时处罚四个人。

有了怀恩的提示，商辂底气大增，他挺直腰杆，高声回答：“汪直违祖宗法度，坏朝廷事，失天下人心，辂等同心一意，为朝廷除害，无有先后。”万安、刘珝、刘吉也表现不错，纷纷表示四人一体，无有先后，就算皇上要处罚，也在所不避。

靠着司礼监的帮忙，商辂等人勉强挨过了朱见深的雷霆之怒。但是形势已经很明显了，朱见深对内阁的奏疏很不满意，也就是说，罢免汪直这事皇帝不支持。

在商辂他们还在商量怎么上第二封奏疏，说动皇上回心转意时，政治形势迅速发生了变化。

商辂的背后，是文官这个群体，许多人喜欢把他们称为文官集团。事实上从来不存在什么文官集团，否则也该有对应的武将集团、宦官集团、后宫集团。

古代，大大小小的文官群体，为了某个目标或某项利益，可以时分时合，时聚时散，不能生硬地用文官集团去套整个文官群体。

在汪直这件事上，许多文官的利益是一致的。大臣们大都看汪直不顺眼，这个宦官挑战的是权力运行规则，不把他放倒，大家都没有好日子过！

然而，文官们毕竟不是铁板一块，所谓扳倒汪直，也只是内阁所代表的六部九卿的主流意见。具体到个体上，每个人都有自己的小九九。

文官里有商辂这样的“倒汪派”，也有王越这样的“亲汪派”，更多的人是随大溜，也有人保持观望，时刻准备当墙头草。看不顺眼不等于不能合作，政治游戏就是如此。如果倒汪不成，亲汪有利可图，我为什么要跟你们一起干？

看到商辂的奋力一击被驳回，有人立即看明白了风向。还没等内阁的第二封奏疏出炉，另一份令举朝震惊的奏疏出现了，上疏者是一名来自南京的监察御史戴缙。

戴缙，成化二年（1466年）进士，擢升为监察御史。在这个位置上，戴缙坐了九年都没能升迁，眼看商辂的攻击无效，汪直仍然受到信任，戴缙决定搏一搏，看看能否晋升。他的这份奏疏可谓孤注一掷，不光是为汪直打抱不平“惟太监汪直缉捕杨晔等之奸恶，高崇、王应奎等之赃贪……是皆允合公论，足以服人而警众也”，更是叛变了组织，对文官进行集体攻击，批评大臣不能尽职“未闻大臣进何贤才、退何不肖，以固邦本。亦未闻群臣革何宿弊、进何谋猷，以匡治理”。

戴缙很聪明，他把握住了一个原则——汪直是皇上的家奴，大臣们只是外聘的官员，虽说皇上未必不信任官员，可皇上正用得着这个家奴，这批官员非逼着皇上废掉他，这不是自讨苦吃？应聘的官员随时在排长队，但要再找个如此听话和得力的特务，却不那么容易。

这封奏疏帮了汪直大忙，朱见深不接受内阁的意见，也不好意思亲自下场和内阁对着干。戴缙的奏疏来得正是时候，朱见深自然高兴，作为回报，戴缙一下连升三级，从正七品的御史擢升为从五品的尚宝司少卿，从此跻身梦寐以求的京官队伍。

有了戴缙的示范，御史冯瓘、王亿等人先后进言，肉麻地吹捧汪直“所行不惟可为今日法，实可为万世法”。

不管戴缙、王亿的人品到底怎么样，政治形势的逆转已经再清楚不过，

“倒汪派”一败涂地，西厂复设已经不可逆转。汪直既然复出，便不容反对派继续在位。一个月内，兵部尚书项忠削籍为民，大学士商辂、户部尚书薛远、刑部尚书董方等几十名官员被迫致仕。

汪直以一人之力，拳打文官大臣，脚踢司礼监，大获全胜，这个小太监真有这么厉害吗？当然不是，说到底，汪直背后站着的是皇帝。文官们想试试自己的力量，够不够让皇上收回成命，他们的失败一点也不意外。朱见深再次证明，不管是司礼监还是内阁，别看“批红”权和“票拟”权好像很厉害，在皇权面前都不值一提。

汪直也是如此。

第九章 『鹰派』皇帝

建州三卫

西厂重新开张了，人们心里还残留着那个年轻太监气焰逼人的影子，不过大家很快发现，西厂的活动大量减少了。除了受到过两次严重抵制，让西厂学会了低调做事，更主要的原因是，他们的督公汪直离开了京城。

汪直不是汉族人，他是瑶族战俘，来自广西大藤峡。今天的大藤峡属于广西贵港市桂平市，那里有个村子叫金田村。1851 年，一个叫洪秀全的落第秀才，在这里率领一万多人发动了一场席卷大半个中国的起义，它的名字叫太平天国运动。

成化二年（1466 年），大藤峡被韩雍平定后也并不太平，后来数十年间又多次发生民变，著名的王守仁就是在讨平第二次叛乱后死于回乡路上的。另外，广西的土司兵也是大明朝廷的一股重要军事力量，他们在明代就有

“狼兵”之称，号称“狼兵鸷悍，天下称最”。

汪直以战俘身份被带到京城前，不管他有没有参加或是旁观过战斗，地理和历史带来的基因早已融入他的血脉之中。来自广西的瑶族青年汪直虽是太监，但一点也不妨碍他对军功的追求，史载“直年少喜兵”。在二十多岁这个年纪，他已经不满足于当个特务，而是把兴趣放到了更高的目标上。他要建功立业，不要当一辈子密探头子，最好以军功太监的身份被载入史册！

上一个有这样想法的太监叫王振，他惨死在了土木堡，尸骨无存，汪直比王振如何呢？

不试试怎么知道。

机会很快就来了。成化十四年（1478年）三月，边境传来警讯，建州女真又犯边了。

永乐时期，明太宗朱棣祭出“羁縻”大法，把大大小小的女真部落首领封为卫指挥使、千户等官职，允许他们沿袭旧俗，统领各自的手下。只要向大明俯首称臣，服从管理，朝廷就不会找他们的麻烦。

女真各部里有个叫胡里改的部落，其首领阿哈出被朱棣封为建州卫指挥使，那里的女真就被称为建州女真，这些在前面曾提到过。

永乐九年（1411年），另一个女真部落——斡朵里部迁到建州卫，依附建州住牧。永乐十四年（1416年），朱棣设建州左卫予以安置，以斡朵里部首领猛哥帖木儿为指挥使。此后很长一段时间，建州女真与朝廷大体相安无事，阿哈出死后，其子李显忠、孙李满住先后袭职。猛哥帖木儿后来被野人女真杀死，建州左卫由他弟弟凡察掌管。

凡察不是名正言顺的继承人，猛哥帖木儿是有儿子的，他的儿子叫董山。董山又称充善、童仓，他后来生了三个儿子：妥罗、妥义谟、锡宝齐篇古。

这些人的名字都不太好记，不过我们还是要捋一捋，因为这很重要：锡宝齐篇古生了个儿子叫福满，福满有个儿子叫觉昌安，觉昌安有个儿子叫塔克世。塔克世的长子就好记多了，他叫努尔哈赤。以上就是建州女真猛哥帖木儿这一脉的传承，所以董山是努尔哈赤的五世祖。

正统五年（1440年），建州左卫的凡察、董山为了躲避野人女真，率部族迁移到了凡察岳父、建州卫都指挥佥事李满住这边，一同居住在浑河支流苏子河流域（今辽宁省东部、吉林省东南部）。建州女真各部逐渐在浑河、苏子河流域聚集起来，这里后来被清朝称为“龙兴之地”。

内部斗争也在同时进行中，凡察是董山的叔叔，猛哥帖木儿死后，两人一直争夺建州左卫首领的位置。为了安抚他们，正统七年（1442年），明朝从建州左卫中分出右卫，任命董山为都督佥事统领左卫，凡察为都督同知掌管右卫。从此建州女真分为建州卫、建州左卫、建州右卫三个部分，这就是“建州三卫”的由来。这个时期，李满住的力量最强，为建州诸卫之首。

说起来，建州这些头头脑脑和大明天子之间还有扯不清的亲戚关系。最早接受朱棣册封的阿哈出把一个女儿嫁给了永乐皇帝，阿哈出是朱棣的岳父之一，猛哥帖木儿又和阿哈出是姻亲关系，所以猛哥帖木儿可以叫朱棣姐夫。宣德皇帝朱瞻基有不少少数民族妃子，他也曾经要求女真进贡美女。于是，猛哥帖木儿的一个侄女成了宣德皇帝的女真妃子，据传还生下一女常德公主，从辈分上说，猛哥帖木儿又成了朱瞻基的叔叔。

这么看，朱棣就是董山的姑父，董山也是朱瞻基的舅子，也就是朱见深的舅爷。有点乱，不要紧，后面还会更乱。

当然朱见深不会承认这个舅爷，这个人只是帝国边远地区一个女真部落的酋长；董山更不会以皇亲国戚的身份自居，女真和蒙古一样是有收继婚传统的民族，不在意汉人这些弯弯绕绕的称呼。他们真正在意的，只有一样东西——资源。

古时，一个民族繁衍壮大后，几乎都会作出一个相同的选择：扩张。古代没有移民海外的技术，也缺少探索更广阔的大陆的动力，他们更愿意选择向已被开发成熟的地方扩张。这些地方通常土地更加肥沃、气候更加宜人、资源更加丰富。

选择无外乎两种，要么统治，要么被统治。当一个民族扩张到更大的地盘，拥有了更多的人口时，他们就有了建立政权的实力，这个过程的最后一步就是立国。然而立国是非常困难的，其中的原因和大一统王朝的烦恼相同，得看人。一个帝国如果出现一位明君，他有可能带来一段盛世；一个部落如果出现一位军事强人，他们才有立国的可能。注意，仅仅是可能而已。出现这种强人的概率比出现明君小得多。元顺帝逃往塞外后，曾经强大的蒙古折腾了几百年，也没出现过这种级别的强人，最后只能接受被统治的命运。

成化年间，离女真部落那个强人出世还有一百五十来年。李满住、董山都不算强人，女真玩的这个叫作帝国时代的游戏刚刚进行到第一步——劫掠。

讲到女真又不能不提蒙古，女真之所以发展不起来，还有另一个原因——恶邻蒙古。这个邻居可比明朝凶狠多了，抢掠只是初级的。女真各部普遍都很穷，说起来也没啥值钱的东西，蒙古部落真正在意的是人口和地盘。他们会时不时地攻入女真领地，驱逐女真人，掳走精壮人口来充实自己的实力。把这个残酷的游戏发挥到极致的，正是脱脱不花。

正统年间，脱脱不花以大汗名义联合兀良哈征讨女真各部，主要目标是野人女真。但建州女真也受到波及，他们被迫臣服脱脱不花，派出仆从军跟随作战。不久脱脱不花败亡，鞑靼失去了之前的强势，这给了建州女真发展的机会。

“鹰派”皇帝

随着地盘的扩张，女真不可避免地与明朝发生越来越多的接触，也不可避免会发生一些纠纷。跟着脱脱不花这一路人马劫掠辽东的女真军队抢到了不少好东西，大家除了高兴之外，还悟出了一个道理，原来看似强大的大明边军，只是绣花枕头！

既然人多力量大，那还怕什么！脱离脱脱不花控制后，建州女真自发行动起来，他们纠结其他部落，一改从前三三两两的小偷小摸，逐渐变为有组织、有预谋的规模性劫掠。成化二年（1466 年）到成化三年（1467 年），建州女真年年犯境，从开原庆云堡（今开原庆云堡镇）以西深入汉人居住地大肆抢掠人畜，杀伤官军。与以往不同，得手后的女真人并没有立即撤退，而是长期逗留在庆云堡一带，大有在这里安家的架势。

警讯传到朝廷，朱见深派左都御史李秉前往辽东总督军务，酌情剿抚。李秉此前受命巡抚大同，整饬边备，颇有成效。他来到辽东前线一调查，发现了一件性质很严重的事：靠近女真居住地的很多卫所军官编制出现了不少缺额。这似乎解释了官军无法抵挡女真劫掠的原因，军官是军队的灵魂，缺少军官的军队战斗力自然是无法保证的。

要是一般人，可能就这么认为了。可李秉不是一般的官员，早年他就以严惩不法豪强闻名朝廷。改任户部主事后，他又有了个新的特长：督饷。巡抚宣府时，李秉就曾揭发户部侍郎刘琏的侵贪行为，博得朝野称颂。

整饬边备必须督饷，不督还好，一督又把李秉吓了一跳，军官缺额虽多，但饷银一文不少。莫非有人吃空饷？继续调查下去，李秉发现了奇怪的现象，这些军官只是被解除了军职，人都待在卫所，拿着原来的俸禄。在军队里这种现象叫“带俸差操”，是一种类似停职反省的惩罚手段，用来处罚一些有轻微违法行为，又不至于拿送有司的官兵。

可是如此数量众多的军官都“带俸差操”，显然很不正常。秉着一查到底的精神，李秉有了更惊人的发现，这些军官居然都是花钱请人揭发自己的！这真是匪夷所思。李秉为官几十年，长期巡抚宣大，也从没听说过有人花钱揭发自己的，其中必定有诈！

果然如此，真相是在职军官有守备边防、领兵出战的责任，如果失机误事，还要受军法处置。“带俸差操”只是损失一点钱财，俸禄却照拿，还不用负任何实际责任。女真经常入境骚扰，带人拼命的风险太大。只要花点小钱请人揭发自己的一点小毛病，换个停职反省，拿钱不用干活儿，还能利用这个时间赚点外快，何乐而不为呢？于是，干事的越来越少，混俸禄的越来越多。

找到症结所在，李秉奏明朝廷，请得一份旨意：凡有武官带俸“差操”者，除重罪外均恢复职务。如有懈怠，以重罪论处。如此一来，混俸禄现象得以杜绝，基层军官得到了充实，大明边军的战斗力又回来了。李秉亲自带兵发起一个反击，就把逗留在凤凰山（今辽宁省丹东凤城市）一带的女真人驱逐出境。

带领女真抢劫的正是董山，说起来这位仁兄还背着建州左卫指挥使的头衔。身为朝廷命官，却干着吃里爬外的事，眼看李秉大兵压境，他也有点慌了，赶忙派人入贡，表示服罪。少数民族犯边这种事，虽然恶劣却也常见，在明朝也算不上太大的事。按照以往彰显大国气度的处理方式，都是接受道歉，好言安慰，只要你不过分，大家还能友好相处。

话说回来，为了争取和平，朱见深也不是没有做过努力。董山之前曾要求增开互市，满足女真日益增长的经济需求。朱见深批准，在抚顺专门为建州设立市场进行交易——未几徇董山之请，特开抚顺关，为建州专设马市。

显然董山觉得，交易获利的方式还是太慢了，不如直接抢劫。去哪抢呢？北面有死敌野人女真，西面有兀良哈和鞑靼，这些邻居都是又穷又狠，不来抢建州就不错了，还想去抢他们？那就只有南面的大明了，既富又好抢！董山还是很讲义气的，他不光考虑到了自己，发财的事怎么能不拉兄弟部落一把，于是他纠集其他部落，没日没夜地开始了抢劫工作——董山纠毛怜、海西诸夷，盗边无虚月。

敢这么做，董山自有其把握。明朝在洪武、永乐年间的铁血早已是过去式了，按现在大明的实力，明目张胆地抢劫也不会造成什么严重的后果。大不了，我赔礼谢罪，把抢来的人口送还你一部分呗！反正东西我是到手了，吐出来点又何妨。在宣德到天顺年间，董山的思路或许没错，可他并不了解即位不久的这位明朝皇帝。

这次轮到朱见深处理了，这个皇帝有严重的口吃，不喜欢当面接见大臣，但他身上却有个鲜明的特征。

朱见深在位二十三年，从成化元年（1465 年）派赵辅出征广西开始，直到成化二十二年（1486 年），也就是他驾崩的前一年，还在对付西北犯边的蒙古小王子，另一边还要腾出手料理安南和占城的军事纠纷。不听话的就是敌人，对于敌人，朱见深只有一个字“打”。广西瑶族叛乱、南漳乱匪刘通、蒙古毛里孩入寇、建州女真犯边、靖州苗乱、蒙古小王子进犯，朱见深打得不亦乐乎。

惹谁不好，偏要惹朱见深。这是个讷于言而敏于行的皇帝，用现在的话说，朱见深是个“鹰派”皇帝。

看到董山得了便宜还卖乖，朱见深这回决定不忍了。对于这些胆大妄为的人，不给他们点颜色看看，他们是不会老实的，为此明朝定下了一个比较阴险（聪明）的方案。成化三年（1467 年）正月，都督佥事武忠奉命出使辽东，对董山宣读了皇帝朱见深的旨意：董山悔罪归顺，理应进行奖谕。董山听罢心喜，这大明皇帝还是老一套而已。

武忠接下来读出的话却和以往有点不太一样：着董山本人入贡谢罪。这是以前从没有过的要求，董山本不想去，可想想赵辅还带着兵在附近转悠，不去好像又不行……

武忠看出董山的犹豫，放下诏书笑着说：“皇上是想让您招抚其他人啊。”原来如此，董山疑虑顿消，爽快地答应下来，带领其他头目来到了北京。朱见深果然客气，派人告诉他们：“你们有悔过自新的意思，这很好！你们来一趟也不容易，就在京城多住几天，朕叫人带你们四处转转。”

皇帝亲自下诏挽留，附带赠送免费的京师豪华游，这是难得的礼遇。董山等人开开心心地在北京住了下来，每天有礼部官员陪吃陪逛，很是快乐。他们当然不知道，“鹰派”皇帝朱见深早就打好了小算盘。

成化三年（1467 年）五月二十五日，返回京城的李秉接到一道旨意，命他会合武靖伯赵辅，赶往辽东调集兵马，准备出兵征讨建州女真。正在京城的董山等人对此一无所知，他们还在为赏赐的事和朝廷讨价还价。董山甚至放出话来，如果给的赏赐不够，回去之后还要继续抢劫（扬言归且复叛）。朱见深既恼火又好笑，心想你和你的部落马上就要倒大霉了，你还搁我这儿放狠话，真是不知死字怎么写！

这些话不能告诉董山，朱见深装模作样地下了一道敕谕，要求董山等人洗心革面，回去以后不得惹是生非。否则，大军一到，追悔莫及。实际上，李秉、赵辅此时已经在快马加鞭地赶往辽东。

朱见深的方案浮出水面，他要把董山他们扣留在京城，趁头目不在的时候，由李秉、赵辅带兵剿灭女真人。

这一手很狠，也很毒，却有损“天朝上国”的形象。大臣们得知后认为不能这么做，礼部主事高冈提出一个折中的方案：由李秉、赵辅把董山等扣留在辽东，先放回他们同行的家属，让他们去劝说建州归还抢劫的人口和财物，并保证以后不再劫掠边境。如果他们答应，就放了董山，要是不答应，就将董山押赴京师治罪，并派兵进剿。

应该说，这个改良版的方案还是不错的。朝廷把董山骗来当人质，不是件光彩的事情；直接把董山放回去，又可能造成更严重的后果。这么做也算是先礼后兵，兵部会同内阁商议后认为这个方案可行，朱见深也认为可以照此执行。

按此计划，李秉、赵辅将董山一行的家属放回，余下二百多人，赵辅将他们集中起来，宣读朝廷的决定。在明朝方面想来，董山这伙人人在屋檐下，不得不低头，不怕他不答应。然而，所有人都低估了董山这些人的反抗意志有多强。

还没听翻译读完，女真人就不干了。董山带头暴起，两拳就把翻译打了个半死，其他人跟着一拥而上，抢夺兵器，与士兵发生交战。赵辅在召集女真人之前，已收缴了他们的兵器，哪晓得这伙人看淡生死、不服就干。好在赵辅是有经验的将领，急调士兵前来镇压，总算控制住了局面。即便如此，这次事件还是造成二十六名女真人死亡，明军士兵伤亡大略相等。

事已至此，计划告吹，对女真的战争已不可避免。成化三年（1467 年）九月，李秉、赵辅兵分两路从抚顺出塞，征调朝鲜军队配合，共攻建州。经过一个月围剿，明军的战果是斩首六百三十余人，俘虏二百四十余人，释放被女真抓为包衣（奴隶）的人口千余人。李满住（后来建州女真改称“满洲”，就是从他的名字而来，即“李满住的建州女真部”之意）和他儿子被朝鲜军斩杀，董山本来要被押回北京处死，在途中他试图逃脱而被明军所杀。

杀敌数目看上去不多，明军战果实际是巨大的。深入建州作战，明军斩首和俘获数量总共九百余人，那么建州总的损失必定远远超过这个数字，推算伤亡至少数千人。这对当时羽翼未丰的建州女真来说，算是不能承受之重。

面子上，这场战争明朝多少有点胜之不武的意思，但结果却很理想。这次失败让建州女真元气大伤，从此十年不敢犯境。

“成化犁庭”

十年时间，已经足够让一个人成长起来。成化三年（1467 年），那个小宦官刚刚入宫；成化十三年（1477 年），汪直已成为御马监太监提督西厂，皇上身边的第一红人。

十年时间，建州女真也恢复了一点元气，自成化十三年（1477 年）起，建州又开始在边境搞起了小动作。有了上次的教训，他们不敢再结成大团伙抢劫，只是分散成小团队时不时地来抢一把，尽量不引起朝廷的注意。

遗憾的是，他们的运气实在不好，这次他们遇到的不是讲道理的李秉，而是另一位巡抚辽东的御史陈钺。李秉的特点是疾恶如仇，尽心职务。陈钺的特点说出来不大好听，功名之心较重。

历来官员们要想晋升是非常困难的，别看历史上提到的官员升官像喝水那样简单，那是因为他们在历史上留下了印记，不得不提到他们。更多的低级官员，熬上三四十年，能升迁个两三级已经是烧高香，熬一辈子原职退休的比比皆是。

陈钺自从天顺元年（1457 年）进士登科入仕，被授兵科给事中后，二十几年来他的仕途还算稳当。不过也就是这样了，不出意外的话，将在御史任上退休。

升官的捷径是什么呢？忽略掉拍马、行贿、认太监当义父这种非正常手段，最快的方式莫过于军功。视军功大小，能获得保底升官、上至封侯的奖励，更能在史书上留下光辉灿烂的大名。可军功又不是那么好拿的，除了自身过硬的素质，天时、地利、人和缺一不可。要是强行火中取栗，不光升不了官，还可能把性命搭进去。

有没有一种军功，既稳妥又安全，得来全不费功夫？这个机会陈钺等到了。成化十四年（1478 年），陈钺奉命巡抚辽东，搞不清楚状况的女真人一头就撞上了他。

听说建州女真又来抢劫了，新官上任的陈钺非常重视。他立即压实责任，狠抓落实，下令发兵进攻近塞的女真十八个部落，同时向朝廷打了一份报告：建州和海西女真将要联合大举入寇，请求允许派大军进剿。

建州实力尚未恢复，劫掠也只是小打小闹，卫所兵足够对付，陈钺小题大做的目的显然是捞取军功。在渲染女真威胁的同时，陈钺也没忘记京城那个“年少喜兵”的小太监，他鼓动汪直，劝他建立边功，超越太监前辈们。

事儿是真的，被陈钺夸大了。到了朱见深这个“鹰派”皇帝耳朵里就变成了：上次没打够，必须进剿，狠狠地进剿。

汪直乘机向朱见深提出愿做此次出征的监军。朱见深当太子时也是个喜欢骑射的小伙子，他还有个小癖好，喜欢看万贵妃身着戎装、腰悬佩刀的样子，每当这时他就兴奋异常。奈何当了皇帝，身体也不算太好，无法跨马亲征，故此他能理解汪直的请求。

成化十五年（1479 年）十月，朱见深下诏，由汪直监督军务，抚宁侯朱永为总兵，巡抚陈钺参赞军务，统率大军，征剿建州。这次给他们的命令是：捣其巢穴，绝其种类。注意“绝其种类”四个字，这基本就是格杀令了，朱见深这是要永绝后患。

别说建州女真的实力尚未恢复，就算在遭到打击之前，也扛不住五万明军的进剿。本来只是想打点秋风改善一下生活，没想到碰到陈钺和朱见深这样不讲理的人，叫他们如何抵挡？

十二月，汪直等上奏报捷：

建州贼巢在万山中，山林高峻，道路险狭。臣等分为五路，出抚顺关，半月抵其境。贼据险迎敌，官军四面夹攻，且发轻骑

> 焚其巢穴。贼大败，擒斩六百九十五级，俘获四百八十六人，破四百五十余寨，获牛马千余，盔甲军器无算。

由于后来发生的一些事情，这场战争的细节在史书中语焉不详，不过我们可以从事后的封赏进行判断。担任总兵官的朱永原为抚宁侯，此役后被封保国公；监察御史陈钺晋升右都御史；汪直加俸三十六石。

太监不像官员，是没有品级的，最直接的封赏就是加俸。三十六石看起来很少，实际这是太监的三级俸禄。相当于从职务认定上，汪直连升了三级。更关键的是，朱见深直接让汪直总督“十二团营”，由此汪直成为第一个掌握禁军的内臣，超越了前辈刘永诚。

关于这场战争的全部内容，就只有汪直奏疏的寥寥几句。但仍不难想象，在辽东的腊月，在长白山的崇山峻岭中，女真人据险而守，作战是极其艰苦的。

捷报传来，朱见深回复的诏书可以用激动来形容：“得奏足见尔等同心运谋，鼓振军威，致兹大捷。迩来遣将出塞，鲜有若兹之举，况能冒犯霜雪，深入险阻，朕甚嘉悦。兹特降敕奖谕，以励勤能。报功之典，俟册报之日在所必行。即今严寒，尔等良食自慎，官军暴露艰苦，为朕加意抚恤，其钦承之。”

这场战争后来被叫作丁亥之役，又称“成化犁庭”。“犁庭”指的是“犁庭扫穴”，彻底摧毁敌人的意思。这场军事行动沉重地打击了建州女真，经过这次“犁庭扫穴”的进剿，女真各部安分了一百多年，直到努尔哈赤崛起后，才逐渐成为明朝的心腹大患。

第十章 名将王越与太监汪直

“黄河百害，唯富一套”

军功果然是好东西，朱永、汪直、陈钺都靠这一次的战绩得到了旁人难以企及的封赏。朱见深没上过战场，他觉得在如此艰苦的条件下能打成这样，已经相当不错了。

但在朝廷另一个大臣眼里，欺负女真只能算是以大欺小，没什么好骄傲的。这倒不是酸，他确实有这个资本，此人就是汪直的好朋友，时任兵部尚书的王越。

王越产生这种看法是有原因的，他的资历实在太老。在打仗这件事上，别说汪直、陈钺这种小字辈，就连重要将领朱永也要甘拜下风。景泰元年（1450 年）中进士后，王越经历了一条带兵文官普遍要走的锻炼路线，先是成为监察御史，又在按察使职位上锻炼了三年后被召回京城，晋升为右副都御史，不久受命巡抚大同。

成化三年（1467年），鞑靼两次入寇，都被王越指挥击退。自此，他的人生轨迹开始和战争联系在一起。

瓦剌和鞑靼就像跷跷板上的两极，自从景泰年间也先自立为汗被杀后，瓦剌实力大损，鞑靼自然强盛起来。景泰五年（1454年），鞑靼喀喇沁部首领孛来攻杀瓦剌阿剌知院，立脱脱不花幼子马可古儿吉思为可汗（乌珂克图汗，明朝称为小王子），自为太师。

在鞑靼的压力下，瓦剌的许多部落不得不往更西的地方迁移，让出了一大块地盘给鞑靼放牧。孛来太师西攻瓦剌，东挟兀良哈，又同明朝通贡互市，一时好不威风，时称“鞑靼部落，孛来最强”。

孛来的力量强大起来，地盘也随之扩张，成化元年（1465年），鞑靼部落进入了一个名叫河套的地区。

“黄河百害，唯富一套”是人们耳熟能详的俗语。李白的名篇《将进酒》中如是写道：君不见，黄河之水天上来，奔流到海不复回——将九曲黄河的壮美描绘得淋漓尽致。李白这位浪漫主义大诗人不种田也不做工，他的诗歌不会告诉你黄河的另一面。这条中华民族的母亲河还有三个缺点，“善淤、善决、善徙”，民间说法是“三年两决口，百年一改道”。带来的后果是黄河中下游流域极易发生洪灾，给人民的生命财产带来巨大损失。

除了洪灾，还有旱灾。从有历史资料记载至1945年，黄河流域发生旱灾的年份共有一千零七十余次。历史书中，黄河流域“焦地流金，大地生烟，野绝青草，寸粒不收，雁粪充饥，骨肉相食，十室九空”这样的记载屡见不鲜。

这就是古人所说的“黄河百害，唯富一套”的前半句。那既然黄河带来了深重的灾难，为什么古人又说“唯富一套”呢？这里的“套”，指的是河套地区。所谓河套，是指黄河顶部“几”字形那个地区，黄河像个套子一样把这块地区套在里面，所以叫河套。

黄河携带大量泥沙到中下游，但在经过河套地区时，泥沙含量还不大，水质比较清澈，流速比较缓慢。河套地区在黄河的灌溉下，土地肥沃，既可以耕种庄稼，又可以放牧牛羊，被誉为“塞上江南”“塞外米粮川”。

河套的地理概念在不同时期略有变化，明代河套所指是这样一个地区：黄河经今宁夏北流至内蒙古巴彦淖尔市磴口与临河之间，以乌加河为主干道东折，然后流经包头、托克托县，再南折流往山西河曲、保德，呈“几”字形，形似套状。

洪武三年（1370年），徐达击败王保保后，朱元璋在这里设置了五个卫所，此后卫所时有增减。永乐元年（1403年），朱棣将各卫内迁，卫城名存实亡。不过，由于朱棣实在太能打，马哈木和阿鲁台根本不敢主动招惹他，这块地区仍然是明朝和蒙古的缓冲区。朱棣驾崩后，仁宣二宗开始战略收缩，自此河套固有的力量均势被打破，逐渐成为北方游牧民族入侵的基地。

本来鞑靼各部也和瓦剌差不多，逐水草而居，来去无常，只是活动范围扩大了一点，从辽东到宣大不断移动，很少长期在一个地方驻牧。孛来带着部落来到河套地区后，看到这里土质肥沃、水草丰美，关键还没有明军来驱赶他们。他们顿时失去了迁移的动力，决定留下来成为常驻居民。这个消息很快被孛罗、毛里孩等诸部打听到了，他们迅速赶到河套进行圈定牧场，打算占一块地盘，长久放牧。

这些部落如果只是放放牧、种种田，大家也许可以搁置争议，共同开发。可是蒙古既没有一个统一的政权来和明朝谈判，各部落又眼红邻居家的好东西，再加上本地“土达（土著部落）”的示范，便开始不可避免地与明朝发生摩擦。

来到河套的蒙古人越来越多，由此产生了一个新名词“套虏”，指居住在河套地区，时不时要来搞一把抢劫活动的蒙古人。

在当时，河套的地理位置要比辽东更加重要，这里历来是中原王朝与北方游牧民族之间的缓冲区。随着河套逐渐失去控制，大明的西北防线与蒙古之间已没有缓冲可言，西北诸边直接暴露在蒙古人面前。

红盐池大捷

孛来虽强，也不是强到没有对手。这一时期的蒙古各部，并没有也先这样能控弦十数万的强人出现，他们正处于一个各部落互为雄长，等待着一个中兴之主降临的时期。

孛来并没得意太久，在河套没住满一年，他就在内斗中与乌珂克图汗（小王子）一起，被翁牛特部首领毛里孩攻杀。毛里孩拥立脱脱不花长子脱古思猛可为汗（摩伦汗），自任太师。

王越就是在这种情况下接手的大同防务。成化三年（1467 年）三月和五月，鞑靼两次入侵，都被王越、朱永率军击退。同年九月，王越兼任宣府巡抚。

从成化五年（1469 年）到九年（1473 年），每年蒙古人都会来试试运气。只要到了王越的防区，每次他都会敲锣打鼓地带兵杀出来，把蒙古人打回去。王越很努力，可他一个人不可能防守漫长的西北边境。他能做的，只是在自己的防区抵御住敌人的进攻而已。

明军小规模的胜利并不能让蒙古各部落伤筋动骨，“套患”还是有增无减。边患大到何种程度呢？成化六年（1470 年），兵科给事中郭镗奉命前往延绥咨访军务，他给朱见深的报告是：这年六七月，“套虏”深入平凉、巩昌、临洮等府县，一个多月间劫掠百姓四千余户，杀掠人畜三十六万四千有余。

来到河套的蒙古部落越来越多。之前数年，蒙古进攻大明很频繁，但各部落都是自行其是。乩加思兰部、孛罗忽部、满都鲁部都来过王越的防区闹事，无一例外被击败。成化九年（1473 年）初，在温天岭又吃到一场败仗后，蒙古人终于怒了。

这次他们打算搞次大的，几个部落联合起来发动一次大规模进攻。成化二年（1466 年），毛里孩太师弑杀摩伦汗。成化五年（1469 年），科尔沁那颜博罗特兴兵复仇攻杀毛里孩。孛来和毛里孩相继身死，各部落的仇怨得到了一定的释放，有了联合的条件。他们的对手还是王越，凭借之前的战功，王越已受命总督三边军务，成了名副其实的边关大帅。于是，战斗就成了几个强大的蒙古部落围攻王越。

蒙古的战术是集中精锐出河套，往陕西西部、宁夏、甘肃一带抢掠，吸引出明军主力，伺机决战。这种战术已经属于蒙古的传统战术，靠拉长明军的补给线，趁敌军师老兵疲，再发挥骑兵的机动力做到一击必杀。

这个战术也确实很难对付，现在的明军显然和开国之师不可同日而语，王越也没有徐达、朱棣那样的资源和实力。说来可怜，身为三边大帅，王越的总兵力只有八万人，去掉各处需要留守的兵力，他能用于机动作战的人数还不到总数的一半。

如何应对呢？一个将领能否跨入军事家的门槛，考验就在这里了。普通将领多半会坚壁清野、严防死守，不求有功，但求无过；激进点的将领会不管不顾地带兵出击，那样正中敌人下怀；滑头的将领会把队伍拉出去转一圈，看能不能抓到点落单的蒙古兵当战绩，甚至杀良冒功向朝廷交差。他们都无法称为军事家。军事家的定义之一便是要能随机应变、出奇制胜。不管手上有什么牌，都能最大限度地利用起来，在弱势中找出敌人的弱点，发现己方获胜的关键。

按照这个定义，军事家的门槛是比较严格的，朱永、汪直、陈钺攻打女真的战绩都不能算军事家。王越能不能算军事家呢？面对这样难缠的战术，王越并不想放弃取胜的机会，况且就算收缩防线，漫长的西北战线也难保平安。防守不行，那么进攻行不行？也不是不行，攻哪里？

王越摊开地图，深深地皱着眉头，锐利的目光不停在大明西北方位逡巡。他的视线不断地往北方延伸，最终停在了一个地方。这一刻，王越的目光中有刀锋般的光芒闪过。河套以北，那里是蒙古人的老巢！

王越看到了对手最大的一个弱点：蒙古各部落主力尽出，后方必定空虚。明军不用和他们决战，只要直捣巢穴，这场战争就能以最小的代价取胜。王越一拳重重地砸在地图上！多少年来，蒙古人倚仗着骑兵的优势肆无忌惮地深入大明境内劫掠百姓。为什么不让他们也尝一尝子民被劫掠、家园被毁的滋味呢？！这一次要主动出击，长途奔袭，打他个出其不意！

既然下定决心，王越便立即开始了部署。整个计划分为两部分：一部分是正面防御，他命延绥巡抚余子俊率领大队人马前往宁夏。势力强大的乩加思兰部已经进入宁夏开始劫掠，余子俊的任务是拖住乩加思兰部，制造出明军主力尽出的迹象，吸引蒙古其他部落的注意力。另一部分才是王越真正的杀招。他精心挑选出九千二百名精锐骑兵，分为左右两哨各四千六百人，由延绥总兵官许宁、游击将军周玉统领。王越则亲自挂帅，率领这支精锐部队悄无声息地从榆林红儿山出发，目标直指蒙古各部落老营所在。

纸上谈兵简单，身临战场才是噩梦，制定战术并不等于胜利，更难的是如何执行。王越只能判断敌人的巢穴必定在河套以北的某个地方，至于具体在哪里，还不得而知。此行并不比蓝玉的捕鱼儿海之战容易多少，蓝玉大军最多无功而返，王越这区区九千多人马，在茫茫河套一旦失机，将面临全军覆没的风险。

不入虎穴，焉得虎子！大不了，马革裹尸而已！凭着无尽的勇气，王越和部下一边高速行军深入河套，一边不断放出探马斥候，期待尽快找出目标的具体方位。

明军在茫茫原野中昼夜兼程艰难行军，始终没有消息传来。王越的内心充满了焦虑，自己这路人马要是无法实现出奇制胜的目标，即使能全师而还，也是没有意义的。开弓没有回头箭，蒙古人的老巢必定就在这无边旷野的某个地方，可是到底在哪里呢？

王越催动部下继续前进，一边放出更多的斥候骑兵，另一边明军又向北行进了数天。在一天正准备扎营休整的时候，王越突然接到探马传来的急报，发现蒙古营帐，就在离此不远处名为红盐池的地方！

红盐池！红盐池！终于找到了！

红盐池位于今日内蒙古阿拉善右旗西北，在山丹卫城（今甘肃省张掖市山丹县，洪武二十三年置山丹卫，属陕西行都司）北三百里。洪武年间还有明军在这里采盐作为贡品，后来随着明朝中期的收缩，成了蒙古人的牧场。

从地图上看，自王越出发的榆林到山丹县就有九百多公里，红盐池还在山丹以北三百多里。王越这趟长途行军是名副其实的千里奔袭，避开蒙古各部落主力聚集的宁夏、甘肃，从陕西往西北斜插入内蒙古。即使全是精锐骑兵，王越也需要带兵在茫茫河套马不停蹄地连续急行军十天以上，才能抵达这个地方。这种大范围的长途奔袭，风险和难度确实远超汪直对女真的犁庭扫穴，难怪王越有骄傲的资本。

这是何等的艰苦，古往今来成大事者，非有钢铁意志不能成功。许多参谋看着地图也能制定出一套套看起来不错的方案，可方案是一回事，执行又是另一回事。参谋只要提建议就行，主帅却要作出决断，选择最理想的方案，并有勇气和能力将它执行到底。所以，参谋未必是军事家，成功的主帅则必定是军事家。

眼看一场荣耀就在眼前，王越依然很谨慎，从探马的情报中，他得到另一个关键的信息：鞑靼人的连营长达五十余里。古代判断敌人数量的一个重要依据就是看其营寨的规模。当初在太原城下，徐达的明军列营二十余里，王保保的十万铁骑就不敢贸然进攻，这次鞑靼人的营帐竟然长达五十多里！

根据这次蒙古进攻的规模，王越判断各部落的老幼妇孺加起来也没有这么多人，他们一定留下了相当数量的军队保护老营，自己手下总共只有九千来号人，如何能做到万无一失呢？

尽管部队已经疲惫不堪，但王越依然立刻部署了进攻。他挑出最精壮的骑兵分作两路：在正面，由许宁率左队，周玉率右队，就像两个张开的翅膀，呈钳形攻势向敌人进行突击，又分出一千余人的部队，依托着地形隐蔽迂回到敌人的营地后方。

做完这些，王越还布下了疑兵之计，以弱马分散在战线后方，来回驰骋，制造出明军大部队来袭的假象。

果然，鞑靼并没放松对营地的警戒，明军主力前进到距离老营二十多里处就被其哨兵发现。蒙古人迅速作出了反应，他们集合起青壮年和护卫营地的军队，从正面截住了王越。不得不说，蒙古人的战斗力确实强悍，在这样不利和仓促的情况下，硬生生地顶住了明军的进攻，双方你来我往，杀得难解难分。

不过可惜，这些拼死护卫老营的蒙古兵，拥有的只是战斗的勇气，他们中并没有军事家。少顷，当一支明军骑兵出现在蒙古人营地后方的时候，毫无防备的敌人顿时陷入一片混乱。明军把握战机，极有战术素养地从各个方向切入敌军，迅速将敌人分割包围。

接下来的事情便非常简单了，明军开始极有效率地收割敌人的性命，在一片痛苦与绝望的哀号之中，蒙古军队非死即走，营地中只剩下老幼妇孺，还有他们多年积累的马匹、牛羊、毛皮等物资。这点家当自然全都成了战利品，明军随后一把大火，将带不走的帐篷、庐舍全部焚毁。

此战史称“红盐池大捷”。

伪装成“鹰派”的“鸽派”

王越在红盐池抄了人家老家，前线的乩加思兰、满都鲁也没讨到便宜，这主要归功于余子俊。余子俊是同一时期大明西北边陲的另一位重要人物，说来也巧，他与王越都是景泰二年（1451 年）的进士，有同年之谊。王越走的是军事路线，余子俊走的是文职路线，他在户部任职十年，又当了六年西安知府，成化六年（1470 年）才被授右副都御史巡抚延绥。

这两位个人晋升路线迥异，性格也是截然相反。

王越是个伪装成“鸽派”的“鹰派”，每次朝廷要求他带兵出击，他就嚷嚷难度太大，兵力不够，还是稳一点好。等真上了战场，谁都拦不住王越的疯劲。余子俊不同，他一度主张强力“搜套”，主动出击，把蒙古人彻底赶出河套。可蒙古人真的来了，余子俊就“鸽”了，他总是守而不战，一点也没有嘴上的狠劲。

王越和余子俊都不是心口不一的人，他们的举动恰恰说明一个尴尬的问题，朝廷现在确实无力收复河套，就连出去和蒙古人硬碰硬，也是一件极其危险的事。

收复河套不是余子俊第一个喊出来的，早在天顺八年（1464 年）十二月，延绥都指挥同知房能就提出过“搜套”三策：集中兵力，主动进攻；广修营堡，巩固边防；配置火器，提高战斗力。朱见深对此大感兴趣，要求兵部研究这个方案的可行性，并先后派杨信、朱永统率京营和边关精兵“平虏”。

杨信领兵出征后根本没有深入河套，只是守株待兔。正巧那段时间蒙古人没来闹事，杨信劳而无功，不赏不罚。

朱永的办法也和杨信一样，成化六年（1470 年），他率军到达延绥后，没有向河套地区主动出击，而是分兵防守各处城堡。朱永的运气没有杨信好，在他出征的四个月里，正好撞上蒙古阿罗出部犯边。朱永赶走了蒙古人，战后得到的封赏是他的抚宁侯爵位得以世袭。

朱永取得了多大的胜利呢？说起来让人哭笑不得，这场战斗明军杀死二百五十七个入犯的蒙古人，抓了十一个俘虏；自己牺牲六百六十四人，受伤两千余人。

不能说朱永不努力，明军的战斗力就摆在那儿，而且这次“平虏”之战，王越也挂着右副都御史的职务随军参赞军务，这也说明王越孤军直捣红盐池需要多大的勇气。

到成化七年（1471 年），进入河套的蒙古诸部已达数万人，而明军“堪战者仅万人，又分散防守，势不敌”。次年（1472 年），王越上奏“欲穷搜河套，非调精兵十五万不可”。但实际上山西、陕西都遭遇荒旱，加上长途运输，明军连粮草也办不到。面对套内越来越强大的蒙古势力，王越只好弃战而守——“攻取实难，请从防守之策”。

余子俊文官出身，原本他也和朝中一些大臣一样，是个整天把“搜套”挂在嘴边的官员。来到延绥前线实地参与军务，目睹战争后，他的想法被彻底改变了。一个严酷的事实摆在他的面前，大明早已不是洪武、永乐年间的大明，当年明军大举出塞，浩浩荡荡直捣蒙古老巢的盛况，已不可能再出现了。

余子俊放弃了收复河套的主张，从长远考虑，他转而请求沿边境筑墙建堡。由于他的坚持，明朝西北边境上出现了一种令蒙古人绝望的东西——边墙。

丧心病狂的战术

讲到边墙我们很容易想到长城，这两种墙的外观区别很大，但目的是一样的，都是防住游牧民族的进攻。

相比长城这样由城墙、敌楼、关城、卫所、镇城、烽火台等多种防御工事所组成的防御工程体系，西北边墙只能算是低配版。这些边墙平均高度六米，无法与修筑在崇山峻岭之上高大巍峨的长城相提并论。从开始修建到完工，余子俊仅调用四万军民，三个月时间就告完成。

但对游牧民族而言，这依然是种丧心病狂的战术。

大家都知道，不管是长城还是边墙，目的都是抵御游牧民族的进攻，但大多数人未必知道到底是怎么抵御。要明白这个问题，我们需要了解，不管是边墙还是长城，它们的作用到底是什么。

长城是为了阻挡军队翻越吗？不是，历史上游牧民族“毁墙而入”的事数不胜数。也先曾从塞外一路杀到北京城下；俺答汗破古北口进入京畿大肆杀掠；明末皇太极五次翻越或拆毁长城进入关内，再高大的长城在他们眼里也不值一提。

长城是为了预警吗？不是，要预警多建几个烽火台就足够了，何必劳民伤财地搞个“世界第七大奇迹”出来。

长城是为了运兵吗？也不是，虽说不乏能轻松跑马的八达岭这样高端奢华的长城，但大多数长城并不具备运兵的功能。数千公里长城中，能运兵的只占极少部分。

那长城到底有何作用？

这个问题要结合游牧民族的特性来考虑。历史上来自北方的游牧民族，不管是匈奴、突厥、契丹，还是蒙古，自带的种族天赋都是拥有骑兵。这些骑兵来去如风，时聚时散，他们可能任何时间、任何地点在边境出现。要想准确预测他们的进攻，是不可能的事情。

烽火台的出现对这种不确定性进行了一些弥补，这种发明就类似于古代的通信设备，塔台远远发现敌人，就会点火发出预警。由现在的物理知识我们可以得知，通过空气传播的烟雾速度远大于四条腿的战马——凡烟火，一昼夜须行二千里。

烽火不光是点把火就完了，怎么点火，点多少火，也大有讲究。通过不同方式的信号编码，后方不仅能得知来犯敌人的方向，还能知道敌人的规模，如《唐六典》中记载，“其放烽有一炬、二炬、三炬、四炬者，随贼多少而为差焉”。

这就够了吗？远远不够。

烽火台毕竟只是被动的信息传递系统，它能给后方留出一定的反应时间，却没法真正地防御敌人。

每次这样被动防守是不够的，就算做不到洪武、永乐年间那样长驱直入，远靖沙漠，至少也要能御敌于国门之外。

这时就轮到长城登场了。

但长城能抵御异族入侵，却不能抵御游牧民族的大规模入侵。这个大规模，下限是千人。

古人早就总结出这种规律，不管是汉代居延简的《塞上烽火品约》，还是南宋的《武经总要》，都把千人以上作为防御入侵的最高规模。当游牧民族足够强大时，比如控弦十万的也先，他就敢于强攻长城上的居庸关这种级别的坚固城堡。所以，面对大规模入侵，长城也顶不住。

然而，也先只有一个，自他死后，蒙古各部再也没能出过一个这样的人物。孛罗、孛来、毛里孩，都不过是昙花一现的太师，他们的能力与巅峰时期的也先相距甚远。

也就是说，游牧民族大规模的进攻不是常态，数千人乃至数万人的劫掠只靠各个部落的精诚合作还不够，更需要一个强有力的指挥中枢，才能确保各部进退有序，如同一体。它需要强大的动员能力和指挥能力，在蒙古没有一个统一政权的情况下，这是很难实现的。

事实就是，小规模劫掠是边境防御的常态，千人以上的大规模劫掠比较少见。组织千人以上规模的骑兵成本很高，这是部落首领才有能力干的事，而拉起几十上百人的马队就容易多了。这种规模的劫掠，不需要什么事前会议，会后准备，想到就能干，一天都可能有几十次。这就是为什么中小规模的游牧骑兵是真正的日常劫掠主力，不仅频率高，而且随机性更强。

这个时候长城就很有用了。当这些小股骑兵面对几米高的城墙时，想要凿出大的缺口让人马通过，绝不是轻而易举的事情。

长城上的夯土可不是松软的泥土，而是夯实紧密的硬土，哪怕几千年的日晒雨淋都能扛得住，要想破坏需要花费很多人力和时间。费了半天劲才破坏出来的缺口，在未来还可能会成为骑兵潜在的隐患。因为在撤退时，缺口的位置对防守方来说是已知的，可以部署兵力进行伏击和围歼入侵者。

长城兼具预警和防御功能，当骑兵下马辛苦凿墙的时候，很容易被巡逻的人或烽火台上守望的士兵发现。戍卒升起烽火发出警报，墙内的烽火台继续接力传递，通知各地军堡和村镇做好迎敌的准备。

在这种联合防御体系下，骑兵原本可以出其不意、快速劫掠的不确定优势就被大大削弱了。因为在撤退过程中，多数情况下没有充足的时间再去凿开一个新的缺口。在追击的压力下，他们更多地选择避开城墙，寻找逃生机会更大的方向来撤退。可是，如果不翻越边墙，被防守方在长城的包围圈里瓮中捉鳖就是迟早的事情；如果冒险返回原来的缺口，很可能会被设伏的军队堵截和围歼。

所以，对越境的小股骑兵来说，长城是一个强大而有效的威胁，可以围追堵截来犯之敌。长城就是游牧民族的叹息之墙，把长城替换为边墙，同样适用。

尽管是低配版长城，边墙同样能起到收缩骑兵活动范围，防御小股敌人的作用。余子俊主张修建的边墙，根据地势有单面墙和双面墙之分，采用夯筑、铲削山险、挖掘壕堑等方式修筑。这些边墙并不特别高大，最高二丈五（约七米），最低一丈五（约四米），但非常坚固。墙体和踏步均采用砂岩条石垒砌，根据今天的遗址来判断，六百多年前要想拆毁这样一段墙，靠几十个人是非常困难的。

万一真有人强拆边墙呢？余子俊早就料到了。边墙绝非仅有一道墙，与墙配套的还有墩、堡、台、寨等配套设施。敌人开始施工的时候，墙头上的弓箭、火铳就应该开始招呼了。

在余子俊的主持下，成化八年（1472 年）起，明军开始在边境大规模修筑边墙，终他任内，共修筑了东起清水营（今宁夏灵武市区东北），西抵花马池（今宁夏盐池县），连绵一千七百七十里的边墙。在其下挖壕沟，每隔二三里建置瞭望台、崖栅以便巡视警戒，又修筑城堡十二座、边墩十五个、小墩七十八个、崖寨八百一十九个，成为一个庞大完整的防御体系。

这次蒙古入侵，余子俊的工程还没全部完工，却已显示出了不俗的效果。在余子俊和新任总兵官刘聚的拼死阻击下，蒙古骑兵非但没能破关而入，反而死伤几百人，抢来的两千多人口和多达十三万匹牛马也被夺回。

后来发生的事情还证明，这种边墙不只能阻止小股敌人的贸然突入，在对付大量敌人时也有奇效。

成化十八年（1482 年）六月，亦思马因部大举破墙而入，侵入延绥河西、清水营劫掠。汪直、王越调兵围攻，亦思马因见好就收，掉头北去。可等他带着部下回到当初破墙的口子一看，心里暗暗叫苦，原来余子俊已组织人手连夜施工，堵上了当时被拆毁的边墙。明军追到，蒙古人无心恋战，四散奔逃，被生擒六人，斩首三百四十七人。

尽管战术不同，余子俊的贡献却不亚于王越，史称其“尽心边计，数世赖之”。这两位同科进士谈不上是好朋友，理念也曾经相左，幸好时代还是把他们凑到了一起，一个主攻，一个主守，堪称大明“西北双璧”。

乩加思兰等还在琢磨怎么击败余子俊，就收到了红盐池传来的噩耗，他们火速奔回老巢，见到的是营帐被毁，家属失踪，多年积攒毁于一旦。王越也让他们尝到了失去亲人和财产的滋味，以劫掠为常态的蒙古人也不禁悲从中来，相视而泣。鞑靼部落终于明白，王越是他们惹不起的角色。

红盐池之战，明军一改多年来在河套地区的防守反击战术，主动进攻，避实就虚，攻拔鞑靼老营。蒙古残部不敢恋战，他们远远地躲开了这个煞星，再也不敢在河套地区停留，西陲从此得到了数年安定。《明通鉴》中如是记录：自是稍徙北去，不敢久踞套中……于是延绥得息肩者数年。

成化朝最重要的两名大臣，王越整天强调困难比办法多，当机会真的来到时，他便毫不迟疑地卸下伪装，亮出刀子；余子俊成天把强力“搜套”当口号喊，却从未见他主动出击过。实际上，他是个坚定的防守大师，他坚持修筑的边墙被证明是有作用的。这两位嘴上所喊和心中所想完全相反的人物，是成化朝西北边疆得以稳固的最重要的两个功臣。

红盐池之战的胜利除了王越和余子俊的临场表现，还有制度上的一个重要原因，以往在陕西北部，沿边分设了延绥、宁夏、甘肃三镇，称为“三边”，各镇奉命独自承担辖区内的御边任务，凡遇战事，相互之间没有协防的职责。这种僵化的制度导致了一个严重的问题，各镇之间容易扯皮推诿，只要把蒙古人赶出自己的防区，任其去祸害别人自己也不管。机动性强的蒙古骑兵利用这个漏洞在“三边”之间来回巡弋，总能有所收获。

成化年间，朝廷尝试性地设置了“三边总制”这个临时职务，由王越提督军务，控制延绥、宁夏、甘肃“三边”，总兵、巡抚均听从其节制。效果非常明显，有“三边”调度权在手的王越才能打出红盐池那样的长途奔袭经典战例。至此，“总督陕西三边军务一员”成为经常出现的一个名词，简称“三边总督”。经过一段时间的或设或罢，到嘉靖四年（1525 年）成为定制，“三边总督”开府固原，节制河西巡抚、河东巡抚、陕西巡抚以及甘、凉、肃、西、宁夏、延绥、神道岭、兴安、固原九总兵。

奇袭威宁海

王越已经踏入军事家的门槛，故此他对朱永、汪直、陈钺他们的战绩很不服气。他告诉汪直，砍几个女真人不算英雄好汉，要建功立业，不如跟他去延绥转转，跟蒙古人真刀真枪地干一仗，那才是真正的英雄好汉！

王越这话不是胡说的，在明代，蒙古人的脑袋比女真人值钱多了。准确点说，价值相差三倍之多。

我国古代有不少时期是以战场斩首记功的，最出名的是秦朝和明朝。

秦朝主要是以战场斩首数评定军功，斩首数的用处并不止于晋升，它还能为亲属赎身，为自已免罪以及其他功用，简直就是神器。出于对军功的渴望，使得秦国军队战斗力相当强悍。

另一个以斩首数论军功的朝代就是大明了。明朝开创年间，军功还主要是以战场表现来衡量，没有非常固定的标准。自永乐之后，朝廷调整了战略，变攻为守，已很少有明初那样大规模的出境作战，于是逐渐确立了以战功和“首功”作为衡量军功的标准，“首功”指的就是斩首数目。

首级共分为四等，价值最高的首级名为“北虏”，就是指蒙古部落；第二等的首级名为辽东女直，即女真部落；第三等的首级是西南蛮族之首；第四等的首级是内地的反贼——凡首功四等，曰北虏，曰辽东女直，曰西番苗蛮，曰内地反贼。

真是明码标价，童叟无欺。

明洪熙至天顺年间，军功标准开始逐渐过渡至唯斩首数计，这个条款自此一直被沿用。

斩首论功制的具体考核标准，在每个皇帝在位年间都有所变化，也就是说人头的价格一直是浮动的，如宣德九年（1434 年）的市场行情如下：定南方杀满贼例：凡斩贼首三颗以上及斩获首贼者，俱升一级；斩首二颗，俘获一二人，斩从贼首一颗以上及目兵兵款有功者，俱加赏不生。

由于斩首论功有其弊端，军功的评定也被反复调整，战功和首功又作为并行的标准同时施行。

自从明朝采取守势为主的战略以来，斩首就变得不那么容易了。蒙古骑兵往往呼啸而来，劫掠一番迅速撤走，来去如风，守备的明军刚来得及发出信号，可没多久人家就撤了，这种情况下，想斩获首级显然不现实。

斩首不易的另一个原因是蒙古军队有将阵亡同伴尸首带回去的传统，草原上的规矩，如果出征战死了，谁把战死者的尸首带回，谁就可以分享战死者的财产。蒙古军队历来重视同伴的尸首，不惜代价也要将死者尸首带回。而没了脑袋的尸首显然是没有价值的，因此明军无法做到将所有阵亡的蒙古士兵都斩首论功。这种情况下，斩首变得更加困难，一场战斗能斩首上百，已经算是大捷。

到了成化十四年（1478 年），首级行情是这样的：杀死一个蒙古兵的升赏三倍于杀死一个女真兵，六倍于一个内地反贼。

这一方面说明蒙古人难打，另一方面说明斩首确实不容易。

王越一番话说得正合汪直心意，他开始琢磨着怎么去延绥跟蒙古人好好干一仗。

成化十六年（1480 年），乩加思兰部下亦思马因部渡过黄河，进入甘肃靖远，延绥镇守太监张选急报朝廷派兵。

王越这时早已离开“三边”，他那次红盐池大捷为西北挣到了七年的平安，第二年（成化十年，1474 年）他受弹劾后就称病回朝，一直在京师任职。

朱见深第一时间想到了王越，他久镇“三边”，又是蒙古人的克星，不用王越用谁？

王越又第一时间想到了汪直，汪直立马向皇上请命。事情就这么迅速地决定了，正月十六，朱见深发下诏书，命朱永为平虏将军、总兵官，由汪直监军，王越提督军务，前往讨伐亦思马因。

三月初六，朝廷就收到了汪直、王越送来的捷报，明军在威宁海（今内蒙古乌兰察布市察哈尔右翼前旗黄旗海）大破蒙古，战果如下：

生擒幼男妇女一百七十余人，斩首四百三十七级，获马驼牛羊六千。

斩首四百多可不容易，超过了红盐池的战绩。这次胜利还有一个特别的意义，朱祁镇被蒙古俘虏期间，就是被关押在威宁海子，朱见深算是给老爹报了仇。他即位十六年来，大大小小战事一直没断，还从没有一次像这样痛快。

高兴之下，朱见深给汪直加俸四十八石（升四级封赏），王越更是功封威宁伯，成为明朝仅有的三位以战功封伯的文臣之一，就连报信的汪直养子汪钰、王越儿子王时，也一并升官。

这一战为啥这么顺利，说起来也不复杂，王越复制的是上次突袭红盐池的战术，之前他已探得蒙古汗廷设在威宁海。于是派朱永领兵诱敌，自己和汪直率精兵两万一千，经过二十多天的潜行到达威宁海附近。正值大风，风雪晦暝，蒙古人丝毫没有察觉，明军夜袭蒙古大营，大获全胜。

可怜的是保国公朱永，这位成化朝名将被王越坑了一把，在南路喝了二十多天的西北风，损失了几千匹马也没见到一个蒙古人，回来后还啥都没捞着。

明朝这边，这一仗确实扬眉吐气，时人称颂“威宁出塞，俘馘甚多，自永乐以来，唯此夺其气”。

蒙古那边又是另一种状况。

蒙古“中兴之母”

从明朝角度来看，蒙古中兴好像是个伪命题。可要是翻开一部蒙古史，就能发现一个名叫孛儿只斤·巴图孟克的人是蒙古公认的“中兴之主”。

所谓“中兴”不是指恢复故元版图，巴图孟克的功绩在于为政，他的众多举措成为后世蒙古各部落形成的起源，这种格局一直保持到今天。有人说：如果没有达延汗，蒙古族会在无休止的混战中彻底沉沦，消失在历史长河中。

巴图孟克即达延汗，他能够成就这番功业，最该感谢的是一个女人——他的妻子满都海。

达延汗是蒙古“中兴之主”，满都海被称为蒙古“中兴之母”。

这个“母”的意思，一方面指满都海为蒙古作出的贡献，另一方面指满都海又像达延汗的母亲一样——她要比丈夫大了整整十五岁。

满都海的事迹在汉人典籍中几乎无迹可寻，即便在对边患记录比较翔实的《明实录》中都没有只言片语，较有名的一些私人著作中更是毫无头绪。但在蒙古史料中，不管是公认的蒙古三大文献，还是其他如《蒙古黄金史》《蒙古家谱》等著作中，都是对她不吝笔墨，大加褒扬，两者形成鲜明对比。在《蒙古源流》中，更是将她称为“蒙古史上仅次于成吉思汗的第二号人物”。

但就是这样一位被称为“蒙古中兴之母”的传奇女子，蒙古史籍中对她的记载却在1480年戛然而止，再也找不到了。

当时满都海应该只有三十岁出头，远低于正常的死亡年龄，这无疑很不正常。

1480年是成化十六年，王越、汪直的威宁海之战就发生在那一年。

这是巧合还是宿命，满都海到底去哪了，我们来捋一捋前因后果。

此话还要说回买的里八剌之孙，哈尔古楚克都古楞特穆尔鸿台吉和鄂勒哲依图鸿郭斡妣吉的遗腹子——阿寨台吉。

阿寨台吉是个可怜人，好在他留下的几个儿子还比较出息。长子脱脱不花和长孙脱古思猛可（摩伦汗）都当过蒙古大汗，现在轮到他的小儿子满都鲁了。

摩伦汗被毛里孩弑杀后，蒙古汗位空悬八年之久，东蒙古陷入了空前的混乱。在此期间，跑掉的满都鲁和其侄孙巴彦蒙克与瓦剌哈剌辉特部首领乩加思兰、科尔沁部首领孛罗结成了政治联盟。这几个部落联合后已具备相当的实力，众臣拥立满都鲁为大汗。

1465年，满都鲁在“哈撒阑台山坡”即大汗位，号“满都古勒汗”，封其侄孙巴彦蒙克为“济农”、乩加思兰为太师、猛可为枢密院知院。

“济农”原本就是蒙古传统的职务，相当于副汗，是大汗的助手，其职责是秉承大汗旨意管辖蒙古右翼政务。

蒙古陷入分裂后，本来重要的“济农”职务长期以来成了个毫无存在感的角色，在满都鲁手下，“济农”恢复了实力，成为制约太师的一股力量。

这是个重大举措。蒙古的太师就是权臣的代名词，废立大汗如同儿戏，“济农”一出，太师的权力被削弱，为后来达延汗废除太师一职创造了条件。

满都鲁即汗位后干了三件大事。

他先是命令祭祀成吉思汗英灵的“八白宫”在鄂尔多斯部的护送下，来到了宝日陶亥地区。

这时的鄂尔多斯部由“济农”巴彦蒙克统领，他们从此一直驻牧在这里，宝日陶亥地区的称呼逐渐变成大家熟知的鄂尔多斯。

满都鲁的北元汗廷就设在鄂尔多斯，这里一时成了蒙古的政治军事中心。此后历代蒙古大汗即位，都在鄂尔多斯“八白宫”前叩头膜拜宣誓就任。

随后，满都鲁起兵，为两个侄儿脱古思猛可和马可古儿吉思（脱脱不花之子）复仇，先后杀死土默特喀喇沁部首领孛来和毛里孩。

按照熟悉的剧本，蒙古太师始终是个不安分的角色，乩加思兰太师继承了这一“优良”传统。在许多重大问题上，乩加思兰完全不顾大汗的旨意，也不把“济农”和其他汗廷大臣放在眼里。

乩加思兰架空了大汗，造成了汗廷内部的混乱。更有甚者是汗廷出现了两名奸臣鸿郭赉和亦思马因，在满都鲁和“济农”之间挑拨离间。

满都鲁信以为真，派亦思马因率领军队攻打“济农”巴彦蒙克。巴彦蒙克战败出逃，在逃亡途中被亦思马因的属下杀死，时年二十五岁。

巴彦蒙克死后，满都鲁兼并了鄂尔多斯部众。1467 年春，他与乩加思兰族弟亦思马因、脱罗干等联合，击败并杀死乩加思兰。同年夏，满都鲁病故，亦思马因成为新任太师。

满都鲁去世后，留下了一个遗孀：满都海。

满都海出身于汪古部，汪古部与蒙古黄金家族是世代姻亲的关系。成吉思汗女儿阿海公主就嫁与汪古部首领阿兀思，从此世代通婚，互称“安答”，满都海也成为满都鲁的侧室，为他生下二女。

满都海成了寡妇，她本身文武双全倒是其次，关键在于她的身份和蒙古的习俗。身为已故大汗的遗孀，她继承了大汗的直属部众，其中还包括了当初兼并巴彦蒙克的鄂尔多斯部，可谓实力强劲。

蒙古历来有收继婚传统，满都鲁无嗣，下任大汗即可以收继其妻妾。

按照正常程序，应当是先推举出新的大汗，然后大汗收继前任大汗的妻子部众、财物、牛羊。可当时的情况却是恰恰相反，由于也先的杀戮过于高效，拥有成吉思汗血统的蒙古贵族已是少之又少。

想要问鼎大汗宝座的人不少，但都不是黄金家族直系后裔。而异姓碍于法理，不能参加到汗位角逐里来，于是就演变成谁能与满都海结婚，谁就能接收部众当上大汗。因此，觊觎汗位的有权势者都急着向满都海求亲。

手握下任大汗选择权，满都海的选择让人大跌眼镜，她选的不是手握重兵的部落首领，也不是英俊倜傥的少年台吉，而是巴彦蒙克留下的孤儿巴图孟克。

这个决定之所以出人意料，不但因为满都海的年龄比巴图孟克大了整整十五岁（满都海十九岁左右，巴图孟克四岁），辈分上满都海比巴图孟克高出两辈，而且满都海不久前还与巴图孟克的父亲巴彦蒙克交战，巴彦蒙克因此而死。

嫁给一个与之有杀父之仇的四岁小孩，满都海有自己的考虑。

满都海不是个普通女人，而是个胸怀大志的女子，她的梦想与死去的丈夫相同——立志要统一东西蒙古。

当时的草原还是四分五裂，瓦剌经过了也先统治的辉煌开始衰落，分裂为四部，但总体实力依然强大，始终与鞑靼部争夺汗位。如果与任何一个外姓部落结婚，不仅将面临被卫拉特各部落联手进攻的不利局面，还将失去鞑靼部的支持。

只有按惯例选择成吉思汗子嗣，满都海才能赢得鞑靼各部支持，才有可能实现梦想。

已经没有其他选择了，从继承顺位上来看，“黄金家族”人丁凋零，巴图孟克已是当时的最高顺位继承人。

如果牺牲一个满都海的婚姻能换来蒙古的中兴，又有什么不可以呢?

后来的历史进程证明了这点，巴图孟克成年后成为被称为“蒙古中兴之主”的达延汗，这与当初满都海的选择密不可分。

经过满都海的不懈努力，正式扶立巴图孟克为大汗，号“达延汗”。“达延”的意思是“普天”，“达延汗”即为“普天之汗”。

满都海从此担负起妻子和老师的双重角色，她的第一个目标便是征服蒙古本部的宿敌卫拉特诸部。由于可汗年纪幼小，满都海就把他装在一个箭囊里挎在身上保护，因此达延汗在明朝被称为“小王子”。

满都海首次征讨卫拉特的战绩在《蒙古博尔济吉特族谱》中记载如下：“满都海赛音哈敦亲统骑兵，使克什克腾部之阿来通开道，至特思布尔都之地，与威勒特（卫拉特）战，大胜之。”

这场战斗相当惨烈。满都海亲自挥刀上阵，冲杀中头盔都被砍掉。满都海不以为意，部下看见她披头散发，于是扔过去一个头盔，她戴上后又冲杀进敌军去了。

满都海接下来征讨的敌人，是害死达延汗父亲的乩加思兰太师。出征卫拉特胜利归来不久，满都海再接再厉，携达延汗率领察哈尔和土默特两部军队征讨乩加思兰。她亲自率领大队人马以迅雷不及掩耳之势突袭而来，乩加思兰战败只身逃遁。

满都海派军追击，在乞勒扯儿洼地，乩加思兰被满都海派出的两位将军击毙。满都海和达延汗接收了乩加思兰的部众，胜利收兵。

在这里蒙古史料和明朝史料记载的时间发生了冲突，成化九年（1473 年）乩加思兰还在红盐池被王越掏了老窝，怎么会死在满都海手里？

蒙古史料和明朝史料经常会有各种冲突，这次采用蒙古史料。有说法是认为乩加思兰太师被亦思马因所杀恐怕只是道听途说，或者是因为亦思马因名头太响而想当然了。

满都海最后的敌人就是亦思马因太师，这是她中兴蒙古的最后一仗。

乩加思兰死后，亦思马因自任太师，独揽大权。征服卫拉特，消灭乩加思兰的满都海实力大增，她率领联军包围了亦思马因。亦思马因不敢恋战，慌乱中带着妻子且战且退，向西落荒而逃，最后撤退到哈密北部才算捡回一条老命。三年之后，穷途末路的亦思马因被达延汗麾下大将脱火赤少师射杀。

讨平亦思马因之后，蒙古左翼（鞑靼）已经牢牢地掌握在达延汗之手，右翼（卫拉特诸部）也已经臣服，蒙古基本统一在满都海和达延汗的统治下。

满都海对于蒙古部落来说是“中兴之母”，对于明朝来说，她只是个部落酋长，是个挑起边患的首领。

满都海中兴蒙古的志向必然与明朝扫平边患的目标产生冲突，战争在成化十六年（1480年）爆发了。

威宁海之战，明军大获全胜，此后满都海就失去了记载。如此高光的满都海，突然在史书中消失了，她去哪儿了？

大致有以下几种说法。

难产说。这种说法认为，1480年满都海三十几岁，还处于女性的生育年龄。达延汗成年后，满都海与他生了七子一女，其中至少有两对双胞胎（存疑）。这个生育率是非常高的，在当年草原落后的医疗环境下，如若生产时遭遇凶险，基本等于宣告死亡。

三十几岁的孕妇有一定的生产风险，如果说是死于难产，是有可能的。

战死说。将军难免阵前亡，对于常年亲自征伐的武将来说，战死是归宿之一，这也是很多人支持的一种说法。

这种说法就必然要请出汪直和王越。就在第二年（成化十七年，1481年），鞑靼又入侵大同。汪直总督军务，以王越任总兵官出兵征讨，这对搭档又一次孤军深入，冒着大雪连夜奔袭。

“月黑雁飞高，单于夜遁逃。欲将轻骑逐，大雪满弓刀”，明军在黑石崖处再次大胜鞑靼，此战生擒十人，斩首一百一十三级，获马七百二十九匹，器械六千二百余件。此战史称“追战黑石崖”。

这次汪直得到了惊人的封赏：加俸三百石。对于十二石为一级封赏的太监来说，这是前所未有的纪录。

成化十六年（1480年），鞑靼部的实际首领正是满都海，那段时间是她高调征伐时期。那年发生了威宁海之战，王越与汪直夜袭蒙古汗廷，取得大胜。

不妨推测一下，满都海一向亲征，她很可能就在那次夜袭的蒙古汗廷之内。此战以后，满都海就突然失去了记载。

还是从封赏来进行分析，威宁海之战，汪直加俸四十八石；黑石崖之战，战果不如威宁海，汪直得到的封赏却是创纪录的加俸三百石，这是为何？

极有可能的是，满都海在成化十六年（1480 年）的夜袭中已身受重伤或是战死，但当时明军并不知情，只按大胜来论功行赏。不论满都海是当场战死，或是受重伤之后身死，鞑靼为了报仇，在不惜后背受到瓦剌威胁的情况下兴兵，结果又遭失败。

这次战斗中，明军确认了敌军统帅满都海已在上次战斗中身亡，所以朱见深追加了对汪直的赏赐，给他一次性加俸三百石，属于补偿性封赏。

对于蒙古方面来说，传奇英雄满都海死于一个明朝太监的夜袭，无论如何都是非常不光彩的事，蒙古史籍从此也不提了。

满都海在成化十六年（1480 年）之后再也没有在史书中出现过，取代她的是她丈夫达延汗的崛起。

不论如何，满都海都是历史上少见的巾帼英雄。抛开明蒙之争，真正的英雄都值得尊敬，古今史家对其都评价颇高，时至今日，内蒙古呼和浩特仍有纪念她的满都海公园。

对这位蒙古女英雄的故事，可以蒙古历史重要文献《阿勒坦汗传》中的诗歌来作为结尾，以纪念这位“黄金家族”的守护者：

> （她）以虔诚之心坚定祈祷，
> 将贵子小心谨慎地守护照看，
> 使孛儿只斤黄金家族如意珠般繁荣兴旺。
> 如此无误一失地守护达延汗，
> 点燃孛儿只斤火焰之情如此这般。

这还带来另一个问题，汪直、王越立下这么大的功劳，史书中为何不见记载？

一个可能是由于俺答汗封贡之后，蒙古逐渐已不再成为边患，女真取而代之，为了保持对右翼蒙古也就是鞑靼部落的友好，刻意而为之。另一个可能就是由于汪直的宦官身份及后世的定性，有可能是被刻意隐瞒了。

这与他们俩的结局有关。

汪直的结局

在认可王越名将水准的同时，我们也不能忽略汪直的作用。

汪直不是跟着王越去镀金的，监军太监本就是明代军事体系的重要一环，代表皇帝本人。王越的军事行动需要先征得汪直的同意，由汪直奏明朱见深批准后才能执行。黑石崖之战后，汪直更是总督军务，威宁伯王越佩平胡将军印充总兵官成为他的下属。追战黑石崖后，蒙古再次入寇延绥，王越与汪直调兵援助。因兵部尚书余子俊在延绥修筑边墙，鞑靼入境后即被明军冲散，为城墙壕沟所困，遭遇大败。

汪直在不断刷新自己的战绩，他的军功已经跻身大明史上军功太监的前列，可他离开京城越久，也在远离权力中心的道路上越走越远。

也有可能，汪直本身已经厌倦了和那帮文官钩心斗角，大丈夫快意疆场，死则死耳，理那帮腐儒作甚！

文官们可不会忘记汪直，几年来士大夫们在这个年轻太监面前威风扫地。他们担心，这个气焰逼人的年轻太监哪天在外面玩腻了，再回到京师主持起特务工作，那会是大家的噩梦！

到成化十八年（1482 年）三月，看到汪直远离朝廷中枢已近两年，科道官员开始纷纷上疏，说西厂苛察纷扰，大伤国体，再次请求废除西厂。

朱见深一时还拿不定主意，只给了个模棱两可的答复：朝廷自有处置。

这时商辂早已致仕，万安成为内阁首辅。在皇上面前，万安只知道磕头喊万岁，可一转身，他还是很有主见的。他通过投机钻营，勾结宦官、道士排斥异己等种种手段巩固了自己的地位，也让自己的名声在“万岁相公”上更进一步，收获了“奸邪”的称号。

万安有内廷的路子，他打听到皇上的心思都在一帮道士身上，满脑子想的都是怎么长生不老，远离京城的汪直确实不复以前的荣宠。

万安还有个叫尚铭的好朋友，时任司礼监太监，提督东厂。司礼监也看不惯汪直，西厂开设不久，就全面压倒了老牌特务机构东厂，尚铭尤其视汪直为眼中钉。

尚铭是汪直的直接竞争对手，汪直不在的这两年，他统领的东厂有了一点起色，他更不希望西厂继续存在下去。

尚铭透露给万安的信息是相同的，西厂现在就是栋破房子，你只要再去踹上一脚，它肯定就倒下了！

一番盘算下来，万安有了把握。他还有点不放心，便拉上另一位内阁学士刘珝一起上疏，请罢西厂。

在万安看来，自己这是提携刘珝，与他分享这个天大的功劳，没想到刘珝竟然拒绝了。

虽然同样名列“纸糊三阁老”，刘珝算是三人中比较冤枉的一个。当年担任太子东宫讲官时，刘珝颇有指点江山、激扬文字的锐气，大有干出一番事业的意愿，人称讲官第一，朱见深称他为“东刘先生”。

随着官越当越大，刘珝在官场中被磨平了棱角，失去了当年的那种气概，成了混日子的内阁大学士。但他心中多少还残留着一点正义感，面对万安的邀请，他只回了一句：西厂最近办事，好像没什么不公道的地方。

万安悻悻然地碰了个软钉子，即使没有刘珝，万安也准备单独办成这件事，他以个人名义上了一份奏疏，请罢西厂。

万安不像商辂那样直接，在奏疏中，他没有批判西厂的负面影响，而是先承认皇上设置西厂的合理性，让自己立于不败之地。随后他才话锋一转，抬出祖制是锦衣卫、东厂“彼此并行，内外相制”，给朱见深搭了一个台阶。最后他表示，社会治安情况现在大有好转，况且汪直远在大同镇守，西厂失去了首脑，存在的意义已经不大了。京城大小官员众口一词，请求革去西厂，皇上您是不是考虑一下民意？

万安这份奏疏很费心机，证明他不是没有学问，只是没用对地方。听他这么一讲，朱见深也觉得西厂可有可无，与其整天听这帮人啰唆，不如干脆废除，落个耳根清净。

万安素来被称为奸佞小人，凭借请罢西厂这件功劳，一时间竟赢得一片掌声。这是万安在阁十八年里，被士大夫认为所做的唯一一件好事。

只是西厂虽废，汪直仍在大同监军，只有彻底将其击垮，士大夫们才有安全感。

远离京城、失去西厂的汪直最后还是栽在了司礼监和文官手下。西厂被罢后，汪直失宠已经是尽人皆知的事实，科道官员们再次落井下石，尽情揭露汪直不法之事。作为一个失宠的前特务头子，汪直已经是百口莫辩。

成化十九年（1483 年）六月，朱见深调汪直于南京御马监；八月，降汪直为奉御。

至此，汪直的政治生涯终结了，他完全消失在了人们的视野中，以一位普通宦官的身份在南京度过了后半生。没人注意到他何时去世，只知道他是寿终正寝的（直竟良死）。

汪直的心腹中，韦瑛之前已被处斩，陈钺、戴缙、吴绶等人革职为民。而他最得意的搭档王越，也被下诏夺爵除名，谪居安陆。

汪直真的干了很多坏事吗？

确实有一些，所谓不法之事，主要集中在西厂首度开设的那几个月里。复设西厂后，汪直没多久就转移了兴趣，西厂主要由他手下吴绶、赵璟先后打理，变得低调了许多，没再传出迫害大臣的风闻。

汪直爱和士大夫们作对，商辂被他排挤走，项忠受过他的侮辱，还有一位以后在弘治朝大大露脸的马文升也曾被他下狱。但汪直不是小心眼，正直的文官就算曾得罪过他，汪直也并不计较。

汪直有次出巡，沿路官员无不非常重视接待工作，唯恐礼数不周。车驾来到河南，汪直却感觉很不寻常，只见地头上静悄悄的，莫说张灯结彩隆重欢迎，连前来迎接的地方官也是轻车简从，让人感觉回到了洪武年间。

汪直向手下打听："河南是谁的地界？"

手下回道："目前右佥都御史秦纮正巡抚河南，要不要派人通知他？"

汪直摆摆手："不用惊动他，我们自己走就好。"

回京后，朱见深召见汪直，要他点评各省大员。汪直说："以我所见，只有秦纮既廉洁又有才能。"

朱见深拿出一份奏章，正是秦纮的密奏，上面说汪直所带旗校过多，骚扰郡县。

汪直叩头服罪，说道："秦纮能坦率地指出我的过错，是个贤能的人才。"

嘉兴知府杨继宗被称为成化第一清官，趁他进京述职的机会，汪直想跟他拉拉关系，却被一口拒绝。汪直并未寻机报复，在随后朱见深与汪直的一次谈话中，谈到了官员清廉的问题，汪直回答得很实在：当下天下官员不贪财的，只有杨继宗一人。

还有一位兵科给事中孙博，这位兄弟胆子很大，竟敢上疏同时抨击东西二厂，说两厂旗校都是狗腿子，大臣是朝廷股肱，怎么能不信任大臣而信任狗腿子?

这是连皇帝一起骂进去了，朱见深看了很不高兴。

汪直听说孙博攻击了西厂，觉得这小子有点不知天高地厚，他便找来孙博当面问道："你说两厂都是狗腿子不办正事，那我问你，你敢跟我随军西征吗?"

孙博倒也硬气，竟答应下来，同僚都为他捏了一把汗。

汪直果然奏明皇上，让孙博充任西征的记功官。

汪直的本意是想借刀光剑影的战场吓吓孙博这个书呆子。谁知孙博却很有胆量，挽弓拍马，往来于万军之中，表现得毫无惧色。

汪直这个人有脾气，但一旦令他佩服，就会倾心结交。威宁海之役后，汪直对孙博肃然起敬，孙博也服了汪直，主动上奏认错，并表扬了汪直。两人后来同功受赏，孙博由给事中（正七品）升为山西按察司佥事（正五品）。

那士大夫又为何如此忌恨汪直?

说到底，这个小太监办事泼辣果敢，气焰嚣张，丝毫不给文官们面子。一朝权势在手，不懂得像司礼监那帮谨慎的老太监一样，恪守内外廷和谐相处之道。这样破坏游戏规则的人，司礼监和文官们必定要想方设法地整倒他。

失去了皇权支持的西厂和汪直，自然是不可能继续存在的。

在那个时期，万贵妃宠冠后宫，梁芳、钱能、韦眷等太监都以巴结她为要务。奇怪的是，在文官揭发汪直的罪行里，却没有人说到靠着万贵妃上位的汪直，从东北弄了多少珍禽异兽和贵重药材送给恩人；也没有发现汪直利用西厂缉事的便利，给皇帝弄过什么名画古字及奇巧玩物；就连汪直本人，也没有任何贪污索贿的记录。

到这里，可以回答为何满都海神秘消失，汪直获得增加禄米三百石的创纪录待遇，却又没有写明原因了。

没有的事不好瞎编，存在的事可以选择性记录。

由于历史上宦官专权带来过很惨痛的教训，文官们是很仇视宦官的，他们认为这帮人是“刑余之丑”，不配与自己平起平坐。

对于文人士大夫，宦官天然就有罪。太监干政 + 特务政治，占了这两样的汪直，再如何的精明强干，在文官把持话语权的史书体系中都不可能成为正面典型，否则就是对后世统治者和太监的纵容。

文官的想法是，即使你汪直做得再好，不按照基本的规矩来，下一个有样学样的能保证和你一样吗？所以必须把你彻底扳倒。

文官们记录史书可以为尊者讳，也可以选择性地记录一个人，反正汪直是个太监，没有后代会为他翻案。

那就这样定性吧，汪直，一个权宦而已，把他和王振、曹吉祥放到一起……就行了。

成化二十年（1484 年），汪直被调走不久，与他不和的大同总兵许宁等人消极防御，后来又中达延汗诱敌之计，明军死伤数千人，大同差点失守。万安等人都知道败在不该调走汪直，却又害怕朱见深责怪，只推说是因为调兵未集，与满朝科道官一起把败仗瞒了下来。

直到一年后，终究人心不平，才有人将实情报给了朝廷。大同败仗事泄，朱见深大怒，命锦衣卫执大同总兵许宁、巡抚郭镗、镇守太监蔡新于午门，后免了他们的死罪，改为各降官六级，永不起用。

只是，汪直不会再回来了。

这个小太监从成化十二年（1476年）火速晋升，到成化十九年（1483年）被贬南京时，最多也不过二十五六岁。从提督西厂，权倾天下，到锐意出塞，驰骋疆场，短短六七年间，汪直的人生直达顶峰又光速回落，一切终究回归寂然。

或许，在南京的宫阙中曾有那么一个穿戴六品服饰的年轻宦官，每天无所事事地呆坐在宫城门槛上。在他眼里，浮过一幕幕权倾朝野、金戈铁马的昔日景象……

那是何等的青春年少，又是何等的意气风发。

日子一天天过去，年轻宦官成了中年宦官，中年宦官成了老年宦官。皇帝都换了好几茬，人们眼里只剩一个奇怪的老宦官，整天喃喃自语。年轻人都听不懂他说些什么，偶尔，有资历的老人会把他们拉到一边，告诉他们：别看那个老头疯疯癫癫的，当年，他可厉害得很哪……

名将凋零

汪直的好朋友王越被贬后，曾上疏陈冤，未果，终成化一朝再无政绩。

弘治元年（1488年），王越再次诉冤。明孝宗赦免王越，本想起复，吏部尚书王恕力陈不可，为此与兵部尚书马文升大吵了一架。不得已，孝宗只能给王越一个虚职，弘治七年（1494年），王越致仕。

就在看似前途无望之时，贺兰山的炮火让王越得以演绎人生的最后一段辉煌。

弘治十年（1497年），吐鲁番攻哈密，达延汗攻掠大同、宣府，边境告急。朱祐樘命群臣推荐拒敌人选，大家都举荐王越，王越得以官复原职，总制四镇军务。

弘治十一年（1498年），小王子（达延汗）进犯贺兰山，王越分三路进兵速攻，这回蒙古军被斩首四十二人，俘获马、骆驼数百只。王越进少保、太子太傅，官居一品。

王越和汪直一样，不是个完美的人，他爱好享受，花钱如流水，喝酒时必须有歌伎演奏助兴。

这个人胆子很大，还曾主动向亲王索贿。在西北时，王越拜谒秦王朱公锡，席上王越对秦王说：下官为王爷看守大门很久了，您难道不打算酬谢我一下吗？（下官为王吠犬久矣，宁无以相酬者？）

秦王有点尴尬，说想要什么，尽管开口。

王越笑着指指起舞的歌伎，就她们吧。

秦王吃了个哑巴亏，席上所有的歌伎都归王越所有。

除了一些小瑕疵，在本职工作上，王越几乎是完美的。

和蒙古作战时，他亲自视察各个部队的饮食，多次赐给官兵酒肉。他了解士兵的所有信息，有违犯军令的决不宽恕。

每当空闲时，他就命令部队打猎，通过计算射中猎物的多少来排列军士在战斗中的前后顺序。

有的将官被告有奸情或者受贿的，王越并不急着处罚，而是先搁置起来，给他们许诺如果出了死力就不再追究。这手感情牌打得相当成功，这些将士十分感动，没有不听从他的命令的。

王越活着的时候，大家都说他贪功，可等到他一死，军队开始腐化堕落，冒领空饷。后来的边将，都不能处理得像王越这样好。

王越更像一个被科举耽误的将军，整个大明历史上，有资格和他并列的带兵文官屈指可数。

摘录《明史》一段话：久历边陲，身经十余战，知敌情伪及将士勇怯，出奇制胜，动有成算。奖拔士类，笼罩豪俊，用财若流水，以故人乐为用。

明朝中叶有此名将，实在是大明幸甚！

王越以军功闻名于世，军事之外，他还是个优秀的文学家，其诗文在明时颇受推崇，对公安、竟陵等学派均有较大影响。

王越可以说是个骚客，对与自己有过交往的人物，他喜好题写诗文表达与朋友的感情，连许宁十岁的儿子，他也不吝写诗相赠。

有这个条件，王越不对汪直评价几句，好像是说不过去的。

很遗憾，翻遍王越的文集，找不到任何与汪直有关的记载。

真的没有吗？

集子中一篇奇文《曲生传》，还是出卖了王越。

这篇文章，王越用虚虚实实、兜兜转转的笔法，讲了自己与一个朋友“曲生”的故事。

“曲生”很有识人之才，与人相交，能“洞见肺腑”。如果遇到的是君子，“曲生”是又敬又爱（帖然敬服）；若遇到小人，“曲生”就变得“恶言秽行，无所不至”；如有意见不同的人，“曲生”并不生气，反而与之倍加亲爱。

有人对“曲生”这种亦正亦邪的性格非常头疼，也有人仰慕他的崇尚礼让，反而是“舍己以从”。

王越感叹道，曲生“有事而窃成败之权，无位而专生杀之柄。贤者好之，愚者不恶；富贵者好之，贫贱者不恶”。你到底是怎样的人啊？

王越和“曲生”关系如何呢？他写道，自己原本厌恶“曲生”，可是结识以后，却觉得该生“风味可人”，不知不觉竟成了好朋友。王越又怕如此深交早晚会败事，请求与“曲生”绝交。“曲生”生气地说道：“我推心置腹地待你，没有对不起你！你怎么可以与我绝交？”

王越听了“曲生”的话，思虑良久，再拜说道：“您说得极是，您的友情实在不敢拒绝，从今以后，我们只管以道以礼相交！”

汪直名“直”，刚好是“曲”的反义词，曲生名“曲通”，正是“直”的意思，这位主人公是不是汪直呢？

王越当然不会回答，不过他还提到，“曲生”有个哥哥，“以征伐有功，封平胡将军，人见之气焰可畏”。

“曲”谐音“屈”，“曲生传”又可看作王越表达自己委屈的一篇传记。只要对王越和汪直都有一些基本的了解，这篇文中讲的内容不言而喻！

一个外貌俊俏、为人清廉、知书达理、胸怀坦荡的少年太监，十几岁便身居高位，领兵转战千里，北击蒙古，东灭女真，知错而能改，铁腕而不滥杀；

那个鲜衣怒马、快意恩仇的少年，即使他是个太监，那也是何等精彩的人生。

依在下看，汪直在明代宦官排名中，应仅次于郑和。

弘治十一年（1498年），王越总制兵马获得贺兰山大捷后，于年底病逝于甘州任上，享年七十三岁。临终前，他还在陈议哈密卫的问题。

弘治十二年（1499年），明孝宗朱祐樘让一位新科进士负责护送王越的灵柩回故乡浚县安葬，并由他督造王越的坟墓，这个进士对王越仰慕已久，很快就把这件事办妥了。他当然想不到，自己将会是继王骥、王越之后，因战功被封伯的最后一位大明文臣。

这位进士叫王守仁。

他日后的成就，将远远地超过偶像王越。

第十一章 女战俘与皇帝生母

美丽女战俘

成化二年（1466年）赵辅出征广西，除了带回汪直这个幼童，还带回了不少女子，这些少女被“俘入掖庭”，其中包括了一位纪姓女孩。

纪姑娘正值十几岁的豆蔻年华，就成了悲惨而低贱的战俘，只能充当最下等的宫女。不过她的俊俏聪慧很快被发现了，又因为她“警敏通文字”，后被派到内藏担任女史，也就是仓库管理员，负责替皇上看管日常用品、雅乐书籍，诸如此类。

如无意外，纪姑娘将会守着这一方小小的仓库了此余生。

直到成化五年（1469年）的一天，朱见深酒后心血来潮，到内藏来转了一圈。

酒醉之人，其性不安。朱见深对眼前这位穿着朴素、容颜素雅的女史来了兴趣，不禁东拉西扯地搭起话来。小纪回答得温柔可人，更让朱见深龙颜大悦（应对称旨，悦），一高兴就临幸了她。

临幸完毕，皇上就离开了，从此再也没有来过。

理论上，皇帝是后宫所有妃嫔和宫女的主人，他喜欢哪一个，就可以临幸哪一个，无须为此负责。除非那个女人怀上了龙种。

纪姑娘没有权利拒绝皇上，她只能选择默默承受，悄悄遗忘。然而不久之后，她发现自己怀孕了。

后宫中母以子贵，本来这是件值得高兴的事儿，纪姑娘的命运眼看会随之改变。可纪姑娘却一点也高兴不起来。

要知道，在成化朝有一个特别的存在——万贵妃。

万贵妃已经四十岁了，纵然她在朱见深心目中的地位无可撼动，却也无法改变一个尴尬的事实，她依然无子。

自从闹出废立皇后事件后，成化二年（1466 年）万贵妃果然怀上身孕，并产下一子。朱见深大喜，派出使者四处祷告山川诸神，许诺立为太子。

可能是神仙并没听到朱见深的祈祷，这个小皇子连名字还没来得及取，就在当年年底夭折，这是万贵妃一生中唯一的儿子。

万贵妃肯定希望自己能再生个儿子，但是这个儿子能不能当上皇帝，还取决于继承顺位。《皇明祖训》说，有嫡立嫡，无嫡立长。毕竟万贵妃不是正宫，无论后宫中谁先她生子，都更有资格被立为太子。

表面上来看，这是一场生育的赛跑；背地里，宫廷潜规则决定了，这种生育权掌握在万贵妃一人手里。

在万贵妃没生下皇长子之前，所有妃嫔都是她潜在的对手。这种情况下，万贵妃自然不允许其他女人先为皇帝生下儿子。

众人护皇子

在后宫，名义上皇后最大，实际上却是万贵妃最大，她虽无皇后之名，却有皇后之实。她在宫内有许多耳目，朱见深临幸纪女史的事，当然瞒不过她的耳目。

听说纪姑娘的肚子有情况，万贵妃叫来手下宫婢吩咐，让她去打听清楚，如果是真的，就把胎儿处理掉。

这位宫婢没有留下姓名，我们只能知道她是个善良的人。她看着纪姑娘那已经隆起的小腹，生出了恻隐之心，这是一条鲜活的生命，她实在是做不到痛下杀手。

在良心的谴责之下，这位宫婢作出了一个十分大胆的选择。回禀万贵妃时，她言之凿凿地报告道：纪女史只是肚子里长了个瘤，不是怀孕。

按照古人的说法，这种病属于不治之症还会传染，纪姑娘被当作病人转移到北海西侧一排阴仄的平房里。这个地方隐秘又无人过问，还有个类似慈善机构的名字——安乐堂。

安乐堂历来是宫里有罪或有病的宫女被安置的地方，怀胎十月后，纪女史就在这里生下了一个健康的男孩。纪姑娘生了个儿子的消息终于传到了万贵妃耳中，她嫉恨交加，下令让门监张敏去把孩子溺死。

张敏，字太德，福建同安人，正统年间入宫，办事十分干练。领得命令，他快步来到纪姑娘的住处，打算干净利落地了结这个小孽种的性命。

但在看到这个孩子的那一刻，张敏却犹豫了。

眼前的孩子明眸闪动、手脚稚嫩、衣不遮体，被纪姑娘紧紧地抱在怀里。母子二人四只水汪汪的眼睛，一齐望向张敏。

张敏犹豫了，顷刻间杀掉这么一个幼小又可爱的生命，是不是太过残忍了？

不久前那位宫婢做得，我为何做不得？

张敏回报万贵妃，孩子已经被他溺死，不用再担心了。

事实却是，张敏不但没动手，还主动承担起照顾孩子的责任。他和那位可怜的母亲站到了一起，还把他们藏到别的房间，每日给这个孩子带来食物（稍哺粉饵饴蜜，藏之他室）。

除了张敏，在安乐堂附近还居住着另一个来头颇大的人物——朱见深的废后吴氏。

出于保护弱者和报复万贵妃的心理，吴皇后加入了这场危险的游戏。她和其他同情母子二人的人一起，养育着这个来之不易的孩子一天天长大。

要知道，后宫中从来不会出现婴儿，如果有，那只能是皇帝的子女。现在有了个新生的婴儿，简直是天赐的礼物，让这些整天面对冷冰冰宫墙的下级宫女、宦官视为珍宝。他们从俸禄中挤出银钱，给孩子买糖吃，买衣服穿，似乎抚养这个孩子长大，成为他们在这幽幽深宫里最有意思的事。

这个孩子，就在母亲的哺育下，在周围好心人的保护之下，得以慢慢成长。

可不管是吴氏还是众多好心人，在耳目众多的后宫，要想瞒住万贵妃是十分困难的，这还要仰仗另一位大人物。

又是怀恩，这位忠诚的老太监在内廷拥有极高的威信，孩子几度陷入危难，都有赖于怀恩护以周全。

然而条件还是比较恶劣的，为防走漏风声，孩子的所有空间只能局促在那个光线昏暗的安乐堂里。他不能大声哭泣，也不能四处游走。他吃着百家饭长大，长到六岁都没剪过头发，一头披地长发，身体瘦弱，脸色苍白。

小孩一天天长大，看到周围大人们既充满爱怜又愁眉苦脸，他好像明白了什么。

众人保存着一丝希望，这个孩子不可能一辈子生活在安乐堂，他总是要走出去的。

可是，他怎么才能走出去呢？

纪氏之死

纪女史之子降生后，柏贤妃在成化五年（1469 年）也产下一子，起名朱祐极，并在成化七年（1471 年）被封为太子。不过太子在受封几个月后就去世，死因不明，后宫传言纷纷，据说万贵妃的嫌疑很大。

接下来几年，朱见深很勤奋地临幸妃嫔，但后宫很久没有新生儿。皇帝没有子嗣是天大的事，这样下去，朱见深这一脉眼看要绝后，大家都忧心忡忡。

成化十一年（1475年），朱见深二十八岁，这个年纪今天还叫小伙子，但放到大明天子身上，差不多半截身子已经埋到了土里。

这天张敏正在伺候皇上梳头，朱见深抬头看看镜子，不到三十岁的人，白发已经不少。想到心愿未了，他不禁叹息道："朕已经老了，却还没有儿子。"

听到这话，张敏拿着梳子的手停顿下来。

皇上动了思子的念头，机会难得，这一天终于来了。

张敏顾不上多想，诚惶诚恐地跪下说道："奴才死罪，万岁已经有了儿子。"

朱见深愕然："我儿子在哪？"

张敏抬头："奴才说了之后很可能会死，还是得请皇上为小皇子做主。"

御书房外烟波浩荡，落日熔金，一派安详宁静。

一切的真相，终于在这个平淡无奇的日暮时分水落石出。

当朱见深第一次见到自己那长期幽闭，胎发未剪、拖至地面的瘦弱儿子时，不禁感慨万千。他把孩子放到膝盖上细细观察，喜极而泣："真是朕的儿子，这么像朕。"

哪怕贵为天子，这一刻人伦之情也战胜了一切，他的一块心病落了地。

第二天，朱见深就下令让纪氏移居永寿宫，并封她为淑妃。

苦熬了六年多，眼看纪氏的好日子就要来了，却正应了那句话：天有不测风云，人有旦夕祸福。

成化十一年（1475年）十一月十六日，皇长子朱祐樘的身份被公开；成化十二年（1476年）正月二十六日，纪氏暴薨，年仅二十四岁，死因不明。有人说是被万贵妃逼死，有人说是自缢身亡（或曰贵妃致之死，或曰自缢也）。

自缢身亡的说法，基本站不住脚。纪氏熬了这么久才有了出头之日，却在这个时候自缢，从情感和道理上，显然都说不过去。

更靠谱的是被万贵妃逼死的说法。

皇子存在被朱见深得知后，纪氏就有所预感，她对儿子说："你去吧，我恐怕是活不了了。你见到一个身穿黄袍、面上有须的人，他就是你的父亲。"

再联系到张敏在汇报之前对皇帝所说的话，纪氏死后不久，张敏也吞金而死。

没有什么意外，他们早已清醒地预见了自己的死亡。

万贵妃在后宫要手段迫害妃嫔的事，在许多史料中都有记载。但这类事情最容易被捕风捉影，要弄清楚她到底做了什么，没做什么，恐怕永远也难以有定论。

不过根据朱见深子女的出生顺序来看，似乎可以看出一些规律。

朱见深不是没有其他子女，相反，他是个多子多福的皇帝。朱见深共有十四子六女，是明朝皇帝里除朱元璋外子女最多的一个。

一子难求，仅限于朱祐樘出现之前。

自万贵妃在成化二年（1466 年）生下的皇长子夭折后，从成化二年到成化十二年（1476 年），这十年时间里，他只有过两个孩子：柏贤妃所生皇子朱祐极——成化七年（1471 年）十一月受封太子，第二年正月就告夭折。

再加上不为人知的纪姑娘之子，也即后来的朱祐樘。

除此之外，不论男女，颗粒无收。

等到朱祐樘被立为太子后，朱见深的子女们像下饺子一样，一下子来了个大爆发。

成化十二年（1476 年），兴献王朱祐杬出生。

成化十四年（1478 年），岐惠王朱祐棆出生。

成化十五年（1479 年），衡恭王朱祐楎、益端王朱祐槟出生。

……

从成化十二年（1476 年）到他去世的成化二十三年（1487 年）这段时间，朱见深连得十一子六女，生育能力超级强大。

那为何他在长达十年里得不到一个健康的儿子呢？联系到万贵妃可以推测，后宫堕胎之事不是空穴来风。朱祐樘被公开时，万贵妃已四十六岁，基本失去生育可能。到他被立为太子后，万贵妃心灰意懒，不再干预后宫妃嫔怀孕，朱见深的子女也就接连出生。

人性的光辉

纪淑妃之子朱祐樘登基后，是为明孝宗、弘治皇帝，追尊生母为孝穆慈慧恭恪庄僖崇天承圣纯皇后。

上个尊号并不能慰藉朱祐樘对母亲的思念之情，他派人寻找太后家人，却遍访不获。消息传出去，反而引来一堆冒充的骗子，他们甚至互相揭短，自露马脚，最后被朝廷“尽得其状”，统统充军了事。

皇帝思母心切，公开张榜寻找线索：

“有能灼知圣母孝穆皇太后宗亲源流，明白真正者，许从实报，审究来历，果有根据，即为奏闻，重加升赏。”

朱祐樘根据掌握的情况自己推断，纪太后的家乡应该是在连山、贺县、崇化等几个地方。但纪太后年幼时父母就已离世，也没有三代内的直系亲属出来认亲，最后以举国之力竟然也无法查访到确实的纪氏娘家亲人，或许他们根本已经不存在了。

从头到尾，整个事件中最可怜的当然还是朱祐樘的生母，来自大瑶山的平民女子——纪姑娘。

这位民间女子无端成为战争的战利品，入得宫来，命运又一波三折。后宫多少女子梦寐以求被皇上临幸，对她却是一场无妄之灾。

怀上龙种以后，她的生活反而变得朝不保夕，连自己的亲生骨肉也无力保全。六年的辛劳养育，六年的险象环生，是伟大的母爱支撑着她将儿子抚养长大。儿子被召见时，她已预见到了自己的结局。

这位连名字都没有确切记载的女子，以柔弱的身躯和顽强的意志养育了儿子。这个儿子后来在历史上很有名，大行之后，庙号孝宗。

多年前在深宫中和皇帝的偶然邂逅，改变了这个花季少女的一生，演绎出一段可称为传奇的经历。盖过所谓帝王将相，盖过所谓名臣雅士，尽管她的名字残缺不全，但她已永远在历史的书卷之上留下了熠熠生辉的身影。

当然，朱祐樘还要感谢的，是吴皇后、张敏、怀恩、那位不知姓名的宫婢，还有其他一众人等。有赖他们保护，纪氏才得以把儿子养育到六岁，在他们身上，同样闪耀着人性的光辉。

这个孩子成为皇帝后，感念吴氏当年的恩情，将她当作母亲奉养。吴氏风雨一生，晚年总算因为这件善举得到了善报。

皇权之争，历来残酷无比，在绝对的权力面前，人们可以骨肉相残，兄弟相煎。但后宫这么一群人冒着生命危险，维护一个非亲非故的孩子，为的不是物质，而是心中的一抹善良。

他们的举动，为冰冷的皇权带来了一丝血液的温度。

他们和纪太后一起告诉人们，在那些尔虞我诈的朝堂权谋中，在那些王朝兴衰交替的残酷时代下，人性的善良和光辉将会永远存在。

第十二章 朱见深：不折不扣的治世之君

长生不老

发生了这么多事之后，朱见深已经即位二十多年了，他从当年的毛头小子变成了将近四十岁的中年人。他在位的时间超过了父亲朱祁镇、爷爷朱瞻基，更远超太爷朱高炽。

四十多岁不老，也不年轻。朱见深的下一个目标是超越朱棣（六十五岁），向太祖朱元璋看齐（七十一岁）。为此早在十几年前，他就开始寻求长寿的秘诀。

到底如何才能长寿？人类至今无法破译这一难题。朱见深的时代并没有什么现代科学，不过有很多传说中的“异人”，经过派人多方查找，他找到了一个名叫王士能的“异人”。

相传此人生于元顺帝至正二十四年（1364 年），精通摄形练气之法，活了一百二十岁还是鹤发童颜。听说王士能掌握了长寿的秘诀，朱见深叫人将他送来京城，向他讨教长生之术。

这位王士能倒是个实在人，他没有装神弄鬼，只是很老实地说："长生无他术也，只要陛下能做到四点：不食荤腥，不近女色，不在意钱财，不跟人生气，一定能延年益寿。"

应该说，王士能的建议与现代养生观点在一定程度上是不谋而合的，可能管点用。可是朱见深一听心里凉了半截儿——不爱财容易，钱财他要多少有多少；朱见深本身脾气很好，忍一忍，不生气也能勉强做到；不吃肉可不行；不近女色更是万万不可！他只得赐给王士能一些银子打发他走人了。

朱见深想要的是，既不耽误自己享受，又能长生的办法。既然正当途径走不通，朱见深就很自然地把希望寄托在了一种古老的迷信方术身上。

成化年间大名鼎鼎的方术大师们就此闪亮登场。

第一位出场的人物来头相当大，拥有如假包换的天师头衔，此人来自江西。

明代江西最著名的"特产"是读书人，历任首辅中就有十位江西人，包括解缙、杨士奇、陈循、陈文、彭时、夏言、严嵩这些著名人物，时称"朝士半江西"。

除了首辅，江西还有一样"土特产"——道士。

元末明初，江西著名道士周颠、张中、冷谦都效力于朱元璋集团。据说鄱阳湖大战，陈友谅被冷箭射死后，汉军封锁消息，张中望云气察知此事奏明朱元璋，帮助他一举获胜。永乐年间的廖均卿奉诏相度北京宫殿，又替朱棣选中天寿山风水宝地营建陵墓，授封钦天监博士、灵台郎。

朱见深请来的这位道士叫张元吉，他的身份就很不简单，来自龙虎山嗣汉天师学校，是货真价实的正一派第四十六代嗣汉天师大真人。

正一派认汉末张道陵为祖师，历史悠久，与全真派并列为道教两大教派，主要工作是画符炼丹、降妖驱魔，也称"天师道"。正一派天师是朱元璋钦定的真人，下诏让他们世代掌管全国道教。

记载中张元吉父子并不精通长生术，他俩搞的发符驱鬼、祭天祈雨的活儿也是时灵时不灵，朱见深却很高看他们。每次龙虎山的张真人赴京朝贺，坐的是上等车船，住的是豪华套房，吃的是山珍海味，待遇超过衍圣公孔氏，时称“宠独盛，朝野荣之”。

然而，根据他们干的事来看，张大真人很可能并不是天师转世，而是恶魔投胎。

史书明确记载，仗着宗教地位，张元吉父子在家中私设监狱，长期强夺良家子女，诈骗百姓财物。遇到人家反抗，他就画道符说别人是妖怪，徒弟们随即上前棍棒相加，前后有四十多人死于非命，甚至有一家三口都被害死的惨事。

这事地方官不敢管，张元吉横行当地十几年，后来才被同族人捅到京城告了御状。牵涉到四十多条人命，朱见深也大为震怒，张元吉被解送至京，经三法司会审，他对所犯罪行供认不讳，刑部尚书给出凌迟处死的量刑建议。

死刑判决权历来被皇帝垄断，他只需要用红笔打个钩，张天师就能脱离凡尘羽化飞升。事到临头，朱见深又不想让张真人这么快死了，他批了个“斩监候”，就此把张元吉案作了冷处理。罪大恶极的张元吉后来被发配肃州，待了两年即放归原籍，儿子张玄庆继续袭封真人。

张元吉道行不够，接下来出场的是位红得发紫的人物：李孜省。

李孜省是南昌人，曾以布政司吏待选京职，后因贪赃事发，断送前程。但他没有回乡，而是藏匿在京城等待机会。

得知皇上喜好方术，李孜省感到机会来了，他不知从哪里习得一门名叫“五雷法”的法术，据说可以“致雷雨，祛疾苦，立功救人”。他又走宦官梁芳、钱义的关系接近朱见深。趁着成化十三年（1477 年）宫中闹黑狗精的机会，梁芳把他推荐给了朱见深，李孜省一番作法后，黑狗精果然再没出现。

这件事并不能说明李孜省的法力有多高强，因为不管有没有李孜省，黑狗精的传说就出现过这一次。就算换别人上，结果也不会有什么不同。

不管如何，朱见深觉得李孜省确实很厉害，赏给他一个上林苑监丞的职务，赐给他金冠、法剑、印章，时时和他探讨关于修仙的问题。

李孜省毕竟是读书人出身，这样的人自然不会满足于仅仅当个术士。利用皇上对自己的信任，他开始兼营跑官卖官业务，操纵官员升降。时间一长，正直的官员们受不了了，他们控告李孜省装神弄鬼、拉帮结派，刻意提拔江西老乡。

面对汹涌的民意，李孜省毫不惊慌。朱见深叫他解释，只见李孜省不慌不忙，当众对着块沙盘念念有词一番，手中桃木剑一指，平整的沙盘上竟然出现了“江西人赤心报国”七个字。

这招叫作扶鸾术，是古代占卜问神的一种巫术，据说永乐年间的袁珙、袁忠彻父子皆精于此道。这招确实有点神奇，那这是不是真的，如何实现的?

不好意思，不知道。史书上就是那么写的，至于真假，后人已没法研究。

朱见深见状也是大奇，摆手让众人退下：老天发话了，你们莫要冤枉好人。

李孜省安然地渡过这次危机，不但没被弹劾倒，反而更加炙手可热，连万安、刘吉这样的大学士都要跟他搞好关系。李孜省一度做到礼部右侍郎的职位，勾结梁芳等太监干预政事，买官卖官，俨然幕后吏部尚书。

追求延年益寿并不是罪过，可是朱见深的身份决定了，当一个皇帝有所爱好时，事情就很容易走样。

在皇上的带动下，全国掀起了一股兴建寺庙、道观的热潮，仅在北京就建起一千多座。这些体量庞大的政府工程，朱见深指定心腹太监梁芳、韦兴负责。这两人不是什么好鸟，借着搞工程缺钱的名义，大肆把宫内的钱财收入自己囊中，仅靠灵济宫、朝天宫、显灵宫这三个大项目，他们捞取的油水就达到惊人的地步。

朱见深性格随和，自己不怎么奢靡，也不喜欢敛财，内廷的皇帝小金库，他已经好多年都不曾光顾过。

这天朱见深偶然想起自己的那些私房钱，想着这么些年下来，那些金银都该发霉了吧。

小宦官打开库门，皇上信步踱入库内，眼前的一幕让他震惊。只见库中空空如也，库中几代人积累下的七窖金子竟荡然无存。

朱见深瞠目结舌，他叫来梁芳与韦兴责问是怎么回事。

韦兴的胆子较小，低着头不敢回话。梁芳却不以为意，大大咧咧地答道："陛下您忘了吗？那都是为您建显灵宫这些寺庙去了，是为陛下祈万年福啊。"

朱见深本想发火，听到这句话却是一怔，为点钱财不依不饶，会不会得罪了神仙？想了一会儿，他只得回答："我不管你，后面会有人找你算账的！"

对于帮他奉神办事的梁芳、李孜省等人，朱见深虽然生气，但也只好睁只眼闭只眼。要是谁敢阻挠他的长生大计，朱见深就不客气了。

成化二十年（1484 年），天下遭遇灾荒，史载"陕西、山西、河南、频年饥馑，人民流离，道殣相望"。梁芳推荐的一个妖僧继晓却仍极力主张兴建大永昌寺，刑部员外郎林俊忍不住上疏劝谏，请求停建寺观，斩继晓、梁芳以谢天下。

在朱见深听来，这无异于对神灵的亵渎，他这次准备杀一儆百，于是叫来司礼监掌印太监怀恩，吩咐道：传旨，处死林俊。

按照程序，怀恩应该口称谢恩退下传旨，可这次他伏在地上半天没动。

朱见深奇怪：怀恩怎么还不去？

怀恩并不是没有听到皇上的旨意，这个忠心耿耿的老太监早就不满朱见深痴迷于长生之道，这次他决心支持林俊，直言犯上。

怀恩回答："陛下，您杀林俊容易，只是林俊一杀，失去的将是百官和天下的人心哪！"

朱见深没想到，这个跟随半生的太监敢于当面顶撞自己。成化皇帝气往上冲，一把抓起桌上的砚台，狠狠砸在怀恩面前的地面上，随即抬脚踢翻一张茶几。

皇上摔家什骂娘，并不出怀恩意料，他很清楚这句话说出口会是什么后果。怀恩不躲不避，只是摘下官帽，流泪伏地哭道："老奴再也不能服侍陛下了。”说罢再也不发一言，等着被人拉出去。朱见深很少真的生气，他也不是个嗜杀的人。看到怀恩白发苍苍的脑袋，想到这个老太监的好处，皇帝的心不禁又软了下来，只是喝令怀恩出去，也不再坚持传旨。林俊这才死罪得免，可活罪难饶，杖责三十后降为姚州判官。

倒在这事上的，还有大学士刘珝。

被列入“纸糊三阁老”之一，刘珝是有点冤枉的，当初他拒绝了万安抛来的橄榄枝，拒绝和万安一起请罢西厂。他也看不惯这帮妖道妖僧把朝廷搞得乌烟瘴气，经常骂这帮人祸乱宫闱。对溜须拍马，和术士们抱成一团的万安，他深感厌恶，骂他有辱皇上的信任。

万安“外宽而深中”，本就是个小心眼儿的人，他一直想找机会打击报复，奈何朱见深很尊敬刘珝，还赐给了他密封言事权的银章。

所谓密封言事权，就是臣下给皇帝上疏，加盖皇帝所赐之银章可直达天听，外人无权干涉，而且皇帝不能处置上疏的人，还要虚心纳谏。

林俊受到处罚，刘珝并没有被吓倒。成化二十年（1484 年），刘珝用银章言事，弹劾妖僧妖道，并替受处罚的大臣辩解。在信任当初的老师还是如今的妖道上，朱见深选择了长生不老。刘珝这种与皇帝唱反调的做法，让朱见深极其恼怒，虽然表面上没什么，但已经疏远了刘珝。

刘珝之所以能不倒，并不是他有多强，而是在于皇帝没有放弃他。万安通过宫内的线人得到了刘珝地位动摇的信号，他便联合刘吉和李孜省、继晓、梁芳组成联盟，给刘珝扣上了贪财、嗜酒、好色、误事、与阉竖为伍，弄权害国；刘珝之子邀妓狎饮，有伤风化；刘珝的宾客写伤风败俗歌曲等一大筐罪名，一时间“群小见嫉，构为飞语”。

没有朱见深的支持，刘珝毕竟势单力孤，他的脸皮也没有刘吉那么厚，不得不主动辞官以正清白，内阁中仅有的一位不肯依附术士的大学士被击倒了。

术士们和万安已经大获全胜，环顾四周，敢于唱反调的大臣多被罢免，剩下的要么缄口不言，要么倒向术士一派。

这时已到成化晚期，他们得意的日子不会太久了。

治世之君

尽管进行了多种多样的长生试验，请来了各种流派的天师、真人，朱见深的寿命还是没能向朱元璋看齐，比朱棣也差了一大截。

成化二十三年（1487 年）八月二十二日，朱见深驾崩，终年四十一岁。

二十三年，他的执政时间仅次于朱元璋、朱棣和后来的朱厚熜、朱翊钧，在十六位明朝皇帝中可排第五。

朱见深对自己的大限早有准备，这年正月初十，陪伴他整整三十八年的万贵妃薨逝。接到报告，朱见深如泥雕木塑般呆坐半晌，良久才长叹一声："万侍长去了，我亦将去矣。"

这句话是真心的。

多少人曾爱你年轻时的貌美，爱你青春的活力，爱慕你的姿色，假意或是真心。只有一个人，那就是朱见深，还爱万贵妃不再年轻的脸上已经出现的皱纹；还爱她的灵魂，至死不渝。

紫禁城太和殿外，丹陛上的铜龟、铜鹤成双成对，落日余晖，勾勒出朱见深单薄的身形。

冲破世俗的桎梏，坦然面对自己的爱，朱见深无疑是勇敢的。

这段感情，值得祝福。

大部分人以为万贵妃很厉害，这其实是种误解，万贵妃只是在皇帝后代问题上搞出了点是非，其他方面她还算比较老实。

万贵妃的父亲万贵是锦衣卫都指挥，弟弟万喜、万通、万达分别担任锦衣卫指挥使、指挥佥事，这些职务只领俸禄，并无实权。

成化朝真正的锦衣卫首领是两位老熟人：袁彬和朱骥。朱见深即位后将他们召回，袁彬在成化十三年（1477 年）卒于任上后，朱骥升为指挥使，掌管锦衣卫，直到弘治三年（1490 年）。

朱见深给万氏一族的只是普通外戚待遇，与他晚年宠爱的邵贵妃类似。

万贵妃老父万贵也是个很有头脑的人，朱见深每次给万家赏赐，他都忧形于色，经常对人说："福过灾生，未知所终矣。"

等万贵去世后，万氏兄弟才开始仗着外戚身份做起无本生意，主要是利用万贵妃的关系与梁芳、韦兴等太监内外勾结，打着皇家采买的名义中饱私囊。他们大致就相当于红顶商人，这种事谈不上光彩，但也影响不了朝事。不论哪个皇帝，外戚沾光发财是不可避免的事，万家兄弟也不例外。

至于万贵妃本人，抛开后宫恩怨，万氏对朝政的影响相当有限。她在这些事情上还比较有自知之明，史书上并未记载她有过什么仗着宠信干涉朝政的事。

毫无疑问，万贞儿和朱见深之间的感情是真挚的。历朝历代得宠的妃子很多，若论情况之离奇，谁也比不过这位万贞儿。一个大皇帝十七岁的女人，从小抚育陪伴皇子长大成人，还成了皇帝的第一个女人，亦母亦姐的关系变成了夫妻关系，并且牢牢地占据了皇帝的心，拥有他一生的宠幸挚爱。就此说来，万贵妃倒也是个很有魅力的女人。

朱见深果然没有说错，万贵妃薨逝后，他终日六神无主，怏怏不乐。后来几个月，他的主要工作是安排后事，包括为太子大婚；分封其他皇子；为母亲周太后上尊号；以及晋封侍奉他的妃子们，以在自己驾崩后，她们能有个好的待遇。

做完这一切，朱见深便无牵无挂地去了。或许他早已听到了万贵妃的呼唤，迫不及待地要去寻找那个心灵的真正寄托。

朱见深是个什么样的皇帝呢？

如何评价一个皇帝，一个很重要的指标是看他给下一任皇帝留下了一个什么样的江山。比如朱棣打服了蒙古，才有朱瞻基的承平；朱瞻基不思进取，留给朱祁镇一个烂摊子；朱见深接手的时候，从东北、西北到西南处处动荡，中间还有大量流民添堵，情况未见好转。

这些都是很麻烦的事，要是碰上个能力不足的皇帝，一个处理不好，大明江山进一步呈现王朝末期的乱象也不是没有可能。

许多人容易忽略，朱见深接手这个帝国时只有十七岁。在高中生的年纪接手这样一个烂摊子，朱见深交出了一份什么样的答卷呢？

朱见深性格内向，有口吃的毛病，可他的脾气很好，很少有真正生气的时候。许多人印象中，这是个垂衣拱手、一团和气的皇帝。

但这绝不等于他是个懦弱无能的皇帝。

对内，他对一些陈规旧制进行了改革，如处理荆襄流民问题、完备漕运制度、征收商税、给匠户以一定的人身自由等。

如果说这些还只是中规中矩，朱见深在军事上的表现就比较亮眼了。平定瑶乱、苗乱，西出河套，北犁女真，平内乱、扫外敌，打得热火朝天。总共在位二十三年，有二十二年他都在到处消除动乱。

成化一朝，因战功封侯的将领达十几位。他帮老爹朱祁镇解决了绝大部分的麻烦，把父亲为虏、儿时苦痛、家国之恨都以武力报还。

朱见深不像朱棣那样霸气外露，但在该强硬的时候，他绝不吝于表现出他的杀伐决断。这是个铁血的“鹰派”皇帝。

至于后人批评他的不爱面见大臣、开设西厂、独宠万贵妃等问题，只能说是小小的瑕疵，远达不到危害朝政的地步。

总之一句话，朱见深不是一位守成之君，因为没有“成”可以让他守。这个皇帝身上有人性，有感情，有温暖，也有铁血，是一位不折不扣的治世之君。

朱见深留给儿子朱祐樘的，是个天下太平的锦绣江山。

这就足够了。

人活在世上，没必要一定在脑门上写上“流芳百世”。心怀猛虎，细嗅蔷薇，那也是一种活法。

第十三章 朱祐樘：一夫一妻制皇帝

最高贵的复仇

成化二十三年（1487 年），太子朱祐樘即位，第二年改元弘治，开启了他为期十八年的一段统治。

正如所有新帝登基一样，朱祐樘当上皇帝，不烧上几把火是说不过去的，这可以称为每个新皇帝上位后的一个激情期。

未曾料到，朱祐樘一把火还没烧起来，群臣先给他来了个下马威。

九月初六，朱祐樘即位，九月十七日起，他开始收到大臣的辞职上疏。

不是一份两份，而是一堆一堆。其中包含六部尚书协同所部左右侍郎，以及都察院左右御史、大理寺卿、太常寺卿等高级官员，大体就相当于现代西方的政府班子全体辞职。

朱祐樘当然知道是为什么，这帮人不是真的想要辞官，只是以退为进。

众人都期盼着朱祐樘雷厉风行地颁布新政，革除前朝弊政。对那些大家早就看不惯的人，比如李孜省、继晓、梁芳、韦兴等人进行严厉惩处。当然，也包括几位阁老：万安、刘吉、尹直。

朱祐樘从小生活在朝不保夕的环境中，六岁找到父亲又没了母亲，这样的原生家庭很容易培养出一个性格偏激的孩子。一朝最高权力在手，少不得向那些不公挥起屠刀，冷酷地报复命运对自己的刻意捉弄。

朱祐樘确实动手了，却不是以大多数人想象的方式。

他首先将大真人李孜省和他的徒子徒孙常恩、玉芝、张善吉等，以结交近侍之罪革职投入“诏狱”。

这是个非常严厉的罪名，按律当斩，妻儿也要流放两千里。

就在大家翘首以盼李孜省人头落地，看看他是否能羽化飞升时，朱祐樘却赦免了他的死刑，只是将他发配边疆。

当初朱见深曾对梁芳说过“我不管你，后面会有人找你算账的！”这句话也应验了，梁芳黩乱朝政之罪坐实，这个太监在成化一朝坏事没少干，可朱祐樘也只是将他降为南京御用监少监，连大牢都没让他坐。

同时，朱见深提拔的传奉官千余人也被罢免。

被惩治的人不可谓不多，但在这些人里，朱祐樘唯一处死的只有妖僧继晓。

大家都觉得纪太后之死十分可疑，要求皇上一查到底，不能放过那些害死太后的阴险小人。

谁也没说是谁，可谁都知道指的是谁。

朱祐樘当然清楚，万贵妃已经死了，她的兄弟还在。姐债弟偿不是不可以，况且万喜、万达、万通兄弟几个仗着外戚的身份勾结近侍是非常明白的事，就算没有纪太后这回事，将他们抄家斩首也是绰绰有余。

朱祐樘想了想，这样吧，把万氏兄弟各降三级。

有大臣实在忍不住了，万喜等罪大，责罚太轻微，请求重刑追究，最好是明正典刑。

朱祐樘的最终答复是，万喜等退回搜刮的金银，贬为布衣，仍保留锦衣卫千户、百户的名义虚职，以便他们祭扫祖坟。

到此为止吧，父皇、万贵妃、母后都已去世了，杀了万喜他们，除了违背先帝的意愿，又能怎么样呢？

最痛快的复仇方式或许是手刃敌人，但最高贵的复仇方式是宽恕。

朱祐樘宽恕了这些人，不是因为不能取他们性命，只因为他是个高贵的人。

看看效果就知道了。对朱祐樘的这些宽恕行为，太皇太后周氏、皇太后吴氏十分满意，大臣们从错愕到惊讶再到佩服，后世史家更是多有称颂。

皇帝要大开杀戒简直太容易了，忍住蠢蠢欲动的杀戮念头，宽恕才是最难做到的，这种做法为朱祐樘赢得了巨大的声誉。

清洗了李孜省、梁芳等一批奸佞，就轮到阁老们了。刘珝早就被排挤退休，现任“纸糊三阁老”增补进了尹直，他们都是李孜省的盟友。

李孜省倒了，万安如果识相，早该自行要求退休了。可他非但没有这个意思，反而大声鼓掌叫好，仿佛李孜省本来就与他不共戴天。

弹劾奏章已经如雪片般飞来，朱祐樘不是个落井下石的人，他本想给万安一点面子，让他主动辞官，可万安倚仗人老皮厚，能赖一天是一天。

朱祐樘自有对策，他叫来了怀恩，交给他一个小箱子，吩咐他交给万安。

怀恩来到内阁，把箱子往万安面前一丢，喝问道：“这是大臣应该做的吗？”

万安颤抖着手打开一看，满满一箱都是房中术，署名皆为“臣安进”。

这是万安的“政绩”之一，朱见深宠信术士不只追求长生之术，房中术也属于方术的一种。万安不懂画符的鬼门道，而在民间找点春宫图、房中术之类帮皇上助兴是不难做到的。

万安汗流浃背却一言不发。怀恩等了良久，也没等到他有所表示，比如主动辞官。

怀恩料到了万安会有这一手，他接着拿出御史们的弹劾奏章，开始当面对万安宣读。

按说到了这个份儿上，脸皮再厚的人也知道自己该走了。可是万安几十年修炼下来，脸皮厚到了炉火纯青的地步，他嘴里不断地念叨着“臣有罪，臣悔过”，就是绝口不提辞官的事。

眼看万安实在冥顽不灵，怀恩终于忍无可忍，他上前一把揪掉了万安的牙牌（通行证），正式下了逐客令。万安只好上疏请辞，获得批准。

明朝有许多著名的太监，怀恩的名声并不彰显，这正是应了“好事不出门，坏事传千里”那句话。朱见深提拔了梁芳、韦兴等心术不正的太监，也重用了怀恩这样廉洁不贪、正直忠诚的太监，并让他成为宦官机构中的最高掌权者：司礼监掌印太监。

这个被悲惨株连入宫，还被戏谑般赐名“怀恩”的老太监，却是在《明史·宦官传》中三个评价比较好的宦官之一，能在文官笔下得到这份评价，是难得的殊荣。

这是怀恩办的最后一件大事。

弘治元年（1488 年）正月，怀恩卒。为了表彰他的功德，朱祐樘特批为他建造显忠祠。

万安倒台，风向标再明显不过，他的同党们纷纷地主动辞官，生怕再被找上门羞辱一顿。

唯一的例外是刘吉。

刘吉依附万安不假，要说有啥大过错倒也没有，直接将他罢官的理由似乎不是很充分。朱祐樘还要考虑到，几个月内就把先帝留下的三位阁臣全部斥退，是不是太过了一点。

万安、尹直等辞官以后，刘吉暂时成了内阁首辅。刘吉不愧是官场老手，他立马像换了个人，连续建议皇上节约用度、屏斥异教、任用贤明，俨然一副能臣模样。新入阁的刘健、徐溥眼见刘吉悔过，也帮他说起话来。

不过，刘健、徐溥毕竟不是混日子的人，他们真的是想办点事的。入阁以来，他们每天奏疏不断，把治国理政的意见源源不断地投向朱祐樘。

刘吉一看急了，新同僚干劲十足，自己这个首辅不紧跟趋势，老脸往哪里放？

要办正事，刘吉比不上刘健、徐溥，不过他是个十分精明的人。

身为内阁首辅，刘吉有权浏览其他学士的奏折。也就是说，徐、刘二人的政见和上疏，刘吉可以先过一遍。

利用这个机会，刘吉往往在每份奏折上都署上自己的名字，意思是自己虽然不上折子，但徐、刘两位大臣的折子，都是大家共同努力的成果，每次自己都是有份参与的。

靠着这几手绝活，刘吉一时瞒过了朱祐樘，一直混到了弘治五年（1492年）。其间，朱祐樘已识破并疏远了他，几次暗示他辞官，刘吉都装不知道。末了，朱祐樘不得不再次派出一个太监“委婉”地提醒他，刘吉这才不得不告老还乡。

能混到这个份儿上，刘吉也算是独一份。遗憾的是，他并没有善终，回乡第二年，盗贼潜入刘家，他因受惊吓而死，时年六十六岁。

整饬吏治是一大善政。除此以外，朱祐樘还对前朝积弊进行了一系列改良和修正，如广开言路、直言纳谏等，这些是大多数激情期的皇帝会做的事。

这些让群臣欣喜不已，他们殷切地希望皇帝能一直激情下去，为大明带来一段盛世。

这些举措的效果如何先另说，接下来发生的一件事却让大臣们郁闷不已——皇上竟然拒绝纳妃！

一夫一妻的皇帝

成化二十三年（1487年），朱见深下诏为太子选妃，选中北直隶河间府兴济县（今河北省沧州）张峦之女，册为太子妃。同年，朱祐樘即位，立张氏为皇后。

弘治元年（1488年），朱祐樘听从太监郭镛的建议，打算广采秀女储于宫中，等自己为父皇服丧三年后，择优册为妃嫔，以便繁衍子嗣。不料谢迁上疏反对，认为服丧期间应该严格遵循礼教，选妃之事待守孝三年之后进行也不迟。

谢迁是太子东宫老师，朱祐樘听从老师的建议，停止选秀。三年守孝期过后，开始有大臣和亲王以国本为重，不断地催促皇上选妃。朱祐樘表示理解却全无行动，到了后来干脆就全无反应，再也懒得理这茬儿了。

大家傻了，皇上竟不打算选妃了。

在漫长的中国古代封建社会里，男人三妻四妾是常事，也是旧伦理道德体制允许，并受国家法律保护的。一般来讲，身为九五之尊，更是三宫六院女人成群，其中佼佼者像晋武帝和唐玄宗之流，其后宫佳丽数量足有数千人。即使末代皇帝溥仪，都有一后一妃，所谓一夫一妻似乎永远跟皇帝们无关。

大臣们其实不是担心皇上的后宫生活会比较单调，而是担心帝国未来继承人的问题。

按照鸡蛋不能放在一个篮子里的道理，万一皇后没生下儿子，帝国谁来继承？就算生下儿子，谁又敢担保他们能健健康康长大，成为未来的皇储？

皇帝的儿子向来越多越好，至于他有几个女人倒是无所谓。

皇上没儿子，大臣们比自己没儿子还着急，大家纷纷通过暗示或明示提醒皇上：您要是对后宫的姿色不满意，咱们有的是办法。可您总不能抱着一棵树不放啊！

一贯依着大臣们的朱祐樘，却在这事上表现出了罕见的牛脾气。三年恩爱下来，他铁了心认准了张皇后。群臣催得急了，他干脆正式宣布：朕意已定，不劳卿虑。这彻底堵死了众人为他纳妃的念头。

自此直到朱祐樘驾崩，果然再未册封其他妃嫔，成就了一段皇帝践行一夫一妻制的历史佳话。

好在弘治四年（1491 年），张皇后终于有了身孕，并于当年产下一子，取名朱厚照，总算让大臣们稍稍放了点心。

然而没多久，大臣们就察觉到一个更大的问题，皇上刚即位的那股兴奋劲儿好像已经过了。并且，他答应的那些事也大部分没能做到。

表面看来，朱祐樘经常下诏书求言，颇有虚怀纳谏之风。言官们兴奋地提了不少合理化建议，大到抑制兼并、整饬法纪、广开言路，小到严格爵赏、节约财用、停止斋醮。

可几年下来他们才发现，朱祐樘“求言虽切，然见于施行者甚少”——这些建议要么不认真实行，要么干脆不回复，真正被执行的极少。

这固然与错综复杂的社会现实有关，历朝积弊要想全靠皇帝一时的激情来解决是不现实的。初登大宝的朱祐樘不懂，他开始以为只要自己振作求治，就能让这个老大帝国重回巅峰，但他很快发现，那些层层累叠的东西不是自己单凭人事就能撼动的。

另外，这也与他的性格密切相关。

朱祐樘是个深受儒家教育的皇太子。自成化十四年（1478 年）起，太子出阁讲学，朱见深对他要求非常严格，除了安排诸位顶级大儒给他当老师，更极其注重礼仪教育。他规定太子上课必须专心致志，不得转移视听，背书时不许出错。除了课本，严禁他阅读其他课外读物。

这样培养出来的太子，完全就是儒家的模板。朱祐樘对大臣的优容，一方面是因为他非常重视自己的名声，不愿意留下“览疏大怒”之类的不光彩记录；另一方面，他毕竟不是朱元璋、朱棣那样的铁血君主，也不算雄才大略之主。他对社会的实际状况了解不多、能力不足，既不能完全推翻祖宗法度，平庸的能力也使得他不足以解决大臣们提到的问题，甚至不足以把问题压下去。

那么，自然不得不“嘉纳”了。

朱祐樘何尝不想乾纲独断，以一己之力扭转乾坤？奈何这对皇帝的能力要求太高，既然没有太祖、太宗那样的雷霆与铁血，那么治理好国家的愿望也就只能停留在比较浅的层面了。

即使这样，大家也很难挑出朱祐樘的缺点，这个皇帝太和善，太好说话了，完全符合儒家传统价值观。能力不足不是大问题，国家整体运行稳定就已经很不错了。总之，朱祐樘越是谦抑温和，听凭文臣们的摆布，文臣们就越是称颂他为有道明君。

毕竟，相比“玩虫”朱瞻基、“肉票”朱祁镇、“恋母”朱见深，以及后来的“中二”朱厚照、“道长”朱厚熜等一干奇葩皇帝，朱祐樘的形象已经是最符合儒家传统道德观的一个。

有这样的皇上，大臣和百姓已经很知足了。

第十四章 弘治名臣李东阳

两个“神童”

在朱祐樘任内，大明总体上国泰民安，国家没有大规模的战事，也没有出过著名的奸邪小人。比较有意思的是三个“神童”的故事。

景泰元年（1450 年），一个“神童”的传说在京师流传，据说有个孩子四岁就能写直径一尺的大字。放到今天，这也是了不得的孩子，在当时更是轰动，大家说得有板有眼，这一定是文曲星降世。传言甚至惊动了朱祁钰，他令人将这孩子领入宫中，召对验试。孩子面对皇上毫不胆怯，当场挥毫泼墨，喜得朱祁钰把他抱入怀中，下令赐给果品和钱钞。

旁人能得到皇帝的一次召对已经够吹一辈子，而对这孩子来说，这只是个开始而已。景泰三年（1452 年）、五年（1454 年），朱祁钰又两次召请他入宫讲读，并下旨将这个八岁的孩子送入顺天府学为诸生。这所学府有帝国一流的师资力量，孩子拜入翰林大儒黎淳门下，还有刘大夏这样的学长和杨一清这样的学弟。

这简直就是御笔钦点的人生，孩子只需按部就班，他日相位自是手到擒来。天地无尘，年华未央，怕不是早为他准备好的宿命。

现实恐怕没这么容易，童年时代被称作“神童”的人很多，长大后成为大师的少之又少，更多的是“伤仲永”的故事。所以有句话叫“小时了了，大未必佳”，更多的常态是“少怀壮志，长而与草木同朽”而已。

说来悲伤，欣赏他的景泰皇帝朱祁钰于三年后就离开了人世，没人保护的“神童”以一个很普通的成绩：会试一百八十五名进入下一轮。

等待他的是殿试，这对他来说可不是个好消息，现任皇帝朱祁镇可是怎么看弟弟怎么不顺眼！朱祁钰大加赞赏的“神童”，如何能入朱祁镇的法眼？

就在他忐忑不安时，命运再次发生转机，这年恰逢英宗皇帝朱祁镇殡天。殿试不得不推迟，各种热闹的庆祝活动也一切从简。

他的最终名次是二甲第一，错过了“进士及第”的荣耀，得了个进士出身。对一般人来说这已是了不得的成绩，可对“神童”只能说一般，毕竟拿不到前三，枉称那么多年“神童”，愧对皇家的栽培。

要是他能预知未来，却要为这个名次感到幸运，那年的一甲彭教、吴釴、罗璟，后来都籍籍无名。这个二甲第一，将来却要立朝五十年，柄国十八载，面对无数政治风浪而没有“翻船”，去世后还创造了一个纪录。

这位“神童”叫李东阳。经历一波三折的科举后，他还是被顺利地选为庶吉士，进入翰林院成为一名编修。

这次殿试还成就了另一段奇妙的缘分，首席读卷官内阁首辅李贤，是他同学兼死党程敏政的岳父。当年与他一起成为庶吉士的，还有倪岳、焦芳、陈音、谢铎，以及老学长刘大夏等人，他们日后的命运，与李东阳依然有许多交集。

说起程敏政，是另一个著名的“神童”。李东阳是京师“神童”，他是四川“神童”，成绩也更硬气。

李东阳被景泰皇帝朱祁钰三度召见，程敏政十余岁时也曾被英宗皇帝朱祁镇召对验试。他的表现似乎更出彩一点，靠对对子征服了皇帝，还抱得美人归。

据说朱祁镇见他应对拜起相当老成，一高兴便赐他在宫里用餐。席间，皇帝欲试程敏政的才学，就以宴席上的螃蟹出句："螃蟹浑身甲胄。"程敏政略加思索，应声续了下联："凤凰遍体文章。"下联"山珍"对上联"海味"，一雅一俗，堪称妙对。

朱祁镇一下也兴奋了，他刚复辟不久，大明经过一顿折腾，太需要找点吉祥事来提提气了。这时冒出个程敏政，真是想打瞌睡时就有人送枕头。他直接拍板，把这个小"神童"送到翰林院读书，吃住由朝廷全包！

程敏政就这样和李东阳成了同学。

当时的翰林大学士李贤、彭时都是当世硕儒。李贤很喜欢程敏政，有意把女儿许配给他。为了试探程敏政，李贤在家摆下酒宴，吃饭时李贤指着席上的果品出对："因荷（何）而得藕（偶）。"程敏政立即对出下联："有杏（幸）不须梅（媒）。"李贤大喜，遂招程敏政为婿。

程敏政果然不负众望，天顺六年（1462 年）在顺天府乡试中夺魁，成化二年（1466 年）以一甲第二名的成绩摘得榜眼，榜选庶吉士，此时他年仅二十一岁。

翰林官员

翰林院这个地方，厉害得不得了，多少人以这里为跳板入阁，就算是没在翰林院当过值的阁臣，也得挂个大学士的头衔才好意思入阁。

可要说这地方苦吧，也是真苦。"翰林之盛，前代绝无也"之外，翰林官员还有另一个称呼"华表柱上鹤"——看似高高在上，却没人投喂。

这主要是对那些没得到赏识，长期得不到提拔的翰林官员而言。这些人的主要工作就是修书、修史、写文件、抄文件，工作枯燥不说，还几乎没有油水可捞。

要想升迁也不是没办法，主要得靠熬，规定是三次考核合格者可以升官，一次考核的时间为三年，也即九年一次错事也没做就可以升一级。

这两位“神童”都属于后一种，李东阳、程敏政，再加上陈音——就是当初扒墙头向西厂特务怒报自己大名的那位仁兄，人称“翰林院铁三角”。三人各有所长，程敏政学问盖博，与以文章古雅著称的李东阳、以性行真纯著称的陈音各为一时之冠。

“神童”长期不能出人头地自然是有原因的，有才归有才，李东阳有两大缺点，一个是长得丑。

根据传世的画像来看，李东阳的相貌离美男子相差甚远，五官比例多少有点失调，难怪李贤没看上他而选了程敏政当女婿。

要知道读书人也是要看相貌的，就算殿试也要以貌取人。比如建文二年（1400 年）朱允炆亲自为国选材，论成绩该王艮排第一，就因他“貌不扬”，硬生生地被刷了下来，提胡广为状元。

光是长得丑点也就算了，李东阳的另一个缺点更让人无法接受。按学弟杨一清比较客气的说法是“好诙谐”，直白点说就是喜欢讽刺人。翰林院另一位同僚焦芳长得脸长，李东阳说他是驴；老实人陈音丢了马，他不去安慰，反而写诗嘲讽。

陈音可以自嘲“西涯（李东阳号西涯）笑我太痴”，别人未必有这么大的度量。长得丑不是他的错，丑还嘴贱，难怪“不为时宰所器”。上司不喜欢他，提拔任命也就迟迟落不到他的头上。

按李东阳自己的说法，这段时间他过得是自得其乐，主要靠诗酒来打发时光。不过，从他的行为来看，李东阳心里是比较郁闷的（每沮抑之），他酒越喝越多，竟发展到了酗酒的地步。

在自己的诗集中，他就记录了一次酒后骑马事故现场。那次饮酒夜归的李东阳照例“径驱健马疾若飞”，一下没看清路摔进了沟里，摔得半边身子动弹不得。他不得已求救好友，在别人家里睡了一夜才敢回家，从此有一个多月不敢出门。

伤好后，李东阳又狂饮不止，往往不醉不归，一度往颓废青年的方向发展。后来还是老父亲帮他戒了酒瘾——儿子喝到多晚，老父亲就等他到多晚，不管天气有多冷（父不就寝，忍寒待其归）。李东阳是纯孝之人，“自此终身不夜饮于外”。

除此以外，李东阳的爱好就是作诗了。在写诗上，李东阳真的无愧“神童”之称，在他手里无物不能诗。他还好与人写诗唱和，甚至编了一部集子《鸡坛清话集》，专门收录大家吃鸡的诗。

大明低级翰林官员的生活，就是这么朴实无华且枯燥。

照这么混下去，九年又九年，两位“神童”就算混成了中年大叔，也不过是提了半级一级的俸禄而已。那些年万安、尹直与李孜省结盟，刘吉刘棉花百弹而不倒，刘珝也只能混混日子。李东阳、程敏政都不过是翰林院一个小角色而已。

机遇直到成化十八年（1482 年）才到来，熬了两个考核期出头，李东阳被提升为翰林院侍读学士。侍读学士也不是多大的官，品秩不过从五品，它的好处是能接近皇上，参与经筵。

经筵是皇家一套极为重视的课程体系，明代尤甚。每年二月至端午节、八月至冬至节为讲期，侍读学士们逢单日入侍，轮流开课。学生中“班长”是皇帝，还包括六部尚书、各位阁老、御史、鸿胪卿、大理寺卿、通政使、锦衣指挥使，乃至近侍太监等，可见李东阳被选为侍讲，学问是得到皇家认证的。

好学的皇帝很重视经筵，偏偏朱见深是个注重长生的皇帝，这套程序既烦琐，说白了也学不到什么东西，更不为他所喜。祖宗礼法不好破坏，那么他自有对策，每次参加经筵，朱见深都是“俨然而进，默然而退”，听课一言不发不说，就连讲课结束后那句表示尊敬并赐饭的“先生吃酒”也懒得说出口。

皇帝不发表意见，其他大臣更不敢多话，成化朝的经筵最终沦为形式主义，纯粹是为了应付。李东阳每次唱独角戏，自己也觉得无趣，只得自嘲“近侍有名聊作伴，史才无用合教闲”，混日子而已嘛。

参与经筵终究还是有实际好处的，朱见深嘴上不说，心里自有打算，这个有点丑陋的侍讲学士既然满腹经纶，不如让他干点更有实际意义的工作。成化十九年（1483 年），皇上朱笔一挥，李东阳又成了东宫讲读。

转机就在此刻出现了，东宫即太子朱祐樘。

讲道理，虽然朱见深本人不爱听课，但对子女教育问题是非常重视的。他亲自主编了一套叫作《文华大训》的教材，专供太子使用，并且规定听课时必须站着，以示“谦恭仁孝之圣节”。本人更是时不时地突击检查太子的作业，一旦发现朱祐樘不认真，“必责之”。

此时是成化二十年（1484 年），李东阳在一众东宫讲读中不算太起眼，好歹也和太子混了个脸熟。三年后，成化皇帝朱见深殡天，新皇即位，那就是他的学生，弘治皇帝朱祐樘了。

朱祐樘是按照“四书五经”的圣人模板教导出来的，还在当学生时，他就对东宫老师们相当尊敬——“呼先生而不名”。可以想见，他即位后这帮老师自然就成了从龙之臣。

按说论资排辈，东宫班子里李东阳还算是小字辈，没这么容易轮到他上位。可其他几位主讲万安、刘吉、彭华等人，实在是入不了朱祐樘的法眼。

去掉这几个老滑头，李东阳的排名快速上升，成为朱祐樘心目中指定要提拔的人选。到他终于下定决心罢黜了“刘棉花”（刘吉）后，终于为心目中的阁臣腾出了位置。

当时按廷推程序共推举出六个阁臣人选，朱祐樘选中两个：礼部左侍郎兼翰林院侍读学士李东阳、詹事府少詹事兼翰林院侍讲学士谢迁。

这两人再加上早已入阁的另一位太子党：武英殿大学士刘健，将成为弘治一朝内阁的骨架。

李东阳走的是一条低阶翰林官员苦熬出头的典型路线，但不是人人都能迎来生命中的第二春的。与李东阳相比，“翰林院铁三角”的另外两人就有点苦了，比如程敏政。

程敏政受到提拔其实比李东阳更早，成化二十二年（1486 年），学问盖博的他就受命与汪谐主考应天府秋试，当年即迁詹事府少詹事兼翰林院侍讲学士。

可惜程敏政不是东宫班底，也就没法复制李东阳的道路。弘治八年（1495年）李东阳入阁，弘治十一年（1498年），程敏政被提拔为礼部右侍郎兼翰林院学士，入侍东宫——朱祐樘摆明了是要把这位老臣留给儿子朱厚照了。

这样发展下去，程敏政熬到六十多岁，大概也能弄个阁老干干。然而不到一年后，翰林学士程敏政在官邸接见了一位来自苏州的新“神童”，这次见面就此改变了一老一新两个人的人生。

第十五章 唐伯虎科场舞弊案

江南第一才子

弘治十二年（1499 年），苏州城外十里长亭，一行人正在为一个儒生饯行。此人不过二十几岁年纪，头戴四方平定巾，身穿玉色襕衫，正是一副明代生员打扮。众星捧月之中，他眉宇间一副掩藏不住的意气风发，身边还有新婚妻子何氏相伴。

这位儒生将迎来人生的一件大事，赴京参加会师，在场人们的脸上却丝毫看不出紧张。好友祝允明甚至带来当地两位有名的官妓，当场为他弹奏起琵琶。软语吴歌助兴，仿佛好友不是即将出发，已经是衣锦还乡。

在所有人看来这都是理所当然，儒生此行不过是走走过场。以他的才华，此去目标当直指三甲，落得个二甲都算得上失败。

儒生自己也是志得意满，他一杯杯饮罢众人相敬的饯行酒。酒至极酣，登至道旁山上，潇洒地将酒杯一丢，口占诗歌一首：

> 一上一上又一上，一上直到高山上。
> 举头红日白云低，四海五湖皆一望。

其实从诗歌本身来看，这首诗难称上品，只是放到当时那个酒酣耳热的环境，胜在应景。

儒生吟罢，也不管那么许多，便在众人期待的目光下，头也不回地扬长而去。想来，下次归来，当已是功成名就，荣归故里。

他就是弘治年间著名“神童”，时人称为“江南第一才子”的唐寅，后人更熟悉的是他的字“伯虎”。

唐寅出生于苏州府吴县一个商人家庭，父亲唐广德是个酒馆老板，虽不是大富大贵之家，却也算衣食无忧。

有点物质基础，唐广德自然是希望儿子走读而优则仕的路线，改换门庭，光宗耀祖。这个长子自小极其聪慧，读书却极不认真，人家都在拼命补课，他倒好，上课心不在焉，下课从不复习，喜好涂涂画画，十分不务正业。

就是这样随意的学习态度，唐寅的成绩依旧盖过一众同学，小小年纪属实读书种子无疑，也在街坊邻居中逐渐传出“神童”之名。

可惜“神童”不怎么学好，为了让他收心，十八岁时父亲为他安排了一门亲事，希望他娶妻生子后能静下心来好好读书。唐寅却拒绝在家庭为他安排好的道路上正常地走下去，他依旧放飞自我，过着优哉游哉的日子。

俗话说不经过大起大落，人生不会圆满，唐寅在弘治七年（1494 年）遭受了重大打击。不到两年，他的父亲、母亲、妻子、儿子、妹妹先后离世，家境也逐渐衰落。

这段时间唐寅借酒消愁，放浪形骸，表现出破罐破摔的苗头。熟人看到他连连摇头，这怕不是又一个仲永的故事吧。

好友祝允明不忍看唐寅颓废下去，反复规劝道，既然入了府学，就应该有个读书人的样子，自古科举便是改变人生的不二法门。摆在唐寅面前的就两条路：展示自己“神童”的实力，或是干脆脱去青衫，当一个普通的平民拉倒。

蹉跎数年好时光后，唐寅终于决定悬崖勒马，潜心读书。唐寅告诉祝允明，给他一年时间专心读书，拿下“解元”（举人头名）易如反掌。

弘治十一年（1498年），唐寅果然在应天府乡试中一举夺魁，那年中举的一百三十五人中，唐寅的名字高居第一。

应天府乡试是全国竞争最激烈的乡试，它不仅包括了南直隶（今江苏、安徽）的才俊，参加人员还有南京国子监的诸多优秀生员。要想在这个级别的残酷竞争中杀出一条血路，不是有才就可以的，必须得非常有才。

这个“解元”的含金量十足，往往被视为下一级会试头名“会元”的有力竞争者。新科南京乡试“解元”唐相公一时间万众瞩目，三甲功名似乎唾手可得。

带着这样的期许，弘治十二年（1499年），唐寅告别家乡父老前往京师。这一年，唐寅二十九岁，风华正茂，锋芒更是逼人，恰似一口出鞘的宝刀。

在唐寅的眼中，以十八岁中进士的李东阳、二十一岁中榜眼的程敏政两位“神童”为榜样。程敏政也早听说了这位才华横溢的青年，他的好友司经局洗马梁储正是唐寅乡试的主考官。梁储非常欣赏唐寅，回京后为他大力宣传，并向程敏政盛赞唐寅的才华。

一个爱才，一个视之为偶像，新老两代“神童”就像两块磁铁，不可避免地在京师接上了头。恰逢梁储当时即将离京去外地赴任，唐寅为感谢梁储的知遇之恩，便恳求程敏政作一篇序文，以收入自己送别梁储的集子中。

程敏政自然欣然提笔，挥毫写就。这篇求者无心、写者无意的随意小作，后来竟成了葬送两位“神童”前程的所谓“证据”。

应该说，唐寅中举后又有点故态复萌，他一头扎进温柔乡买醉，时常喝得昏天黑地。祝允明有点担忧，便写信劝说：“是千里马不是看表面，还要看他的品质，一时的得意千万别太张狂。”

顺便再说一句，祝允明就是祝枝山，“吴中四才子”之一。祝允明生于官宦世家，他的外祖父便是当年谗杀于谦断送自己前程的徐有贞。或许是有感于此，祝允明希望好友不要重蹈外祖父覆辙。

另一位世交好友文徵明也劝道：“唐寅，我父亲说你有才情，但为人轻浮，你要注意，不要搞到最后一事无成啊。”

唐寅并没把朋友的劝告放在心上，他写下《与文徵明书》，态度嚣张，言辞尖刻。信中大意是：“我生来就是如此，你看我不顺眼，那就别和我交朋友。”唐寅对文徵明的劝告不但不领情，还要与文徵明断绝关系。

不可否认唐寅确实有才华，应天府乡试“解元”的难度固然不小，可他接下来要过的会试和殿试两关更绝非易事。

科举考试没有卷面分数，没有标准答案，蕴藏着极大的偶然性。与唐寅同列“明四家”的文徵明，从二十六岁考到五十三岁，进了九次考场，仍然一无所得。无数名满天下的才子一辈子没能考中进士，甚至连中个举人都是奢侈。

唐寅不管这么多，他眼中只有李东阳、程敏政这般前辈。青衫在身，神采飞扬，信手拈来俱是“铁肩担道义，生为人杰。巨笔着文章，死亦鬼雄”的豪迈诗句。

落第？不存在的！

就在这样的众目睽睽之下和沸沸扬扬的议论声中，唐寅踏上了前往京师会试的道路。

此去路途遥远，唐寅还相约了一个朋友徐经同行。

明代科场第一案

徐经，江阴人，来自巨富之家，富到什么程度呢？徐家筑有专门藏书的“万卷楼”，里面藏有大批从宋、元两代兵荒马乱中幸存下来的古文献。朋友们都说“兹楼也，储川岳之精，泄鬼神之秘，究古今之奥，焕斗牛之躔，知不可以金谷、平泉视也”。

这样的经济条件和文化氛围，为徐经提供了优越的学习条件。他在弱冠之年就成为乡试举人，中举时间比唐寅还要早三年。到了弘治十一年（1498 年），徐经决定再次踏上会试之路。这次他约上了知交莫逆，吴郡著名文士唐寅，两人说好同船赴京会试，一道考取功名，快意人间。

唐寅虽狂放，奈何家道中落，囊中确实是张扬不起来，有徐经这么一位有钱的好朋友同行，他当然是乐得笑纳。两人自吴中泛舟而下，一路吟诗唱和，饮酒做伴，仿佛这一路是旅行而非考试，好不逍遥快活。

两人抵达京师，徐经继续大把撒钱，带着随从骑着高头大马在街头驰骋，寻访世交故旧，一时间“都人瞩目者已众矣”。

如此直到春闱结束，唐寅、徐经虽恃才放旷，亲历会试后也不免有些惴惴。须知卷子一交，后面的评卷便只能听天由命，两人所能做的唯有等待而已。

这一年，朱祐樘指定的会试主考官是李东阳，副考官为程敏政，这两位考官也称“总裁”。他们率另外十八名同考官负责阅卷及评定名次，也即传说中的“十八房制”。

还未放榜，一个惊人的消息已在京师流传开来：天下瞩目的会试考题泄露，江阴县（今江阴市）举人徐经、苏州府举人唐寅早已得知题目，并从中获益。

消息的源头来自户科给事中华昶，华昶的消息来源是“风闻”。

华昶是言官，“风闻奏事”是他的权力。据说这种奏事制度最早由宋仁宗发明，谏官可以根据道听途说来参奏大臣。明太祖朱元璋为了治吏，给了言官极大的弹劾自由，不管证据确凿还是道听途说，都可上奏，即使是上奏错了，也不追究奏报者的责任，这就是历史上有名的“风闻奏事”。

涉及科举大事，朱祐樘不可不察，他指派主考官李东阳进行调查。

华昶上疏时间是二月二十七日，李东阳接受任务是三月初七，此时阅卷和录取工作早已结束，新科进士名单已经出炉，只是还未张榜招贴。

这样的情况下，李东阳的破案思路很明确，只要查询唐寅和徐经的名次即可，如若两人果然名列进士，甚或唐寅真的中了“会元”，那华昶的弹劾可能是真的；如果两人名落孙山，弹劾也就无从说起。

按照这个思路，李东阳会同其他考官首先查询已录取的三百份卷子，并没有唐、徐二人的名字。为以防万一，他又组织其他考官翻阅了几天其他卷子，觉得这份录取名单并无问题。于是回报朱祐樘，此事并不存在，为平息众人疑问，并将成绩张榜公布。

按说事情查到这里，已经没什么问题，唐寅和徐经既不在录取的三百人之内，泄露考题之说也没有真凭实据，这桩案子可以结案了。

但是，朱祐樘这次不想就这样不了了之，他觉得这事只有两种可能，要么是华昶撒谎，要么是唐寅、徐经撒谎。他下令把唐寅、徐经、华昶统统收入“诏狱”，一定要问出个是非曲直。

这下可捅了言官们的马蜂窝，六科给事中和御史们“风闻奏事”一向可以免责，如今华昶竟然被下狱，瞧皇上这意思，是要给华昶定个诬告反坐。

这一招只适用于民间法律，怎能加诸言官身上，此例一开，以后谁还敢“风闻奏事”。

更荒唐的是，身为主要嫌疑人的程敏政安然无损，提出控告的华昶反而被下狱，公平何在，正义何在?

言官们纷纷要求将程敏政一并逮系入狱审讯，同时一场营救华昶的行动也在展开。

同考官之一，华昶的同僚，工科给事中林廷玉跳出来指出，主考官程敏政的行为非常可疑，疑点多达六处。处处流露出他与唐寅、徐经有过私下交易的内幕，兹事体大，皇上还需明察。

言官甚至把火烧到了李东阳身上，他们通过调查发现，李东阳和徐经之间也有些不清不楚。具体表现为，徐经曾经求李东阳给他父亲写墓志铭。

众人据此推论，莫非李东阳也参与了受贿?

案子越闹越大，眼看就要不可收拾，朱祐樘决定自己亲审。

徐经只是个有钱人家的公子，哪见过这么大的阵仗，他很快就扛不住了。审讯中他承认，当初他和唐寅去拜访程敏政时，询问过会试的一些疑点难点，并送给程敏政一些见面礼；唐寅也因替送别梁储文章求序，象征性地赠送了程敏政一枚金币。

徐经同时强调，当初考官人选并未确定，谁也不知道程敏政会成为会试主考官。而赠予礼物也只是按照后辈拜见的习惯所行贽礼，绝非有意贿赂。

徐经不太清楚办案的流程，这份口供一出，恰恰坐实了他和唐寅的罪名。

古代司法奉行的是“有罪推定”，办案逻辑是“疑罪从有”而不是“从无”，这点与现代司法截然相反。

嫌疑人只要被抓，就先入为主地认为他是有罪的，官府所要做的就是让他承认自己有罪。在这个过程中，嫌疑人的口供是最重要的证据，只要有口供，就代表这件案子能结案了。因此，过去官吏们在破案过程中会想方设法地让嫌疑人认罪。

徐经的口供就是定罪基础，所有罪名都是依据这份口供作出的，牵涉进这桩案件的主要人选判决如下：

唐寅、徐经拉拢关系，攀附权贵，以求高升，被判“夤缘求进”，革去举人身份，谪充吏员，终生不得参加科举考试。

程敏政的罪名是“临财苟得，不避嫌疑。有玷文衡遍招物议”，勒令致仕退休。

华昶也没有捞到什么好处，他的罪名是“言事不察”，意思是没搞清楚事情的真相就胡说八道，被贬官调任南京太仆寺主簿。

这个判决表现出三个思路：

一、程敏政与唐寅、徐经串通作弊的可能性不存在。否则程敏政绝不只是简单被勒令退休，唐寅、徐经更不可能不受牢狱之灾，皮肉之苦。

二、唐寅、徐经想走擦边球，托关系找门路的可能性存在。程敏政以前辈身份，向晚辈传授科举考试经验，甚至为晚辈押题，理论上都是不被禁止的。但他身为翰林学士，成为会试考官的可能性不小，自己理应有避嫌的觉悟。而且，他还接受了徐经、唐寅赠予的财物，这成了言官们讨伐他的道德污点，这是程敏政真正的罪名。

三、华昶有“风闻奏事”的权力，但他参奏唐寅、徐经通过程敏政获利，只是没有根据地乱说一气，这属于诬告。程敏政既然被罢官，华昶不受惩罚也是说不过去的。

这桩轰动一时的科举案以这样的方式结案，背后折射出很多问题。

首先是“风闻奏事”的言官们。

朱元璋给了言官“风闻奏事”的权力，此项制度在洪武朝发挥了巨大作用，一批批言官敢于弹纠不法、部院大臣廉洁自省、百官小吏为之震恐，一度让吏治向清朗化方向发展。

言官们在历史上多半以正义的化身出现，物有两极，他们也有另外一面。

古代制度最大的不确定因素是人，古代王朝最大的不确定因素是皇帝。朱元璋、朱棣父子俩都是人挡杀人、佛挡杀佛的主，有他们巨大的威慑力存在，言官制度能够发挥道德监督的作用。

然而不可能指望每个皇帝都是这样的雄主，也不能指望一项制度只有正面效应而没有负面效应。当皇帝没有足够的治国能力，制度的弊端就开始出现，言官制度也是如此。

明代中期开始，弹劾开始变味，言官们逐渐成了各位大臣权力斗争的急先锋。今天你弹劾了我，明天我要弹你两次找回面子。

人们赞赏“风闻奏事”这个制度，并不意味着此项制度完美无缺。“风闻奏事”可以不加甄别，什么都可以上奏，但长此以往，难免出错。“风闻奏事”的要害在“风闻”二字，这就给那些不怀好意的小人提供了可乘之机。

既然上奏不用负什么责任，那就随便说呗，是听谁说的，那都不重要，只要“听说”就行。

比如某言官为了博出位，弹劾奏折上写御膳太咸了，不好吃。又如有位言官弹劾大臣，理由是听说该大臣的老婆太凶，长时间霸占相公，不让小妾雨露均沾。

这些人冠冕堂皇地打着上折奏事的旗号，实际上干的却是满足自己利益的勾当，如同鲁迅先生在《孔乙己》中所说的“凭空污人清白”。

种种原因都能成为弹劾的理由，官当得越大，受到的弹劾越多。明代几乎无一内阁首辅没有受到过言官的弹劾和抨击，其中大部分首辅都是在言官的舆论攻势中被迫离开政坛。

言官卷入政治斗争，还导致明朝党争的激烈化。比如明末辽东主将熊廷弼、孙承宗、袁可立、袁崇焕等均因党争遭言官弹劾或死或走，直接导致对清（后金）作战形势的持续恶化。

明朝是言官的黄金时代，也是言官最丑恶的时代。

再说回这桩案子，程、唐、徐、华，三方三败俱伤，得利的是哪一方呢？

程敏政罢官最大的受益者是礼部左侍郎傅瀚，本来按照程敏政的发展势头，下一步就是按部就班升任礼部尚书，有望入阁。这样一搞，傅瀚没有了竞争对手，第二年就升任礼部尚书。

明人多有议论，华昶是傅瀚的急先锋，科场案的背后实际上是政治斗争。

华昶虽被降职，仕途仍得以延续，此后他历任韶州知府、贵州参政、四川参政，官至福建左布政使。

最惨的是徐经、唐寅、程敏政。

当个地方胥吏，对徐经、唐寅无异于侮辱，徐经回家后闭门读书，并作《贲感集》以明志。明孝宗朱祐樘驾崩后，他一心盼望新天子的赦令，希望再返科举仕途。弘治十三年（1500 年），他动身北上京师探听消息，但因科场失意后体质一天比一天差，不胜旅途劳顿，至京便卧病于永福禅寺，正德二年（1507 年）客死京师，归葬于江阴砂山，年止三十有五。

徐经有三个儿子：徐沾、徐洽、徐治。次子徐洽有子名为徐衍芳，徐衍芳生子徐有勉，徐有勉之子名弘祖，字振之。

徐有勉给儿子起这个名字，可能是希望儿子振兴高祖时徐家的荣光。但这个儿子志不在科举，终身以“达人所之未达，探人所之未知”为志向。为此他特地给自己起了个号，名为“霞客”。

徐霞客，我国著名的地理学家、旅行家。今天的中国旅游日（6月19日），就是徐霞客的日记《徐霞客游记》开篇之日。

三人中最惨的是程敏政，弘治十二年（1499年）六月初一，程敏政出狱致仕，恰值酷暑，忧愤交加之下，四天后就以痈毒不治而卒。

程敏政善谈论，性疏爽，于书无所不读，所作文章，为同辈所推崇。

《明孝宗实录》论此事为："言官驳其主考任私之事，实未尝有。盖当时有谋代其位者，命给事中华昶言之，遂成大狱，以致愤恨而死。有知者，至今多冤惜之。"

时人多惋惜，称"君子不知蝇有恶，小人安信玉无瑕"。

另一位主角唐寅心高气傲，当然更不会接受被贬为吏员的安排。

既然不屑为伍，何惧与众不同。

从此走科举之路的唐寅消失了，出现在人们眼中的是另一个徜徉于山水，醉心于诗画的风流才子唐伯虎。

他在苏州郊区的桃花坞盖了一座桃花庵，自号"桃花庵主"，写下了大名鼎鼎的《桃花庵歌》，其中最为人耳熟能详的几句：世人笑我太疯癫，我笑他人看不穿。不见五陵豪杰墓，无花无酒锄作田。

唐寅真的看穿了吗？

这个问题，要到正德九年（1514年）作出解答。

那一年，远在江西的一个王爷向唐寅发出了邀请。

第十六章 跟不上时代发展的科举制

科举制的弊端

新老两代“神童”以这样的方式告别科举和官场，令人惋惜之余还带来另一个思考，全社会无数双眼睛紧紧盯着的科举，真的会出现作弊吗？

不但有，而且很多。

有人的地方就有江湖，同理，有考试的地方就有作弊，科举考试亦无法避免。一代代读书人除了皓首穷经学而不倦，也费尽心思琢磨着走捷径的作弊方法，花样层出不穷，令人叹服。

唐朝，科举制度创立未久，各种规则都在摸索制定中，加上贵族政治余波未平，要想作弊还是有些便利的。

有种模式叫“行卷”。

就“行卷”本身而言，不能算是作弊。它是指在省试之前，举子们把自己平时的作品写成卷轴，送给政坛权要或是学界名流，这些人与主考官多有来往，一旦文章得到他们的赏识，就能向主考官推荐。

这种方式相当于考生为自己造势，名头在主考官那里打响了，万一考试时发挥不佳考砸了，主考官也能酌情打分，有些挽回的余地。毕竟一考定终身，有点残酷，“行卷”更像展示平时读书的综合分数，避免有才华的举子因偶然性落榜。

著名的“行卷”故事是白居易，他以诗集“行卷”于顾况，第一篇便是著名的《赋得古原草送别》。前辈诗人顾况欣赏白居易的文采，立马说能写出如此诗句，白居易也，白居易因此名声大振，二十七岁便一举登第。

白居易是真材实料，但“行卷”这种形式，白居易能用，其他人也能用。对官宦子弟来说，“行卷”就更方便了，他们“行卷”的目的就多了一个——作弊。

“行卷”作弊结合于“通榜”。“通榜”是指主考官出于公心，会请一些有声望，有地位的人与他一起决定录取名单，这本来也是一种好事，但结合了“行卷”，就变得不好起来——请来“通榜”的人是不看试卷的，他只是靠“行卷”的结果来提出名单。

这里面的操作，大家都懂了。

显然，除非人人都是白居易，“通榜”者个个都是顾况。否则，“行卷”无论如何都是不利于寒门子弟的。

“行卷”只是一种，还有“请托”。

“请托”就很直白了，顾名思义，又请又托，这种办事方式极具地方特色又极有效。它甚至不需要作品，只要拥有出身和财富，就能打通关节，求得录取。

比如唐文宗开成三年（838 年）的一次“请托”，举子裴思谦走的是当红宦官仇士良的关系，开口就要知贡举的礼部侍郎高锴录取他为状元，高锴心领神会——“不得已，乃遂从之”。

作弊方式当然不止这两种，在考场上又有代考、互相抄袭、内外勾结等方式。与李商隐齐名的“花间派”鼻祖温庭筠，另一个身份就是位著名的

“考场枪手”。

宋朝与士大夫共天下，决定人才选拔的科举考试地位异常重要。宋真宗亲自写下《劝学诗》，画下“书中自有黄金屋，书中自有颜如玉”这样的诱惑来激励士子读书取士。他高声对天下士子宣布，金榜题名时，要比洞房花烛夜来得更加荣耀！

不过天下读书人这么多，挤破头的鲤鱼跳龙门的概率还是太小，为了走捷径，自然会有人作弊。

从制度上说，经过了唐朝的磨合，科举制已经成熟了许多，“行卷”“通榜”之类统统失效了。

诱惑的力量是无穷的，于是这些饱读诗书的举子，一计不成，再生一计。

宋朝有种作弊方式叫“冒贯”。它抓住了宋朝科举制度的一个漏洞：录取名额。

录取名额的地区差异，很好理解，就是读书人多的地方，就只能少录取一些，从国家层面来讲，得照顾到读书人少的地区。比如，欧阳修曾说，东南和西北相比，东南州郡二三千人只取二三十人，西北州郡百人取十人，考生录取率要相差十倍之多。

本来这是现实需要，但宋朝有个户籍漏洞被考生注意到了，就产生了“冒贯”。

“冒贯”的具体操作，是考生在多地设立户籍，到录取率最高的州郡应试，这样成功率自然就提高了许多——举子奸计，多占邻近户籍，至有三数处冒试者。籍于多试之中必有一得。

当然“冒贯”的手段是灰色乃至非法的，如认兄为父，贿赂地方官，走私徇情等，但在中举的诱惑下，这点风险还是不值一提。

“冒贯”没有消失，它流传了下来，也就是明清时候的“冒籍”，士子们在避难就易这条路上始终是在孜孜探索的。

朱元璋一度采取全国统一试卷的方法，“南北榜案”后发觉行不通，又改为“南榜”和“北榜”分开录取。这并不能改变明代科举作弊尤甚的现实，学子们吸收前代经验，发展出了“贿买钻营、怀挟倩代、割卷传递、顶名冒籍”等一整套作弊方法，已是“弊端百出，不可穷究，而关节为甚”。

此种情况下，许多真正有才能的人就被挡在门外，无法施展本领。更惨的是，还有人牵连其中，下狱丢官，郁郁而终。

标榜公正取士的科举，变得越来越不公正。

除了作弊，科举选材的局限性也越来越明显。

比如会试，这个位于明代科举考试体系第三级别的考试，担负着为国家选拔出最优秀人才的目标，历来是重中之重。

会试一共三场，三天考一场，考生们需要在丑时（凌晨 1 点到 3 点）入场，只许携带笔墨纸砚，经过一一搜检后才能入场，进入自己那长约四尺，宽约三尺的小隔间（号舍）。

举子全部进场后，大门落锁，由五城兵马指挥带领士兵环墙四面严加防守。除非京师将被攻陷，否则墙外的一切事情都与举子们无关。

接下来举子们要在这个小格子里待上九天九夜，自带干粮，吃喝拉撒也不许离开，直到会试结束。

会试的规则为三天一场，一共三场，但并不是说一场只要写一篇文章。

第一场考的是“经义”，考生要在三天时间里写三篇四书文，四篇五经文，全部以“八股”形式写就。

第二场是“论”“诏诰表”“判语”。

“论”可以理解为议论文，根据题目自由发挥；“诏诰表”考的是举子的公文写作能力，如弘治六年（1493 年）的考题拟“唐以张九龄为中书令诰”，要求考生代入唐代张九龄，以中书令的身份写出一篇诰文；“判语”是司法题，考察的是举子对《大明律》等法律条文的熟悉程度。

第三场是“策问”。策问主要是就儒家经典来发问，所答试卷叫“对策”，有问有论，其本身也是文章。无论哪一级的考试，策问都是必考内容。

“经义”相当于阅读理解，“诏诰表”是公文写作，“策问”是时政议论文，从实用角度来说，“策问”理应最能体现一个举子分析问题，解决问题的能力。

从唐至明初确实如此，“策问”历来是科举考试的灵魂，最后的录取也需要权衡三场成绩得出结论，即“三场并重”。

但自明代中叶起，朝廷录取的标准越来越偏向于擅长“经义”的考生，这主要是当时的统治思想决定的。

明代越来越集权的趋势，决定了士大夫修身、齐家、治国、平天下的理论依据在“四书五经”，所以这些儒家经典在统治者思想中分量最重。

统治者所要的是驯服的工具，不需要异端的改良思想。自宣德八年（1433年）起，只有五经的第一名才能进入前五名，即是否“经魁”已成为能否进入前五名的先决条件。这种情况必然引导考生重视首场考试，而忽视第二、第三场，也即重视对儒家经典的理解和运用能力，而忽视解决实际问题的能力。

这样选举出来的人才，多半是四平八稳，不求有功至少能无过。

那么问题来了，科举考试，到底需要选举出什么样的人才来帮助皇上治国理政呢？

儒家经典中有这样的表述：大道之行也，天下为公，选贤与能。

按这样理解，选举人才的基本要求是要做到天下为公，选取贤能的人。

说穿了，所谓天下为公也不过是种理想的追求，对统治者来说这是一种标榜；对读书人来说只是个幌子。在现实政治权利和实际利益的驱使下，无论是统治者还是读书人，在科举中往往表现出最丑陋的一面。

统治者所要的是驯服的工具，读书人所要的是高官厚禄，只要达到目的，便无所不用其极。所谓“习得文武艺，卖与帝王家”之类的话，描述的就是赤裸裸的买卖关系。

可是这样只重“经义”的考试，真就能选拔出最贤能的人吗？

科举制一度很先进，历朝历代尝试了各种人才选拔机制后，终于摸索出了科举制——中华文明史上最重要的制度之一。

这是一套决定谁来当官的制度，它的好处是公正、平等、择优录取。此项制度的初衷是排除门第、血统、私人关系乃至违法作弊，保证不受干扰地选拔人才，防止阶层固化。

科举制一出现就表现出它强大的生命力，历朝大量治国人才通过科举被选拔出来，也成了读书人向上攀登的最好阶梯。科举成功者不仅改变了自身地位，也改变了门庭，促进了社会各阶层间的流动，为统治阶层不断地注入新鲜血液。

通过努力就可以得到成功，这是多么公平的事情啊！它把最优秀、肯努力的精英人才吸收到王朝内部，理论上给天下人提供了一个相对公平的机会，即贫贱之人也有机会通过读书飞黄腾达。它激发着全社会特别是青年人奋发进取，使整个社会充满活力，成为社会进步的潜在动力。

但是，一项制度久则生弊，到 15 世纪，始于隋朝的科举制度已实行了八百余年而未加以更新，它内在的缺陷不断扩大。

又因为中华文明在农耕时期非常成功，以至于固化停留在这个层级很难破局，这种危机便危害到整个国家和社会，更违背了科举制设立的初衷。

在现实中，明代科举名列前茅者不一定就是贤能，很大可能只是会写文章的循规蹈矩之人。图新求变、富于创造性的人很难在科举考场上胜出。科举的导向往往使大多数举子成为墨守成规、因循守旧、僵化平庸之人。

如果说科举在之前的数百年表现出了优越性，那么在这个节点上，它已和所有一成不变的制度一样，步入了衰老期，疲态尽显。

15 世纪的世界

朱见深崩于 1487 年，按古代纪年这一年叫成化二十三年，按公元纪年叫 15 世纪晚期。

15 世纪之前，世界相对是封闭的、分割的。东方的农业文明、中亚的伊斯兰文明和欧洲的基督文明既相互吸引又相互排斥。

甭管皇帝们怎么折腾，大明帝国仍是相当强大的。

15 世纪起，世界开始发生变化。

这个世纪在世界史上被称为“探索时代”，也称“发现时代”，它正式始于 15 世纪初，一直持续到 17 世纪。这一时期的特点是欧洲人开始从海上探索世界，寻找新的贸易路线、财富和知识。

“探索时代”的影响将永久地改变世界，并将地理学转变为当今的现代科学。

世界殖民运动的发展，在一定程度上促进了世界文化交流。欧洲文艺复兴运动，宣扬资本主义的文化发展，解除了欧洲中世纪封建文化的束缚，资本主义得到发展，为后来的工业革命培养了土壤。

大明对世界变化的感知是迟钝的，很大程度上是由于大陆文明和海洋文明的区别。

地理决定了大陆文明是一种农业文明，海洋文明是一种商业文明。

海洋是流动的，变化的，宽容的，有较大的自由度，较少有狭隘观念与保守思想。海洋又是积极的，进取的，浪漫的，有广阔的想象与联想的空间，开拓人的心灵世界。这些构成了海洋文明的基本特征，也构建了海边民族容易接受新事物与新观念的心理素质。

陆地是稳定的，农业社会要求稳定，风调雨顺。古代封建政权的代号为“江山”，即使说“四海为家”，也是以四海为边界。传统所谓的“六合”“四方”一般都不包括海洋。

洪武皇帝朱元璋当时列出十六个不征之国，根本不考虑向海洋扩张的可能性。永乐皇帝朱棣颇具国际视野，可惜郑和之后再无郑和，明朝向海洋的探索就此止步。

明清实行“海禁”政策，也把海疆排除在外。安土重迁、安贫乐道、惜别怀乡，这些都是大陆文化的生成背景，以致整个社会封闭，保守，墨守成规，求稳求太平，害怕社会变动。

所谓“天不变道亦不变”，大陆文明虽然平和、厚重、典雅、精致，其局限性亦是很明显的。

话虽如此，光看表面是不完整的，中国没有参与世界大发现并不能与掉队画等号。文明的基因来自内部文化，东方文明的基因来自科举制度和儒家文化，在这个节点上，它已开始表现出落后于世界变化的趋势。

再说大一点，近代中国落后于西方，很大的根源就在于科举制跟不上时代，这差不多就是在明朝弘治年间开始的。

第十七章 名不副实的『弘治中兴』

尴尬的内阁

15世纪，大明并没有探索世界的动力，也没有革新除弊的勇气，科举制一如既往地为国家输送着人才。

失去程敏政、唐寅一老一新两个“神童”，对大明王朝根本算不上什么大事。读书人那么多，再选几个“神童”典型还不容易？科举制就算再有弊端，天下人还是得挤破头来争取那几百个录取名额。

弘治十一年（1498年），朱祐樘认真读完一份奏疏后，叹了一口气，极不情愿地用手中的朱砂笔在上面画了一个圈。

这是一封辞职疏，来自内阁首辅、少师、太子太师、华盖殿大学士徐溥。

弘治五年（1492年），刘吉被斥退后，上位的就是徐溥。

关于这位四朝老臣有这么个故事，据说他为检点自己的言行，在书桌上放了两个瓶子。每当心中产生一个善念，或是说出一句善言、做了一件善事，便往瓶子中投一粒黄豆；相反，若是言行有什么过失，便投一粒黑豆。

开始时，黑豆多，黄豆少，他就不断地深刻反省并激励自己；渐渐地，黄豆和黑豆数量持平，他就再接再厉，更加严格地要求自己；久而久之，瓶中的黄豆越积越多，相较之下黑豆渐渐显得微不足道。

徐溥为官一生，从容辅佐，爱护人才，委曲调剂，安静守成，居内阁十二年，没有在京城为自己建造过府第。弘治十年（1497 年），徐溥已年届古稀，眼睛老花，两个膝盖也跪不动了。

做官之人，如果连上朝的力气都没有，还怎么分出心思来斡旋于百官之间呢？

徐溥多次向皇上提出告老还乡，朱祐樘不舍得，不让他致仕，同时下旨，在刮风下雨的日子，准徐溥不必上朝。

然而，徐溥终究还是累了，游宦四十余年，历经景泰、天顺、成化、弘治四朝，见过了太多的朝廷变故、人事代谢，他早就腻烦了熙熙攘攘、刀光剑影的官场。他想念那阔别几十年的老家宜兴，想念老宅子里的每一块青砖，每一根梁柱，它们都镌刻着主人旧日的回忆。

徐溥厌倦了这套厚实严密的伦理与朝纲，只想在平静中离开人世。

这天徐溥再次上疏请辞，皇上看看颤巍巍的阁老，又盯着辞职疏看了半天，终于叹口气，画下了那个圈。

多不容易啊，皇上终于恩准徐溥告老还乡了。他记得离开京城的那一天，是一个薄雾淡阳、阴晴不定的早晨。紫禁城沉重的红色宫门打开了一道缝隙，这是皇上给他的极高荣誉。

对于走出紫禁城的徐溥来说，这一切终于结束了。

把泰山一样沉重的朝服放在一边，徐溥一定感到一种从未有过的轻松。

徐溥走了，这架庞大的帝国机器还要运转下去，朱祐樘任命刘健任内阁首辅。

弘治八年（1495 年），同时入阁的还有李东阳和谢迁。

后来人们有“李公谋、刘公断、谢公尤侃侃”的说法，其实李、谢在弘治年间出名的只是文学方面，朱祐樘提拔他们入阁办事，真的就只是办事而已。

李东阳的主要工作是“草拟诰敕”，也就是公文写作，会试第二场要考的“诏诰表”就是派的这个用场。二甲第一李东阳干起这活来自然得心应手，但这项工作枯燥无聊不说，工作量还挺大。几年诰敕拟下来，李阁老的身体开始出现状况，又是痔疮又是眼疾还经常头晕。

为了不猝死在岗位上，李东阳多次请辞，表示臣实在干不动了。仅弘治十四年（1501 年），他就三次上疏以疾请辞。朱祐樘皆不允准。

退休？你还年轻得很哩！

谢迁的工作要比李东阳轻松一点，他本就是东宫一号讲官，朱祐樘从小听他的课长大，当了皇帝还是喜欢听他讲课。谢迁利用自己的身份，也时常向皇上灌输一些亲贤者，远佞臣，勤学问，戒安逸的大道理，朱祐樘对此颇加赞扬。

弘治年间，李东阳和谢迁一个写一个讲，为政上并没有多大的建树。在处理政务方面，朱祐樘主要倚重的是徐溥、刘健、刘大夏、马文升、戴珊、贾俊等人。

这说明内阁地位的动态变化，入阁只是有了接近皇帝的机会，并不代表一定能分走相权。内阁能不能影响皇帝的决策，能在多大程度上影响皇帝的决策，与阁臣本身的能力、声望以及皇帝的信任密切相关，而非内阁本身的职权。

例如，于谦从未入阁，也能成为景泰朝第一重臣。刘大夏、马文升、戴珊等都是部院大臣，参政权限却在李东阳、谢迁之上。

朱祐樘不怎么理会内阁，也就不会经常召见他们。李东阳弘治八年（1495 年）入阁帮忙，弘治十一年（1498 年）正式入阁办事，直到弘治十七年（1504 年），中间只被召见过三次。

据李东阳回忆，皇上召见内阁三人组并不是要向他们问政，而是自说自话讲个不停，完全不想给三位饱读诗书的大学士插嘴的机会（盖上既明习国事，论议层出，或累数十句，臣下虽欲尽一二语，至无间可入）。

总之，朱祐樘对内阁三人组的态度，与他们在翰林院和东宫时差不多，仅仅是个秘书班子，大事都要找六部商量。朱祐樘还放出话来，“朕有大政事，当召府部大臣面议”，“内阁亦岂尽可托”，可见弘治皇帝对内阁其实是若即若离的。

虽说如此，皇上给三人组的待遇还是不错的，除俸禄、赏赐足额发放之外，还赐给他们京师宅第。弘治十五年（1502年），朱祐樘更赐给他们大红蟒衣，“内阁之赐蟒衣自此始”。自此以后，内阁学士们才穿上了红彤彤的官服。

徐溥走后，内阁里主事的就是刘健。

刘健干了些什么事呢？

说起来干了很多，财政、军事等，刘健屡有进言。史载刘健“正色敢言，以身任天下之重”，为他赢得了贤相的名声。

持正敢言是值得嘉许的，效果就另说了。

前面提到过，朱祐樘的激情期大致在弘治七八年的时候就结束了，此后他开始进入漫长的倦怠期。

说他倦怠其实不对，至少表面上不全对。朱祐樘依然是个纳谏如流的君主。有点脾气的皇帝，不同意的奏章会驳回，会留中不发，朱祐樘基本不见这样的记载。无论大臣提什么意见，只要不触及他的底线，随处可见他“纳之”“嘉纳”“嘉纳之”。

纳归纳，办不办又是另一回事。刘健成为内阁首辅已是弘治十一年（1498年），早就过了朱祐樘早年振作有为、裁撤弊政的奋发时期。从中期开始，朱祐樘就开始对国事表现得不那么感兴趣，在某些方面，他甚至超越了晚年的朱见深。

比如宪宗皇帝虽不喜单独召见大臣，也不喜欢听人讲课，但至少门面功夫还是装得很好，常朝、经筵一个不落。

朱祐樘就有点不讲究了，一个月三次的经筵被改为一年几次不说，连常朝也是能不参加就不参加。大臣们的奏章他同意归同意，就是拖着不办，你能拿我怎么样（或稽留数月，或竟不施行）？

另外，要找出朱祐樘不那么虚心接受批评的例子，也不是没有，比如在对待张皇后一家的问题上。

名不副实的“弘治中兴”

我们要表扬朱祐樘践行一夫一妻制的先行者精神，也要批评他对外戚的纵容。总体来说，明朝的外戚算是比较安分的，要在这么多家外戚里挑个闹腾得凶的，那就得属弘治一朝。

朱祐樘只有一个张皇后，最受恩宠的外戚自然就是张家。

朱见深再宠爱万贵妃，也不过是授予万喜等人锦衣卫的虚职。朱祐樘直接就将张皇后的父亲和两个兄弟封为侯爵，就连国舅张鹤龄的几个亲戚也一并提拔为锦衣卫百户。

有了这份荣宠，张家兄弟不满足于做些开店设肆、败坏盐课的非法生意，还开始欺压百姓、夺民田庐。甚至太皇太后周氏娘家头上他们也敢动土，为了争田，周、张两家积怨越来越深。弘治九年（1496 年），寿宁侯张鹤龄与长宁伯周彧因琐事纷争，聚众斗殴，一时轰动京城。

张家引起的民愤越来越大，大臣开始不断上奏弹劾。由于张皇后的关系，朱祐樘不忍处罚两位舅爷，按他的性格，也不能一意孤行地斥退大臣，于是在外戚问题上，弘治一朝呈现出一种奇怪的画风。

一次，司礼太监萧敬等宦官，和刑部侍郎屠勋等朝官一起，处置了二张兄弟侵占民田的家奴。张皇后听闻此事大怒，叱骂萧敬说：“外面的朝官我管不了，你们太监本是家奴，也敢欺到头上？”

朱祐樘在旁听到，也是怒不可遏，忍不住跟着妻子高声喝骂萧敬等人。

可一回头，等张皇后离开，朱祐樘便召来他们打招呼，说自己方才是不得已，不能伤了皇后的心，让他们就当这事没发生过，并赏每人五十两银子，这事别传到外面。后来不知是谁嘴快，事情终究还是传到外头去了，朱祐樘的一百两白银算打了水漂。

张家不知收敛，户部主事李梦阳忍无可忍，直言上疏，写了有名的《应诏指陈疏》，直指张鹤龄“招纳无赖，网利贼民、夺人田土，拆人房屋，虏人子女，要截商货，占种盐课，横行江河，张打黄旗，势如翼虎”等诸多罪行。

如此指控相当于与张家正面为敌，张鹤龄及其老母金夫人在皇帝面前泣诉不止，要求处死李梦阳。

朱祐樘并不糊涂，他明白李梦阳的指控属实。他做不出迫害忠良那种事，可也不好拂了岳母和小舅子的面子。想来想去只好和稀泥，一边切责张鹤龄，一边又将李梦阳下狱让张家解气，过几天随便找个理由将李梦阳释放。

这位李梦阳是弘治七年（1494 年）进士，著名的文坛复古派“前七子”代表人物，善工书法，精于古文词。当时文坛魁首首推李东阳，他以“馆阁体”笑傲全国文坛。后起之秀李梦阳偏不服，他嘲笑这种文体拘恭有余力道不足，李梦阳提倡写文章要以秦汉文章为范本，写诗要以盛唐诗体为榜样，即“文必秦汉，诗必盛唐”。

李梦阳文章写得好，同时还是个暴脾气。没打到老虎还被反咬一口，即使获释他也怒不可遏。

皇上不给我做主？好办！我自己解决！

李梦阳撸起袖子，手握马鞭就蹲守在张鹤龄下朝必经之路。看到张国舅出现，李梦阳先是痛骂，后以迅雷不及掩耳之势窜出，举起马鞭就拍了上去。张国舅哪知这个冤家如此手黑，猝不及防，两颗牙齿当场不翼而飞。

更离奇的是事后，这位堂堂寿宁侯不知是心虚，还是怕了凶神恶煞的李梦阳，竟然不敢计较。

不过，对外臣有所顾忌，对内臣，张家兄弟就没那么客气了。朱祐樘对小舅子们的一再纵容，最终引发了一桩命案。

一回张家哥俩进宫参加晚宴，朱祐樘起身方便，这两人胆大包天，抓过皇上的帽子就套在了自己头上。

别说小舅子，亲儿子都不敢干这事，在等级森严的古代封建社会，这绝对是大逆不道。

朱祐樘的长随太监文鼎大怒，手持金瓜上前欲击打张氏兄弟，被当时另外一名受到宠信的太监李广阻止。

文鼎随后便以二张“无人臣礼”为由，将此事上奏，要求朱祐樘处罚。谁料皇帝不但不处罚二张兄弟，反而让锦衣卫将文鼎下狱，张皇后更指使李广将文鼎杖杀于狱中。

此事引起轩然大波，满朝官员上疏弹劾张氏兄弟。朱祐樘实在装不下去了，只能说了实话：朕只有这一门亲，再不必来说。

后来，朱祐樘才明白文鼎被冤杀，颇有悔意，命以礼收葬，并亲自为他写下悼词。但也仅此而已，张皇后及其兄弟并未受到惩罚。

骄纵外戚是弘治一朝无可辩驳的失政。可以说，朱祐樘既爱张皇后，又怕张皇后。为了让皇后高兴，他总是尽可能满足张家人的欲望，宁肯把责任揽到自己身上，也不忍指责爱妻；身为皇帝，他又不能不考虑国计民生，面对大臣责难，不得不连哄带骗，处处敷衍。

一个皇帝活成这样也是挺累的。弘治十八年（1505 年），朱祐樘因北方旱灾而祈祷求雨时偶感风寒，服药后鼻血不止，竟致不治，驾崩于乾清宫，年仅三十六岁。

后世给了朱祐樘极高的评价，将他奉为不世出的明君。万历年间首辅朱国桢就说：“三代以下，称贤主者，汉文帝、宋仁宗与我明之孝宗皇帝”，将他的统治称为“弘治中兴”。

以实际看来，生活在明代中期的朱祐樘虽不是昏庸之辈，但也决非中兴明主，他能博得后人如此美誉，实在值得深思。

文官们对他很满意，所以把中兴的标准放低了。表面的稳定终究不能掩盖社会矛盾的持续积累。到了弘治末年，大明已是国库空虚、边防废弛、流民日增、“民穷财尽”。就算不说是烂摊子，也跟所谓的中兴盛世搭不上半点关系。

总体来说，朱祐樘的统治并没有超越父亲朱见深，在不少地方甚至还有倒退。比如河套、财政，还有让他烦心不已的外戚问题。

比较而言，朱祐樘是一位中规中矩的守成皇帝，所谓“勤政亲贤”的表象背后隐藏的却是复杂的社会矛盾，危机正在潜滋暗长。

不管官方文件对他如何定性，那也都是别人的意思，朱祐樘自己的一番遗言才是他内心的真实表露。弥留之际，他把太子朱厚照和几位大臣叫到床前，叮嘱道：

> 朕承祖宗大统，在位十八年，今年三十六岁，乃得此疾，殆不能兴，故与先生们相见。朕自知之，亦有天命，不可强也。朕为祖宗守法度，不敢怠玩。凡天下事，先生们多费心，我知道。朕蒙皇考厚恩，选张氏为皇后，成化二十三年二月十日成婚。至弘治四年九月二十四日生东宫，今十五岁矣，尚未选婚。社稷事重，可亟令礼部举行。东宫聪明，但年幼好逸乐，先生们请他出来读些书，辅导他做个好人。

这段遗言里，关于他十八年的执政内容只有短短两句，绝大多数篇幅都留给了家人。其中提到的两个日期都是关于妻儿，何年何日成婚，哪年哪月得子，记得清清楚楚。

人之将死，什么江山社稷，什么后世评价，都变得不重要了，只有家人才是他最大的慰藉与牵挂。这点上，皇帝与常人无异。

知子莫若父，这是一个父亲临终前的谆谆教诲。朱祐樘明白做皇帝的难处，更明白这个儿子的性情。既然你注定要成为皇帝，那么，就算你不能当个模范皇帝，也别当个昏君。记住，做个好人就成。

在某部电视剧中，又将弘治皇帝朱祐樘弥留时的情境演绎了一番。剧中，判官前来勾魂，与朱祐樘进行了如下对话：

判官：弘治皇帝，再看一眼你的儿子吧。这一走，就再也见不着了。

朱祐樘：不用挂心了，一切都安排妥当了。

判官：朱祐樘，你只活了三十六年，不觉得忒短了点吗？你的儿子朱厚照，能不能治理好大明朝？

朱祐樘：这也不重要。跨过这生死线，我明白了，江山是主，人是客。我的儿子朱厚照，他过得快不快活才是最重要的。

判官：那我来告诉你，你的儿子会活得比历朝历代的君王都快活。

第十八章 明代第一奇人王阳明

我要当圣贤

朱见深崩于 1487 年，朱祐樘崩于 1505 年，他们生活的这个年代，世界历史上称为 15 世纪末 16 世纪初。

16 世纪的西方社会，总体表现为封建势力的衰落和资本主义的兴起、发展以及封建主义向资本主义过渡。

中国有没有表现出这种苗头呢?

还记得那位奉旨督造王越陵墓，视威宁伯为偶像的新科进士王守仁吗?

成化八年（1472 年），王守仁出生于浙江绍兴府余姚县（今余姚市），王家世代有人为官，家境富裕。父亲王华更是在成化十七年（1481 年）高中状元，还与当朝阁老谢迁是同乡好友。

拥有这样显赫的家世，王守仁读书不读出点名堂来是说不过去的。可是王守仁就读书塾后，先生发现这个学生的心思不全在读书上，整天地琢磨点刀枪棍棒，还喜欢把小伙伴们召集起来演练兵法。

先生苦口婆心地教诲："天下第一要紧之事，便是读圣贤书，走功名之路。你不好好读书，舞刀弄枪是没有出路的！"

王守仁振振有词："读圣贤书未必有用，学好兵法也能为国效忠，老师您不知道正统年间的'土木堡之变'吗？"

当时天下并不太平，京畿、秦中地区都有流民作乱。十五岁的王守仁竟然就屡次向朝廷上书，进陈自己的平盗方略。这倒不是王守仁狂妄，朱元璋当时定下制度，百姓可以上书言事。不过一百多年下来，制度虽在，却早已沦为摆设，王守仁的意见自然不可能到达皇帝那里。

这件事被王华知道了，他叫来儿子狠狠地批评了一顿："你小子也太狂妄了，你知道战争是什么吗？你知道敌人长啥样吗？"

看儿子一副倔头倔脑，不以为然的神色，王华干脆说了句："跟我去关外转转，你就知道了。"

王华果然带着儿子出居庸关、山海关，到塞外好好地转了一圈。

这次出游让王守仁见识到了塞外风光，还让他接触到了真正的骑射。最擅长这门功夫的，自然是各个游牧民族部落，也就是士大夫们口中的"蛮夷"。

骑射，骑与射连在一起，在古代这就是一回事。骑射功夫亦称弓马，赞扬一个人武艺高强会称他"弓马娴熟"。

骑射功夫是冷兵器时代最强悍的杀人技，偏偏汉人在骑射上是始终被游牧民族压制的。

生长在塞外的部落居民们被称为"马背上的民族"很有道理，因为他们生下来就要接触马匹，骑射只是最基本的生存本能，几乎不需要任何成本。

这些草原战士人人都是极为出色的骑手，在马上简直什么都能做。直到近代热兵器普及后，蒙古骑兵在草原上仍一度占有一席之地。抗日战争中，为了躲开日军的空袭，我军骑兵部队经常白天隐蔽、夜间行军。在夜间行军时，几百人、上千人的骑兵，只要最前面的人和马清醒，其他人都可以边骑马边睡觉，战马会按照队列的顺序走，绝不会有一匹马掉队。

汉族骑兵就不同了，我们都知道读书参加科举的成本很高，但未必有多少人知道，培养出一名出色的骑兵成本更高。

首先战马就是大问题。民间即使有马，也只是拉车的马，与训练有素的战马不是一个概念。

战马有专门的驯养方式，明代饲养一匹战马的口粮为“日支料三升、草一束”。折算下来每天伙食费六分银子，再加上杂七杂八的费用，这个成本不是有点小钱就能做到的。

战马不能圈养，就算你养得起它，还要给它提供专门的草场进行活动和训练。按照明代陕西苑马寺的标准，每匹马需要百亩左右的草场。

有了以上两个条件，最后才是日复一日的勤学苦练。这点上，就算你后天再怎么苦练，也极少能超过那些生来就生活在马背上的草原居民。

因此，古代在内陆养活一支骑兵部队，非常昂贵不说，效果还很难讲。而草原民族在这方面拥有无可比拟的优势，这可以称为血脉压制。

王华以为，让儿子见识一下游牧民族的强悍，这小子就会知难而退了。他满意地对儿子说：“看见没有，你要舞刀弄枪，就要学会和这些人作战，就凭你行吗？还是好好读书吧。”

王华当然不知道，此行的目的与自己的预期恰好相反，在王守仁幼小的心中已种下了一颗经略四方的种子。

回家后，王守仁果然消停了一阵，但他并非如父亲所想的那样一直发奋下去。不久后的一天，他找到王华，一脸诚恳地说道：“我想通了，带兵打仗不是现在该想的，我有了新的志向。”

王华挺高兴：“有志向是好事啊，说来听听。”

王守仁一本正经地回答：“科举并非第一要紧事，我想当圣贤！”

王华不怒反笑：“当圣贤？你连个举人都不是，还想当圣贤？”

王守仁的理想看似离谱，却揭露了从古至今一个实实在在的问题：我们为什么而学习？

今天，孩子们不认真学习的时候，大人就会语重心长地告诉他：你不好好学习，长大了想干什么？要是孩子不理解，大人会进一步教育：现在找工作，哪里都要文凭。你以后考不上大学，没有好的学历，哪个地方会要你！

在王华那个时代，读书的目的与今天在本质上并没有什么不同。

士子们寒窗苦读参加科举，为的是一朝出人头地，得到朝廷的任命。哪怕是个地方小官，手中也握有一定的权力。再不济，就算只是个秀才，也算有功名在身，享有各种特权，养活一家老小是不成问题的。

简单讲，读书是为了赚钱，为了出人头地，内中原因是各种利益在驱使。

但这是读书的本来目的吗？

不是。

士子读儒家的“四书五经”，孔子的学问从来不是教人如何当官的，那时也没有科举一说。孔子提出“仁、义、礼”，孟子延伸为“仁、义、礼、智”，董仲舒扩充为“仁、义、礼、智、信”，后称“五常”。

这一套解释起来，未免太过复杂。我们只需要记住一点，儒家起初的目标不是教大家做官，而是教人如何成为一个好人——通过“五常”的修行，成为一个对天下有用的好人。

与主张当隐士的道家不同，儒家并不反对入仕。但入仕的目的不是满足个人私欲，而是帮助引导更多人过上幸福的生活，建立和谐的社会秩序，最终极的理想是天下太平、止于至善，也就是“修齐治平”的最终抱负。

从这个意义上讲，儒家的从政之路类似于修行。仁人志士们在从政这条修行之路，国家政治这个平台上燃烧他们的生命和智慧，“先天下之忧而忧，后天下之乐而乐”，希冀通过奉献以达成自己的理想。

这个奉献的目标是天下苍生，信仰是“仁”，是可以臻于至善的人。

儒家所谓的“圣人之道”，也就是“仁义之道”。

以这个标准来看，圣贤并没有那么难当。

比如孟子就认为，道德高尚的伯夷、以天下为己任的伊尹、坐怀不乱的柳下惠，和能进能退的孔子都能称为圣贤。只要能做到他们那样，一样能成为圣贤。

程颐也曾说过：圣人可学而至。即只要好学，人人都能成为圣人。

王守仁真的错了吗？孔子、孟子非但不是举人，连个生员都不是，这并不妨碍他们成为圣贤。

王守仁的理想其实很简朴，就是儒家修行的初心，当一个对天下有用的好人，以拯救苍生为目的。按照这个理想去行事，未必就不能成为圣贤。

可是在王华听来，这番话就是异端思想，读书不就是为了当官，为了出人头地、光宗耀祖吗？当圣贤，你小子也太狂妄了！

王华的想法反映的是当时科举的现状。自科举成为进阶的唯一通道后，也出现过不少心怀天下、拥有高尚理想的人，比如范仲淹、于谦等。但更普遍的事实是，科举成了职业的敲门砖和上升通道。

大部分士子读书，根本不是为了什么心怀天下的理想，他们的想法简单而现实，只是为了当官而已。

王华的想法就是绝大部分读书人的想法，没几个人会觉得自己能成为虚无缥缈的圣贤。实实在在的地位和利益，不比虚无缥缈的圣人头衔实用得多？

王守仁的想法在王华听来，就如同今天的孩子跟父母说：我长大以后要拯救世界。大人们的反应，只会是一笑置之。

可是，王守仁真的是想拯救天下啊。后来，他在自己的《传习录》里反反复复地强调了这点：我想要救天下人！

在王守仁的时代，大家只是把这些话当成空泛的大道理。尽管在科举考试时，大家都会如此回答，但在实际生活中，没人觉得会有这种可能性。

科举考试只是登第的工具，而不是真正致知的道路，所以王华才会认为儿子当时的那句话好笑。

儒家思想是怎么变成这副模样的呢？这就与朱熹老夫子提出的“天道”说有关了。

格物致知

在孔子的年代，还生活在分封制向中央集权演变的历史进程之中，“家天下”的意识远远没有后世这么强烈。到后来，儒家才成为封建礼教的代名词，宣扬的是君君臣臣父父子子，“三从四德”——不是教你做好人，而是教你怎么当好一个唯唯诺诺的顺民。

程朱理学对儒家思想进行了继承和发展，打上了完美的补丁。这种学说被确立为正统，成为朝廷支持、社会公认的正统思想。它将封建伦理观念本体化，又以“天理”为最高概念。

这种思想主张主要有几点：“理”或“天理”是自然万物和人类社会的根本法则；万事万物各有一“理”，物、人各自之理都源于“天理”；存“天理”、灭人欲。

总之，“理”就是自然万物和人类社会的根本法则。在科举考试中，朝廷对程朱理学异常重视，不符合的考卷不得及格，提出反对的甚至要被治罪。

在理学框架下，出现圣贤的概率比中彩票还难许多倍，大家早就抛弃了儒家教育本来的目的。

读书，就是上升阶梯。

科举，就是考试而已。

不管用什么手段，只要能考高分，那就行了。

王华觉得，儿子的想法幼稚得可笑。可他也不能说，儿子当圣贤的想法就是错的。想来想去，他给王守仁定下一条底线：“你必须给我考上进士，那以后你当不当圣贤，我就不管你了。”

对于这点，王守仁并无异议，毕竟当圣贤需要大量的学习。

可是学着学着，王守仁发现，科举的所有内容脱离不了程朱理学的架构，一切的中心都围绕着“理”在转圈圈。

王守仁苦想，这个“理”这么厉害，那么是不是只要参悟了“理”，一切就水到渠成了呢？

他开始整天琢磨，“理”到底是什么？

为了搞明白这个道理，王守仁穷尽自己可能进行探索，为此遍访了不少名家。大家的回答大都相同：好好读书，考中进士自然有官当，没事瞎琢磨那个干啥。

直到弘治二年（1489 年），王守仁自江西成婚归来，顺便拜访了一位名叫娄谅的理学名家。

娄谅告诉王守仁：“没有天生的圣人，圣人也是通过学习和修炼而成为圣人的（圣人可学而致之）。”他还给出了学习方法，唯有通过“格物”才能“致知”，找出其中的“理”，你一样能达到圣贤的境界。

其实这番道理只是老生常谈，周敦颐、二程、朱熹都不断地进行过分析，算得上是读书人的常识。

但从娄谅口中说出，效果却完全不一样。

娄谅少年时代有志于圣学，到处求师。与王守仁一样，他发现许多所谓学问家却忙着教人应付科举考试，而非研究真正的学问。这让娄谅非常失望，此后他放弃仕途，专心研究理学，创立了知名的“姚江学派”。

娄谅的想法与王守仁的“科举并非第一要紧事”有异曲同工之妙，两人追寻圣贤脚步的理念类似，为此王守仁很重视娄谅的意见。

这里涉及了一个重要的词“格物致知”，这个词不是娄谅，也不是朱熹提出来的。

“格物致知”来自《大学》中的“格物、致知、诚意、正心、修身、齐家、治国、平天下”。这八个词被统称为“八目”，是《大学》中八个重要的词目。

什么是“格物致知”？朱熹给出的解释是万物皆有“天理”，我们只需要去“格”，也就是通过探究就能获得知识，进而上升到“天理”的层次。

告别娄谅后，王守仁一直在思考这个问题。他翻遍朱熹的著作，想要找到答案，终于被他发现了一句话：“众物必有表里精粗，一草一木，皆涵至理。”

前面娄谅说人人都能成为圣人，方法是“格物”。今天看到朱熹又说“一草一木，皆涵至理”，看来这个“理”果然是“格”出来的。

既然一草一木都有“理”，那就好办多了。后院就有自己喜欢的竹子，何不就从竹子开始“格”，看看能不能格出“理”来。

想到这里，王守仁立即行动起来开始“格竹”，他还邀请了一位姓钱的同学。按照朱熹先生所说：“格物致知，便是要知得分明；诚意、正心、修身，便是要行得分明。”

为了实践“格物致知”，王守仁与钱同学两人搬两把椅子一坐，就对着竹子苦思冥想。

三天后，钱同学撑不住了，主动退出。

王守仁选择坚持，他独自“格竹”，结果只是比朋友多受了四天罪。“格”了七天竹子，王守仁除了被蚊子格了无数大包，没有任何收获。

由于“格”得太认真，王守仁反而大病了一场。病好后他自怨自艾：圣贤果然是做不得的，无他大力量去“格”物了。

自此王守仁对朱熹的理论正确性产生了怀疑，“格物”这么难，朱熹是不是在骗我？

应该说，王守仁对朱熹的怀疑是正确的。但当时的王守仁对朱熹“格物”理论的认识却是错误的。

朱熹的意思是通过究察事理从而获得知识。譬如“格”竹，要知道它属于哪类植物，生长环境、纲目品种，以及有什么生长规律，这是事物本身的属性。

研究明白外在属性，再去穷究哲学层面的“理”，譬如竹子的文化象征，在中国人思想中的地位等，来层次渐进地“格”明白竹子内外的道理。按照这种学习方法，时间一长，不能成为大师最起码也是个学者。

倘若朱熹教人“格物”的方法，真的是王守仁所理解的那样，早就被口水淹死了。

当时的王守仁只是认识不足而已，这说明他读书可能是有点不求甚解，一门心思地想着速成圣贤了。

其实这段时间，王守仁的成绩并不算太好，弘治五年（1492年）中举人后，王守仁在弘治七年（1494年）、十年（1497年），两次会试皆落第。王守仁本人并不沮丧，主考官李东阳却看出这个小伙子不同寻常，在他第一次会试落第后就断言：这小子以后是不鸣则已，一鸣惊人。

弘治十二年（1499年），二十八岁的王守仁再次参加会试，果如李东阳所料，举南宫第二人，赐二甲进士第七人。

新科进士王守仁被派到工部实习，他的第一个任务就是迎回王越灵柩，并督造墓地。

王守仁素来推崇王越，曾梦到王越将剑与弓送给自己。这次修墓可以为心目中的英雄做点事情，他自然是责无旁贷，保质保量地完成了任务。

陵墓竣工后，王越家人拿出金帛酬谢，王守仁谢绝。见这位年轻的钦差大人廉洁自律，王家人便转而以王越曾经佩戴的宝剑相赠，这正应了王守仁的梦境，他欣然接受。

经过在工部和刑部历练后，弘治十七年（1504年），朝廷将他起用为兵部武选司主事。

明代六部以吏、户、兵为上三部。兵部共下辖四司，武选清吏司负责考核武官的选授、升调、功赏等事务，属于实权职位，因此也位列兵部四司之首。

看起来，王守仁没能找到通往圣贤的道路，他似乎正在父亲安排的道路上按部就班，四平八稳地走下去。

然而对于一代奇人来说，上天注定不会让他成为一个普普通通的六部九卿，真正的王守仁，将与一场朝廷风暴紧密地联系在一起。

王守仁成为兵部主事第二年，弘治皇帝朱祐樘驾崩，弘治十八年（1505年）五月十八日，皇太子朱厚照即皇帝位，大明朝活得最精彩的一位皇帝出场了。

第十九章 『玩主』皇帝朱厚照

“中二”少年

朱厚照这个名字是他父皇朱祐樘亲自给取的，出生五个多月后，弘治皇帝就将他册立为皇太子，并取名为“厚照”。

朱元璋儿子们都是单名，那是战争时的因陋就简，第三代起不能这么做了。朱元璋在世时，为诸位皇子后代都规定了各自专属的二十个字。皇孙们命名时，第二字取其中一字，类似于民间家谱排辈用字。第三字由礼部选用，遵循“五行相生说”，必须要有五行偏旁，次序是：火、土、金、水、木。

例如，太子朱标一系的排行字是：允文遵祖训，钦武大君胜，顺道宜逢吉，师良善用晟。

建文帝朱允炆名字的第二字是“允”，也就是东宫位下二十字的第一个字。朱允炆两子名为朱文奎、朱文圭，第二字取“文”字，第三字都为“土”字旁。

朱允炆的皇位被朱棣所夺，朱标帝系就换成了朱棣帝系。燕王所规定的命名二十字是：高瞻祁见祐，厚载翊常由，慈和怡伯仲，简靖迪先猷。

明仁宗朱高炽是“高”字辈，火字旁；明宣宗朱瞻基是“瞻”字辈，土字旁；明英宗朱祁镇是“祁”字辈，金字旁；明宪宗朱见深是“见”字辈，水字旁；明孝宗朱祐樘是“祐”字辈，木字旁。

朱棣与朱高炽父子是木生火，朱高炽与朱瞻基父子是火生土，朱瞻基与朱祁镇父子是土生金，朱祁镇与朱见深父子是金生水，朱见深与朱祐樘父子是水生木。完美契合，绝无偏差。

所以，明孝宗之子就是“厚”字辈，火字旁。

为什么是“照”字？朱祐樘在敕书中说，“照”字是取《周易》的“大人以继明照于四方”和《尚书》的“光被四表”的意思。这皇子命名为“厚照”就是希望他“四海虽广，兆民虽众，无不在于‘照’字临之下，而朕（朱祐樘）之主器，永为得人”。

可是“照”字也没有火字旁，下面还有四点水，如何解释？

在古文中，“照”也写作“燳”“炤”等，意思都是一样的。按《说文解字》，照字是：明也。从火昭声。之少切照，阳光使天地明亮字形采用“火”作偏旁，“昭”是声旁。单从字上看照有日，日在五行属火。

更重要的是照字四点水，在古字中就是火的意思，比如蒸、煮、焦等都含火烤之意。朱高炽的名字中有火字旁，朱高煦却没有，原因也是“煦”字就和朱厚照的“照”字来历相同——四点底当火字用。

朱元璋的创意很好，这套制度就相当于皇室身份证明，让人一看就知道，这位宗室来自哪个分支，是第几代传人。

可朱元璋忽略了后代的数量问题，明朝宗室们光吃饭不任事（朝廷不允许），繁衍速度惊人。仅河南周王一脉，到嘉靖年间便繁衍到了一千四百四十人。而且根据避讳原则，同一世系不得重复使用祖辈的名字。

五行偏旁的字很快就不够用了，既不能重名，又不可以用寓意不好的字，所以只能用生僻字。比如朱祐樘的“樘”、朱厚熜的“熜”、朱载垕的“垕”都算是生僻字，日常生活中基本不用，认识的人也很少。

很快生僻字也用光了，怎么办呢？宗人府一拍脑门，自创不就行了。于是，明朝诞生了一大批以“金木水火土”为偏旁的新字。

很长一段时间里，这些生僻字和自创字只存在于明朝宗室的名字中，直到清末，著名科学家徐寿翻译化学元素周期表。正当他为找不到合适的字代表相应的化学元素发愁时，猛然想起来朱明家谱中有大量可用的“金”字旁汉字，于是就愉快地借用了。

比如朱厚照有两个堂兄弟叫朱厚烷、朱厚烃，“烷”和“烃”就是自创字，被徐寿看上后，成了今天的有机物名称。

当然，先有明朝宗室的名字后有元素周期表，因此只能说是元素周期表抄了明朝宗室的名字。朱元璋的一个无心之举，竟为近世化学事业作出了贡献。

这就是明朝宗室的命名规则和朱厚照名字的由来。朱棣世系的“高瞻祁见祐，厚载翊常由，慈和怡伯仲，简靖迪先猷”最后只传了堪堪一半出头，到“慈”字辈就突然停止，白费了朱元璋的一片苦心。

年轻的朱厚照即位后，很快发现老爹留下的这个帝国不简单，摆在他面前的有三个难题。

太监和文官彼此看不顺眼。

内外都不太平。

朝廷没钱。

这三个问题，定下了正德一朝的主基调。

一样一样来吧。

朱祐樘驾崩前，给儿子的最后遗嘱是“任用贤臣”。

贤臣是谁？自然是刘健、谢迁、李东阳的三人组了。朱祐樘不是个糊涂人，这个安排从各方面看还是比较靠谱的，三人既有能力，又和太子有师生之谊。有他们辅政，这个儿子即使贪玩了点儿，也不至于闹得太离谱。

三位老师在弘治一朝的地位并不怎么超然，让人怀疑朱祐樘也有把他们留给儿子重用的意思。

送走弘治皇帝，受遗诏辅政的三位顾命大臣卷起袖子，打算好好大干一番。他们帮助朱厚照颁布了即位诏书，其中包含四十四条大赦令，内容涵盖侵夺民利、限制皇亲特权、禁止宦官索取财物等，表明新皇帝清除积弊、实施改革的决心。

他们还为朱厚照定制了一项名为《日讲仪注》的补习计划。要求皇上早朝结束后就去读《论语》《尚书》，吃过午饭的作业是讲读《大学衍义》《历代通鉴纂要》，有疑问，讲官随时解答。

大臣们的目的有两个：一、朱厚照尚未毕业，之前落下的功课太多，主要任务是补课；二、皇上年纪尚幼，治国理政这种事，还是要多听听我们这些老臣的。

开始时，朱厚照并未表示异议，他老老实实地按照老师们安排的日程表作息。执行不到一个月，大臣们就发觉了不对劲。皇上翘课的次数越来越频繁，十天半个月都不来上课，日讲已经无法推行下去。

朱厚照上朝的时间也是越来越晚，批阅奏章时一脸疲惫，哈欠连天。

这是怎么回事？大臣们通过自己的渠道一打听，原来皇上在后宫添置了许多稀奇的玩具，每天玩得不亦乐乎，根本没工夫理会他们。

原来如此，那就把那堆东西拆了吧。他们转而上疏要求朱厚照上朝处理政务，清理后宫的游乐设备。

这次朱厚照是答应了，却迟迟不见行动。

这招刘健他们见得太多了，不就是跟他老爹朱祐樘学的“或稽留数月，或竟不施行”吗？我们拿先帝没办法，还奈何不了一个毛头小子？

顾命大臣们十分愤怒，同时他们意识到，真正的问题不是那些玩具，而是皇上身边的那群人。

朱祐樘和张皇后一共生了二子一女，两个夭折，只有一个活到成年，就是时年十五岁的皇长子朱厚照。

朱厚照是明朝唯一一位，以独生子 + 嫡长子 + 出生即为皇子身份入继大统的皇帝。朱高炽、朱瞻基出生时只是王子，并不是独生子。这种身份再加上朱祐樘老好人和惧内的性格，决定了朱厚照是受到待遇最优厚的大明皇太子。

一夫一妻又只有一个独子，皇帝家的独苗那该有多受宠？真是捧在手里怕掉了，含在嘴里怕化了。朱祐樘年少时的生存危机、学习压力，在朱厚照身上一点都感受不到。这个孩子从小到大的任务就是开心，如果读书不开心，那就少读一点儿；如果玩乐很开心，那就多玩一会儿。

在朱厚照身边就围着这样一群人，他们的任务不是教导太子，只是负责服侍这个孩子，哄他开心。

这些人就是太子的贴身宦官，这个工作不是宦官中最有权势的，却绝对是最有职业前途的。他日太子一旦登基，这些人多半会被提拔到二十四监的要害部门，成为一等一的大太监。

一般太子身边总会有几个这样的宦官。朱厚照就有点厉害了，他身边有八个，人称“八虎”。

朱祐樘在世时，“八虎”还不敢太放肆，朱厚照当上皇帝后，“八虎”就失去了约束。他们每天进献一些奇特的玩具，还经常组织各式各样的演出，举行各种“体育”活动，变着花样地哄朱厚照开心。

在“八虎”教唆下，朱厚照在放飞自我的道路上越走越远，他贪玩到什么程度呢？举个例子大家就明白了。

一天早朝时，文武百官看到一个令他们瞠目结舌的画面，只听爆竹声中，烟雾缭绕，朱厚照手上牵着一条庞大的黑狗款款出场，狗背上竟然还坐着一只猴子。

说起来这条狗倒也不是俗物，它是万里迢迢来自西藏地区的贡品，如今人们称之为藏獒。那个年代藏獒可不多见，难怪朱厚照如此喜欢。

每天的朝会是极其庄重的事情，朱厚照却毫不顾及大臣们的感受。奉天殿一时乌烟瘴气，皇宫的庄严荡然无存。

百官们唉声叹气，这已经不是什么上朝了，大家怀疑自己来到了杂耍之地。文武官员的感官和心理都受到强烈刺激——长此以往，不是皇上变得精神不正常，就是他们变成精神病。

不能再这样下去了！

"八虎"乱政

在大臣们看来，皇上之所以胡来，完全是因为"八虎"。这八个人用各种方式，变着法儿地引诱皇上不学好，实在是罪不可赦！

只要除掉"八虎"，就能让朱厚照收心，如此才不负先帝所托啊。

带着这样的历史使命，顾命大臣们代表百官上了一道奏章。考虑到朱厚照的文化水平，这只是一篇二百五十多字的小作文，其中打了两个浅显易懂的比方——把那八个太监比为西汉十常侍、唐代仇士良那样的人物。

十常侍玩弄汉灵帝于股掌之间；仇士良发动"甘露之变"，废立皇帝。他们都是历史上一等一的权阉，这一下把"八虎"问题提升到了危及国家安全和皇帝性命的政治高度。

顾命大臣们指出，为了国家的长治久安和皇上的生命安全，陛下必须"上告两宫，下谕百僚"，将"八虎""明正典刑"！

末尾的署名，除了内阁三人组，还有六部九卿等主要官员。

这已不是简单的弹劾奏章，而是一封战书。事情到这里，已发展成了大臣与宦官争夺小皇帝的一场战斗，这场斗争虽然没有刀光剑影，但同样凶险无比。

大臣们的意思很明显，"八虎"和我们，皇上你只能二选一。要么"八虎"死，要么我们集体辞官。

这一招对十六岁的朱厚照还是很有震慑力的，玩归玩，皇帝毕竟是本职工作。这么多大臣集体撂挑子，谁来帮自己治理国家?

朱厚照被吓得不轻，按照《明实录》的记载，他不但被吓哭了，而且连饭都不肯吃。

为今之计，朱厚照似乎只好答应大臣们了。可是一下子杀掉八个自己的玩伴，朱厚照还是不忍心的。小皇帝想到了和大臣们讨价还价，一天之内，他就三次派出太监到内阁商量：一下子把八个人都处死是不是有点过分了?

不杀他们行不行？从轻发落行不行？能不能把他们发往南京？

通常在这种权力博弈中，皇帝会占据绝对的主动。刘健他们不过是利用朱厚照年纪还小，见识不多，仗着老师的身份欺负他一下。皇帝三次请求，摆明了不想杀“八虎”，这时候见好就收，是个大家都能接受的结果。

问题出在朱厚照派去谈判的人选上，负责帮朱厚照讨价还价的是王岳、陈宽、李荣，他们都是司礼监太监。

“八虎”不过是朱厚照当太子时身边的宦官，他们是得到了提拔，但还没有爬到二十四监中，尤其是司礼监、御马监这些最要害的部门。比如其中的刘瑾，现在还只是个执掌钟鼓司的太监。

“八虎”再发展下去，下一步就会取代王岳他们，到时这些旧人就只能滚蛋，所以这些司礼监太监也看不惯“八虎”。

就像怀恩当初向商辂透露消息一样，这次王岳充当了这个角色。他向刘健透露，皇上的意思是把“八虎”发往南京闲住。

发往南京有两个意思，第一种是发到南京孝陵充“净军”。这个“净军”不是当兵的意思，他干的活是倒马桶、清粪桶、洗厕所。当“净军”算是对太监比较严厉的一种处罚，不但失去人身自由，还要做相应的苦役。

第二种是发往南京闲住。这种惩罚一样没有自由，却轻松很多，不需要与污秽打交道，可以理解为变相的软禁，算是比较轻微的处罚。

王岳、李荣他们自然明白，发往南京闲住，不代表“八虎”以后不能复出。他日“八虎”卷土重来，他们还是得滚蛋。

刘健等人见多了政治风浪，哪能不明白这层含义。将“八虎”发往南京当“净军”，或许他们还能接受，只是发往南京闲住算怎么回事？

在这层上，刘健、王岳两派的利益是相同的，谈判就此变味，成了商量怎么对付“八虎”。

大家讲到“八虎”如何为祸，无不群情激奋。谢迁訾骂不休，刘健更是推案大哭，唯有李东阳的态度很奇怪。别人都说得慷慨激昂，李东阳却唯唯诺诺，并没有明确表态。

不管李东阳到底是什么态度，刘健、谢迁、韩文等迅速和司礼监达成了一致："八虎"必须死，这没什么可商量的。

王岳还帮助内阁出谋划策，建议大臣们先写好奏疏，第二天清晨就请旨逮捕"八虎"，给皇帝搞个突然袭击，到时自己再旁敲侧击一下，不怕大事不成。

王岳还透露，"八虎"已经知道了他们即将倒台，而且皇上已经表示，只是发往南京闲住，并不会危及生命。"八虎"也就放弃了抗争，他们虽然不情愿，但是只能接受这个结果。

利用这个情报的不对称性，刘健他们看起来有机会完成打"虎"事业。在这个紧要关头，一个人跳了出来，充当了当初戴缙的角色。

吏部尚书焦芳，位列九卿之一。此人是天顺八年（1464 年）进士，李东阳在翰林院的老同事，曾经因为脸长被嘴贱的西涯先生讥笑为驴。不过，李东阳和焦芳其实关系不错，这只是朋友间的玩笑而已。

在焦芳老家河南泌阳县流传着这样一个关于他的传说，说一日焦芳请一位瞎子为其算命，先生摸罢他全身骨骼后说：一身鳖骨头，就等着要一辈子饭吧！焦芳不信，非让瞎子重新摸。瞎子一下子摸到他的下巴，大惊失色地跪拜于地说："鳖骨头人下巴，不为皇帝便为阁老！"

焦芳不跟李东阳计较，不代表他脾气好。焦芳第一个九年考核期结束后，按道理应该晋升，但当时的内阁首辅万安欣赏的是彭华而不是焦芳。于是在推荐晋升人选时，万安说："像焦芳这种不学无术的人，也能当学士吗？"

焦芳听说后，放了句狠话："这一定是彭华在背后算计我，我如果当不上学士，就在长安道上把彭华给杀了！"

当不上学士就要杀人，焦芳也太狠了。彭华听说后慌了，连忙向万安表示自己不要当学士了，还是让给焦芳吧。万安不得不推荐焦芳为侍讲学士。

焦芳除了手狠心眼小，还有个特点是为达目的不择手段。当初大学士李贤引荐他为庶吉士，焦芳为巴结李贤，不光整天替李贤忙里忙外，据说还曾暗中安排自己的妻子入侍李贤。

这样的一个人，自然没有什么是做不出来的。偏巧在讨论时，身位九卿之一的焦芳也有资格列席。

要说气量小，好功名，是许多人都有的毛病。焦芳身上的另一个毛病就比较独特了，他有严重的地域歧视眼光，要论知名度，可说是明代官员中排名第一。

身为北方人，焦芳严重看不惯南方人，他曾画过一幅《南人不可为相图》，表明自己厌恶南方人的立场。所有南方人里，焦芳又尤其看不惯两个地方的南方人：一是江西，二是余姚。

偏偏内阁中有几个是南方人——万安、彭华都是江西人，谢迁是余姚人。焦芳每次与他们意见不合，时常破口大骂。刘健虽是北方人，但因为他与谢迁、彭华等站在一边，焦芳便把刘健也捎带着恨上了。

站在焦芳的角度，他更欣赏的是反而是宦官。由于地域的关系，除了那些进献的宦官和战俘，应聘宦官的大多来自北直隶及周边地区，许多还是焦芳的老乡。

因此，焦芳与同僚关系搞得很僵，与宦官却能打成一片。

焦芳是个官场老手，他判断出，这是个极好的政治投机机会。只要能搞掉讨厌的南方人，“八虎”又有什么关系呢？这些老乡上台，对自己是有利无害。

焦芳火线投诚，他马上去找了“八虎”之一：刘瑾。

刘瑾，陕西兴平人，六岁就入宫成为一名小宦官，当时还是天顺年间。在朱祁镇、朱见深手下，刘瑾的事业都没什么进展，直到他被派到东宫，服侍太子朱厚照。

外人把八名宦官称为“八虎”，因为在他们眼里这八个人是一丘之貉。实际上“八虎”之间的地位有高有低，他们彼此有合作也有竞争，各人之间还是有不少区别的。

朱厚照喜欢骑马射箭，眼前他最宠信的宦官并不是刘瑾，而是几个善于骑射的宦官：谷大用、马永成、丘聚。

焦芳为什么不去找谷大用他们，而去找刘瑾呢？这就与焦芳的眼光有关了。“八虎”之中，刘瑾年龄最长，资历最深，还有一手应变的急智。谷大用他们虽然受宠，毕竟只是有勇无谋，如果要为“八虎”选择一个带头人，焦芳选刘瑾。

刘瑾热情地接待了焦芳，听罢情报，他很冷静地召集“八虎”开会，认真分析局势后说：“现在形势很不利，但我们并不是没有机会，敌人用力过猛，已经自己露出了破绽，只要我们把握机会，一定可以翻盘！”

谷大用没想明白：“怎么翻盘？等天一亮，恐怕就全完了。”

刘瑾冷笑：“谁说要等天亮？”

趁着夜色，“八虎”连夜进宫跑到朱厚照那里，呼啦啦跪倒一大片，一起以头抢地，痛哭失声。在朱厚照还没搞清状况时，刘瑾代表大家进行了陈述，他主要讲了两点：一、明早逮捕他们的决定，是司礼监与文官们共同密谋出来的，这说明司礼监阳奉阴违，王岳他们背叛了您！二、飞禽走狗这些玩意，王岳也曾向您进献过。玩物而已，本身并不耽误国事，可要是让司礼监和外廷联合起来，就没人敢管他们了！

刘瑾果断地抓住了事情的关键：皇上并不真正信任文官，文官勾结内廷更是皇帝大忌。

最后，刘瑾又凑上去说了一句：“爷爷（明朝宦官有时叫皇帝爷爷），您已经长大了。”

一语惊醒梦中人，朱厚照想了想，是呀，几个大臣竟然想威胁我！说白了不都是我的臣子吗！今天你们让我杀刘瑾我就杀，明天你们让我杀我至亲，我杀不杀？不想干了想辞官是吧？你们敢提，我就敢批！

朱厚照传旨，拘捕王岳、范亨、徐智等人，同时命刘瑾执掌司礼监兼提督团营，丘聚提督东厂，谷大用提督西厂，张永等一起管理京营。

王岳等人还没明白发生了什么事情，就已被戴上了镣铐。刘瑾连夜突击审讯，给王岳、范亨、徐智扣上了交结大臣的帽子，发往南京充任“净军”。

做完这一切，新任司礼监掌印太监刘瑾心满意足地站到了皇帝旁边，那个从此专属于他的位置。

大臣们对晚上发生的这一切毫无所知。第二天一早，他们以一种未曾有过的激情来等待圣旨，诛灭“八虎”，就在今日！

出来颁旨的不是王岳，而是李荣。他宣读了朱厚照的最新旨意：赦免刘瑾等人，并颁布了最新的人事任命。圣旨最后强调，这是皇上的决断，不可违背！

事已至此，刘健等明白胜负已分，自己再留下来也没有好果子吃，内阁三人组立刻向朱厚照提出了辞官申请。

按照规矩，内阁学士辞官皇帝是不能一下子批准的，至少要上三四道奏疏才可以。可这次刘健等申请退休的奏疏刚上去，朱厚照就作出了批复，同意刘健、谢迁辞官，唯独不准李东阳辞官。

整件事情在一夜之间翻盘。由于焦芳的叛变，看似胜局已定的内阁加上六部九卿，惨败于八个太监，败得实在太惨了！

李东阳因为在表态上的暧昧，获得了刘瑾的谅解，成为唯一幸免于难的阁老。

再深入分析一下，事情恐怕不像表面那样简单。

“八虎”的身份是什么，他们不是简单的玩伴，还是皇帝身边的亲近之人，是朱厚照亲自任用的，他们的言行代表的其实是皇帝的意思。

老臣们是先帝朱祐樘留给朱厚照的，尊敬归尊敬，要说在亲近度上，肯定不如贴身宦官。

历来，大多数皇帝对大臣并不十分信任，就连朱祐樘那样文官们眼中的明君也曾说过：“先生辈言文职官不负朝廷，亦不应如此说，文官虽是读书明理，亦尽有不守法度者。”

在大臣们眼里，朱厚照只是个长不大的孩子。可他们忘了，朱厚照已经十六岁了，当皇帝半年有余，即使他在治国理政上的火候还不够，这时也必定明白了一个道理：这天下终究是我的，我想干什么，就能干什么！

刘健他们第一次上疏时，朱厚照经过最初的惊慌就明白了过来。当时他就有点想发作的意思，后来还是按捺下来。

不过，朱厚照对刘健说了这几句话：“天下事岂内官所坏，朝臣坏事者十常六七，先生辈亦自知。”

这番话其实很有见地，文官和宦官都是由人组成的群体，一样有好有坏。只不过文官自恃儒学正统的地位和科举的出身，一直瞧不起身体有残缺的宦官，认为他们是“刑余之丑”。

可要按人数比例来说，恐怕官员这个群体，所谓的坏人数量还要远远高于宦官。

这说明朱厚照其实也是小事随便你，大事不糊涂的性格，对大臣们的不信任，已经摆到了明面上。

把这场斗争比作一场生意的话，大臣们先开出自己的价码，求诛“八虎”是可以的；按照做生意原则，总得给对方留点儿还价的空间，朱厚照毕竟还是皇帝。

本来这种事情，大家各退一步，朱厚照答应把“八虎”发往南京，就是个皆大欢喜的结局。可大臣们直接一口价咬得死死的，三次拒绝朱厚照还价，还和司礼监结盟。这就有点不知好歹的意思了，大臣集体威胁固然可怕，可真要把皇帝逼急了，还怕找不到人给自己干活？

刘健、谢迁知不知道这点？应该是知道的。定下方案后，他们也觉得第二天皇上未必就会同意处死“八虎”。大臣们商量好，如果皇上不同意，我们就跟他争到底。刘健等人也连夜准备，已经发动好了六部九卿和科道官员，只等早朝一到，就到左顺门请愿。

可能是来自朱祐樘时代受到的优待让他们并不甘心让步，只要制造出强大的舆论攻势，这个小皇帝，应该顶不住这么大的压力吧？

但是，朱厚照本人从小便与“八虎”玩在一起，跟这些近侍既亲昵又知根知底，而那一个个板着面孔的老夫子整天只会指挥自己干这干那，天知道他们到底是何居心！难道，他们就不晓得疏不间亲的道理吗？

可见杀“八虎”这个事，即使没有焦芳，也未必就能成功。焦芳和李东阳都看清了这个问题。李东阳在第一份奏疏上签下了自己的名字，但在王岳与内阁密谋时，他表现得态度暧昧。

李东阳的心态应该是这样的：议事时不做出头鸟，谁都不得罪，避开风头。反正想杀“八虎”的人多了去了，内阁、六部、司礼监那么多人，多他一个不多，少他一个不少。

所以整件事情，焦芳叛变只是个偶然因素，归根结底还在于刘健、谢迁太过急于求成，惹怒了朱厚照，自己遭到反噬。

李东阳这样的表现落到刘瑾眼里，变成了李东阳是个好人，对自己没多少敌意。而且，不管是朱厚照还是刘瑾，都需要一个德高望重的阁老来撑场面，留着李东阳这块文坛领袖的牌子，没什么不好。

那就这样安排吧，李东阳升任内阁首辅，焦芳、王鏊入阁，新的内阁三人组成型。对这样的安排，好勇斗狠的焦芳自然也没什么意见。

苦的是李东阳，刘健、谢迁回了老家，李东阳为他们送行时流泪不止。刘健森然说道：“当日出一语，即与我辈同去矣，不用今日泣也。”

当初说好一起进退的呢，你怎么独自留下了？

李东阳只好默然。

“八虎”挤走王岳，赶跑刘健、谢迁，这场政治斗争并没有结束。

确立了“八虎”集团的核心地位，昔日不怎么显山露水的刘瑾露出了恐怖的獠牙。

“八虎”最不能放过的是司礼监的那几个人，王岳、范亨、徐智等人还在发往南京的路上，刘瑾就派出了刺客。王岳、范亨被刺杀，徐智侥幸受伤逃脱。

在这样高压的政治形势下，还有不知死活的言官敢去摸老虎屁股。以监察御史薄彦征、南京给事中戴铣为首，二十多名科道言官上疏要求让刘健、谢迁留任。

这无疑是挑衅，对这批大胆的文官，刘瑾照单全收，来一个算一个，全部廷杖伺候。

打了这么多屁股并不算完，刘瑾的偶像可是王振。正德二年（1507 年）三月，刘瑾公布了一份五十六人的“奸党”名单。其中既包括刘健、谢迁这样的大学士，也有韩文等四名尚书，不过其中人数最多的，是十六名给事中和二十五名御史，这些正是当初喊得最凶的那批人。

他们的罪状是：交结近侍人员，结党营私，变乱是非，蛊惑帝心。

这些“奸党”不是被强迫致仕就是罢官为民，借这份名单，刘瑾高调喊出了他下一个奋斗目标：科道结舌，文臣拱手！

第二十章 龙场悟道

初到龙场

很不幸，当初被打廷杖和被列为“奸党”名单的，都有兵部主事王守仁。

刘瑾对戴铣发出逮捕令后，王守仁上疏替戴铣辩解。这封后来收录进《王阳明全集》的奏疏，所提的意见并不过分，遣词也是小心翼翼。就是这样一份温和的奏疏，仍然给王守仁招致灭顶之灾——戴铣还未押解到京，王守仁已经吃了一顿廷杖。

廷杖这种事早已有之，到了刘瑾手里又被玩出了花样。

在此之前，挨廷杖的大臣并不需要扒掉裤子，多少保留了一点士大夫的尊严。刘瑾为了羞辱这些死硬的言官，对廷杖制度进行了改革，他向朱厚照进谏，现在正是冬天，穿着厚厚的棉裤打廷杖，就像隔靴搔痒，起不到惩戒的效果，应该把那些大臣的裤子扒掉再打！

对于这种新奇的廷杖，以好玩为要务的朱厚照自然不会反对。据学者研究，王守仁很可能是明朝被扒下裤子接受廷杖的第一个人。

这样的四十廷杖，狠狠地打在光溜溜的屁股上，很可能是会要命的。戴铣没能熬过去，伤重而死。王守仁也被打得死去活来，一口气差点没缓过来。让他承受了这样的羞辱后，刘瑾仍不解气，旋即将他远远地贬到贵州龙场（今贵阳市修文县），去当一个驿站管理员（驿丞）。

六品兵部武选司主事王守仁，从一个颇有前途的京官一下子被贬到偏僻的贵州，他倒是能坦然接受。可刘瑾并不想就这样放过他，他再次派出了杀手，想在路上解决掉王守仁。

刘瑾之前没怎么接触过王守仁，他并不真正了解这个喜欢研究哲学的兵部主事。

研究哲学是个比较严肃的事情，容易给人留下固执死板的印象，但这话放到王守仁身上不合适。

王守仁的偶像是王越，研究哲学并不耽误他研究兵法，这个时候他已经有了一套自己的行事之道。总结起来，不管是打仗，还是处理一些随机应变的事儿，王守仁的风格就俩字：诡异。

真真假假，假假真真，擅于迷惑敌人，不光是对手，经常连手下还没搞明白是什么情况，事情已经圆满解决。

对付刘瑾派来的杀手，王守仁初步表现出了这种行事之道。舟行至钱塘，他使出一招金蝉脱壳，伪造出一个投江自尽的现场。为求逼真，他甚至还留了一封遗书，表示自己遭到身心双重摧残，实在活不下去了，就此一了百了。

杀手们哪想到王守仁会如此诡计多端，他们满意地拿着遗书回京复命去了。

骗过杀手只是小菜一碟，此刻真正困扰王守仁的是思想问题。

官场如此黑暗，现实如此不堪，此一去龙场吉凶未卜。要不，干脆飘然远遁做个隐士？从此不问世事。那样既能追寻自己的理想，也不至于连累家人。

往哪里去，王守仁一度在福建徘徊了几天，不知所往。凑巧一天他投宿到一座不知名的寺院，遇到了一位故人。此人是个道士，也是王守仁眼里的世外高人。听完王守仁的叙述，高人并没有表态，他只是建议道：算一卦不就清楚了吗？

这一卦的结果是“明夷”，在卦象中为离下坤上，象征黎明前的黑暗。

道士微笑道：“依卦象来看，重见光明的日子并不遥远，你只需再忍耐一下，切不可改弦易辙啊。”

这一卦给王守仁指明了方向，他就此收起了隐遁的心思，决心照计划去龙场赴任。临走前，他信心满满地在寺院墙上题诗一首：

> 险夷原不滞胸中，何异浮云过太空？
> 夜静海涛三万里，月明飞锡下天风。

这首《泛海》是王守仁的名作，体现了他的人生观和哲学观，中心思想在后两句：夜深人静时，我思考着国家的命运，思考着自己的人生经历，尽是大起大落，如海中波涛一般。我将乘天地之正气，秉光明的心地，去接受任何艰难险阻的挑战。

王守仁就此抛下杂念，往龙场而来。

在那个年代，平安到达龙场绝非易事，北京到贵阳就有两千多公里，他还坐船兜了个大圈子。直到正德三年（1508 年），翻越众多崇山峻岭，三十六岁的王守仁才终于抵达他新的办公地点——龙场驿站。

所谓驿站，其实就是国家设立的招待所，用来给南来北往的朝廷公职人员中途落脚，战时传递军情，兼有物流传递作用。

朱元璋即位后，完善和细化了大明驿站系统，以求做到对帝国的深入统治，效果一度很不错，明朝的驿站制度成为中国古代驿站史上的一个高峰。

比如一个官员出差来到驿站，只要出示“驿符”（出差证明），就能在驿站得到吃住全包、马匹换乘的待遇，费用全部由国家承担。例如，当年和唐寅一起犯事的徐经的曾孙，那位著名的大旅行家徐霞客，他出门就没少用“驿符”蹭吃蹭住。

当然，徐霞客不是朝廷官员，他的“驿符”是靠走后门拿到的。

到了明代中后期，许多人发现了驿站制度的漏洞，但凡有点关系的人，“驿符”就成了他们居家旅行、走亲访友的必备物品。于是，地方驿站的经费一年比一年高，财政压力一年比一年大，许多驿站不堪重负——破产了。到最后，崇祯皇帝穷得实在没办法了，就说关停三成驿站吧。然后有个陕西米脂县银川马驿的驿卒就失业了，没几天就造反了——他叫李自成。

明代中期，财政压力加大，驿站多半只能苦苦维持。那么，王守仁到达的龙场驿站，是个什么情况呢？

一句话说，这里算得上驿站中的“极品”，环境极度恶劣的那种。

贵州在永乐年间刚刚建省，还是片蛮荒之地。龙场又位于贵州大山中的大山，这个地方景色是别致的，生态是原始的，所谓驿站，就是两间既不遮风又不挡雨的草棚，十分简陋。

这里瘴疠漫山、猛兽出没、毒蛇环伺，关键还和当地人语言不通，遇到啥事，连打个招呼的人都没有。

王守仁看了也是心下倒抽一口凉气，这个刘瑾，是非把我往死里整啊。

好在两个仆人没有抛弃他，一直跟着王守仁到了龙场。主仆第一件事便是夯土筑墙，大搞土木工程，以免半夜被猛兽袭击。

这种工作定然是极其辛苦的，草房还没搭到肩膀高，王守仁就已经相当满足了。王守仁虽降格成了驿丞也不忘写诗，这番境况在他诗中就成了——草庵不及肩，旅倦体方适。

舒适之余也不忘自嘲，这样的房子，门外的荆棘就是篱笆，虽然有点漏风，但是漏雨也容易修补。

条件艰苦点也就罢了，在龙场那个地方还有个吓人的问题，瘴气太重。

有一次，王守仁隔着篱笆看见一位吏员带着一子一仆，三人经过驿站，投宿在了当地苗人家里。

难得看到中原来人，王守仁本想过去拜访，看到天色已晚又下起大雨，便打算第二天再去。等他一大早前去时却扑了个空，原来三人一早就匆匆上路了。

还没等王守仁懊恼完毕，隔天就从路人口中得知，离此不远的蜈蚣坡下发现了三具尸体。王守仁赶去一看，不是那吏员三人却又是谁?

自古南方多瘴，被原始森林包围的龙场尤甚。许多外人进来，水土不服，往往不知不觉地就着了道儿。王守仁待了好几年，偶有中招，问题却不大。

龙场悟道

王守仁把这归于情绪的力量，他在书中写道："二年矣，历瘴毒而苟能自全，以吾未尝一日之戚戚也。"

正如他所写，王守仁这段时间的主要事情就是加强心灵建设。

被贬到龙场，王守仁有志难伸，他完全有理由抱怨这一切，就算混吃等死，别人也无法指责他。

可是他心中最想做的事情，还是当圣人。

王守仁的选择是通过自己的努力改变现状，现实暂时无法改变，那就不去想太多。不是说"圣人之道，吾性自足"，不被现实左右情绪，加强心灵建设，能不能悟出点道呢?

他开始讲学、布道，并克服语言困难，教化当地居民，传播圣贤之道，真诚地给当地人讲课。

可到底什么是圣贤之道，其实是个王守仁自己也没解决的问题。

于是他便读书、静坐，时常在龙场漆黑的夜幕下发呆。

每当这时，他总会问自己，如果是圣人们身处这样的境地，会怎么做呢?

接下去的问题便是，到底什么是圣贤之道，我真的可以悟出来吗?

越是这么想，王守仁越是郁闷，千头万绪在胸中乱窜，理不成一股绳。

他隐隐觉得心中有所感悟，却又说不出个名堂来，一股郁闷之气在胸中凝结，几乎要癫狂了。

终于在一天黑夜，他如往常一样静坐。天空乌云翻滚，王守仁心中突然如明镜般通透，一些长久以来萦绕在心头的问题在电光火石间就有了答案。

佛教中有个说法叫“顿悟”，指通过正确的修行方法，迅速地领悟佛法的要领。“顿悟”更主要的是通过灵感来完成，就时间来说可能是瞬间。

王守仁这天遇到的就是这样一种情况，当闪电划破长空，雷声激荡耳鼓，所有的干扰一起消失了，王守仁的灵台一片空明。在一瞬间，他抓住了那个问题的答案。

这场“顿悟”，史称“龙场悟道”，王守仁悟出来的其实只有一句话——“圣人之道，吾性自足，向之求理于事物者，误也”。

它有两层意思。

第一层，王守仁确定自己对朱熹的怀疑是正确的。“格物致知”的观点没错，朱熹的解释有问题。

朱子学说的“天理”，要通过一草一木去“格”出来。这个工作太宏大，太抽象，穷尽个人一生都无法完成，要按照这个方式去寻求“天理”，一辈子也得不到。

“天理”在哪儿呢？就在人心。

“心即理”，“天理”在每个人心中都存在。换句话说，人人都能成为圣人，只是不自信，又不够努力，所以埋没了这位圣人。

——个个人心有仲尼，自将闻见苦遮迷。而今指与真头面，只是良知更莫疑。

如何找到这位圣人？王守仁将其归纳为“致良知”。

“良知”人人都有，圣人与普通人的区别，正在于圣人完完全全地“得到”了自己的良知，而普通人的“良知”，都被私欲和无明遮蔽。

普通人心中的“良知”被自身不当的行为、观念掩埋、遮蔽。人若要成为圣人，则必须除掉这些遮蔽本心的行为和观念。

换句话说，“格物致知”，要“格”的不是竹子，而是自己。只要找回自己的“良知”，就和圣人无异。

如果只是指出这一点，“龙场悟道”也并没什么特别，这种思想确实是对儒家思想的正确解读。早在王守仁之前，南宋的陆九渊就已说过“宇宙便是吾心，吾心即是宇宙”，认为要认识宇宙本来的面目，只要认识本心即可。

陆九渊与朱熹齐名，两人是同时代人物，他的学说在当时就与以朱熹为代表的“理学”相抗衡。只是后来朱子理学被官方确立为正统，陆九渊的学说才被认为是离经叛道。

“龙场悟道”之所以振聋发聩，在于它的第二层意思。

士大夫，或者说知识分子的使命是什么？这点王守仁认同朱熹的回答：以天下为己任。即范仲淹说的“先天下之忧而忧，后天下之乐而乐”。

但在实践方法上，王守仁给出了不一样的答案。

儒家的终极理想是“修身、齐家、治国、平天下”，放现在看也不能说错。矛盾的是，要想实现理想就得掌握权力，有了权力才能建立起秩序，让天下在理想的框架下运转。

权力在哪儿呢？当然是在皇帝手里。所以，儒家知识分子的行道之路，就是用自己的理论去说服君主，希望君主按照自己的理论去改善，乃至于重建人间秩序。

这种方式叫作“得君行道”。其技术路径是向上看，面向朝廷，说服皇帝，利用皇帝掌握的权力，建立符合士大夫理想的人间秩序。

历史上包括孔子、孟子、朱熹在内的诸多大儒都是这么干的，问题是“得君行道”实现的概率很小，失败率却极高。

孔子、孟子的惨败就不说了，即使是得到汉武帝支持的董仲舒，也是他被修改过的理论。而对董仲舒，汉武帝则“阳用其言，而阴弃其人”。

朱熹曾经抱怨说：“千五百年来，周公孔子之道，未尝一日行于天地之间。”这等于说，从孔子死后一直到宋朝，人间秩序都是不合理的，孔子之后的儒家士人一直未能改变这种局面，都在做无用功。

就连程朱二人也是如此，程颐和朱熹毕生致力于建立“得君行道”的理论方案，结果程颐长期被流放，全部著作被宋徽宗下令销毁，死后朋友门生甚至都不敢去送葬。

朱熹学说一度被朝廷打成“伪学”，朱熹被斥为“伪学魁首”，列在“伪学逆党”籍黑名单的第五位，有人还提出“斩朱熹以绝伪学”。朱熹以“伪学罪犯”被落职罢祠，朱子门人或遭流放，或被下狱。

有人说，后来程朱理学不是被奉为正统了吗？是的，那只是一部分而已。官方所采用的主要是其中的“天道”说，使之成为强化神权和王权的合法性依据，来进一步强化“三纲五常”，以维护自己的统治。

程朱理学是个庞大的体系，涵盖人性、教育、科学、美学等诸多方面，对社会、民族及伦理道德和个人生命信仰都有探讨。王守仁深受朱熹学说的深刻影响，他的思想也需要以朱熹学说为基础进行突破，所以朱熹后来的地位那么高，是有他的道理的。

王守仁年轻时，对“得君行道”也是深信不疑，但这种信仰在正德元年的那次廷杖事件中被击碎了。王守仁上疏，内容半句也没提刘瑾，也不是对戴铣表示支持，仅仅是提出对言官不该以言论治罪。这种毫不过分的意见，换来的结果却是被扒掉裤子打廷杖，再贬为龙场驿丞，途中还要被刺客追杀。

“得君行道”换来这样的奇耻大辱，小命还险些不保，王守仁的思想彻底动摇了。“得君行道”理论上没错，只是条件过于苛刻，不光需要明君，还需要有德之君。这样的皇帝几百年也未必出一个，根本就行不通嘛！

“龙场悟道”以后，这个问题豁然开朗了，既然向上看行不通，那向下看行不行？

——“乃知圣人之道，吾性自足，向之求理于事物者，误也。”

由第一个方面可知，所谓圣人之道其实就在每个人的心中，只要内心足够强大，人人都能成为圣人。只要能做到“致良知”，人人能当圣贤。

如果把皇上也当作一个“事物”，上面这句话可以说得更直白：我现在才明白，行道所需要的权力，我自己就有，之前寄希望于利用皇帝的权力，是错误的。

王守仁自此从“得君行道”转向“觉民行道”。

虽然知道“道”，但是“得君行道”是死路，即便知道了也没用。这个模式中，知和行，是分开为两段的。

儒家士人“知”道，但没有权力“行”道。皇帝虽然有权力“行”道，但是不“知”道。

那么，既然“心即理”，只要“致良知”便能找到圣人。也就等于说，“行”的对象未必是皇帝，每一个百姓都能成为被觉悟的对象，每一个儒家士人都可以自己去觉悟民众，不需要借助任何中间环节。

“觉民行道”，这个模式中，“知”和“行”是合一的，“知”便能“行”。用王守仁的话说，这是一个“先觉觉后觉，先知觉后知”的过程。

事实上，这正是孔子探索和实践的方向：孔子周游列国，遍谒国君，未能行其道；孔子弟子三千，有教无类，贤人七十二。

孔子一边“得君行道”，一边“觉民行道”，他是在两种模式间探索的先行者。

所以在某种程度上，可以把王守仁的“龙场悟道”视为真正儒家思想的一种复兴，一种寻求启迪民众、引导民众的思想复兴。

当时正是16世纪初，就在王守仁被贬龙场前一年，波兰国王亚历山大签署了《尼希尔·诺维法案》，使波兰成为贵族民主国家。与此同时，一场反映新兴资产阶级要求的欧洲思想文化运动正进行得如火如荼，它叫“文艺复兴”。

文艺复兴运动使正处在传统的封建神学束缚中的人慢慢解放，人们开始从宗教外衣之下慢慢探索人的价值。作为人，这一个新的具体存在，而不是封建主及宗教主的人身依附和精神依附。

是不是与“觉民行道”有些异曲同工？“觉民行道”就是以个人为对象，绕开统治者这个“得君行道”的中间环节，来启发大家做圣人，实现自我价值。这也解决了儒家理论一直浮在实际之上的问题，并提供了具体的操作方法。

王守仁的“心学”，能为明代社会带来什么改变呢？

第二十一章 有能力的阉党

“站皇帝”

话分两头，再说北京那边。

刘瑾通过一顿雷厉风行的操作，狠狠地打压了不听话的官员，放眼朝廷内外，风头一时无两。

不过在比肩王振的道路上，他很快遇到了一个新的难题。

刘瑾的文化程度一般，团队重要成员焦芳也是个气量狭小、能力平平的人。依附刘瑾的人多是趋炎附势之辈，有真材实料的人更少，他的团伙缺少一个智囊级别的人物。

刘瑾曾经想拉拢右都御史兼“三边总制”杨一清、东阁大学士杨廷和等人为自己效力，但这些人都死硬得很，不肯依附自己。还有那位被强迫留任的李东阳，委屈得像个怨妇。刘瑾看着苦瓜脸的李东阳一度很不顺眼，想把他搞倒，反倒是焦芳为李东阳说话，使后者得以平安无事。

只有个焦芳是不够的，刘瑾加紧物色智囊，终于一个对他意义重大的人出现了：吏部员外郎张彩。

张彩，字尚质，号西麓，巩昌府安定县（今甘肃省定西市）人。与焦芳、李东阳等翰林官员相比，张彩的学问有些相形见绌（二甲第六十九名），可相比长相略丑的李东阳、焦芳等大学士，张彩有个很大的优势：长得好看。

在明代要想当官或是出人头地，长得好看是很重要的，相貌不佳者很难被委以要职，即使得到选官也很难升迁。

张彩脸色白皙，身材修长，这个二甲进士被分配到了重要部门吏部，成为一名主事。

主事在明代位列六部司官，吏部主事更是六部中的实权职位。前面说科举考试未必就能选拔真正的贤能，张彩可算作一个异类，他在这个职位上表现出了很强的工作能力，别人个把月也无法处理的难题，到他手里三五天就能搞定，而且让人挑不出什么毛病。

张彩很注重洁身自好，身处吏部这个肥缺职位，他却能做到为官清廉拒绝贿赂，这点实在是很难得。诸多同僚都觉得张彩是个人物，时任吏部尚书马文升更是很欣赏张彩，认定这个主事将来会接替自己。

如此能力让张彩赢得不小的声誉，大家都认为，就算资历低不能入阁，假以时日，他搞个尚书当当也是不成问题的。

然而正常的惯性在正德元年（1506 年）被颠覆了，随着阁老们在与刘瑾为首的“八虎”的对抗中败北，朝堂迎来了一波大清洗。赏识他的主官不是被罢黜就是自身难保，张彩也迎来了人生一次最重要的选择。

刘瑾是陕西人，张彩是甘肃人。明代没有甘肃这个省份，朱元璋撤销了元朝的甘肃行省，并入陕西布政使司管辖，因此刘瑾和张彩算是老乡。焦芳又极度排挤南方人，斥退诸多南方大臣后，他向刘瑾推荐了张彩。

刘瑾一听自己有这么一个能干的老乡，就想将他罗致到自己麾下，他给张彩下了个最后通牒：“你必须马上来见我，逾期不到，便贬谪为民。”

以张彩的头脑，自然知道这是什么意思。此时张彩已五十多岁，见识了刘瑾的手段和“奸党”的下场，在理想与现实之间，张彩选择了后者。

记载中，张彩打扮得光鲜亮丽地去见了刘瑾，如此一表人才又能言善辩的老乡，让刘瑾一见倾心，拉着张彩的手就说：“你真是神人，我何幸得以遇到你！”

张彩的主动投靠，让刘瑾有了刘备得到诸葛亮的感觉，张彩也立马得到了第一份回报——吏部文选司郎中。

王守仁曾当过兵部武选司主事，与之相比，张彩的新职位更加重要。

六部中首重吏部，吏部权力最大，它管理的是官员的任免、升迁、考核、惩罚，和所有官员的切身利益相关。

理论上，吏部并没有权力任命官员，最终的决策权都在皇帝，实际上它有很大可能左右官员们的仕途。因为吏部负责提名晋升人选，并审核候选人的资格，这两项权力都是很关键的。

吏部下设“文选司”“考功司”“稽勋司”和“验封司”四司。稽勋司管理官员的资历、守制、终养等情况。“验封司”管理官员的封典、奖励、抚恤和土官的世袭等。文选司和考功司则是吏部的核心部门，也是权力最大的部门。文选司负责文官的选拔、分配、任免。考功司考核官员的功劳，考察一个官员有无功过是非，进而决定奖惩。这两个司的郎中是核心岗位，吏部尚书都没有权力任免，必须请旨由皇帝圣裁。

当时文选司郎中刘永已升为通政使，依次应安排验封司郎中石确晋升文选司。石确晋升的奏疏已呈入大内，刘瑾愣是利用手中的权力追回奏疏，逼着吏部尚书许进推荐张彩晋升为文选司郎中。

张彩对此感恩戴德，自此一心追随刘瑾。张彩很快用行动证明，刘瑾提拔他确实是做对了。

刘瑾操弄权柄后，天下纷纷传言，大明朝有两个皇帝，一位是坐着的朱厚照，另一位就是站着的刘瑾，人称“站皇帝”。

有能力的阉党

刘瑾当权之初，大力地排斥异己，但他的头脑和团队能力配不上他的野心，只会给大臣们扣上“奸党”的帽子。至于“奸党”到底如何“奸”，犯了什么错误，刘瑾罗织不出来，焦芳也整不明白。

如此“莫须有”地给大臣罗织罪名不是办法，不但低效而且阻力非常大。

张彩一来迅速地解决了这个难题，他在吏部工作多年，对朝堂的派系纷争和大臣们的私人问题是一清二楚。

张彩迅速用两个手段解决了这个难题。

一、利用大臣们的内部派系，拉一派打一派，打一棒子给一颗枣，把大臣们整治得服服帖帖。

二、对于无党无派的大臣，张彩就在他们的私德上做文章，小到家仆大到小妾，都能成为绊倒大臣的石头。

有了这几招，刘瑾整起人来变得有理有据，效率倍增，关键还堵住了大臣们的嘴，越来越多的人开始依附刘瑾。在刘瑾的授意下，吏部尚书许进知趣地当起了甩手掌柜，吏部基本就是张彩说了算。一年之内，许进致仕，张彩越级提升为吏部尚书。

应该说，张彩确实是很有能力的，能就能在他既能为刘瑾服务，又能打着刘瑾的名义干正事。

比如，张彩亲自制定了一套严格的考核制度。名义上，新制度是为了更好地考核官员们的政绩，背地里，张彩利用这套制度为刘瑾服务。大臣的小辫子都被抓在张彩手里，官员听话就没有问题。谁要是想跟刘瑾对着干，直接就可以翻出他们的错误进行敲打。

这一手绝就绝在名义上是为国奉公，谁都不能有什么话说。后来这套制度被张居正学习吸收，很多条款直接选入了他制定的《考成法》。

有了张彩这样的人才执掌吏部，刘瑾也开始学习当初的王振，通过“卖官鬻爵”来增加收入，以供自己所需。谁知一段时间后，张彩找到了刘瑾对他说：您这样做不对。

刘瑾不解，前辈行得，自己为何行不得？

张彩解释，不是说不能卖官，而是卖得太亏了，应当如此这般。

在张彩的设计下，刘瑾的卖官方案出现了，以往的卖官比较实在，几品官，多少钱，明码标价，童叟无欺。刘瑾作了些微调整，主要是在上任时间上。

比如说某人想买个知府，可以，先给原价的钱。给了钱什么时候能上任？不知道，暂时没空缺，少安毋躁。问题是你这笔买官钱是七拼八凑借来的，急于变现，这得等到猴年马月？办法不是没有，加钱！很快就能上任。

通过这种方式，张彩变相地抬高了卖官的价码，为刘瑾增加了大笔收入。

刘瑾对张彩心悦诚服，将他倚为头号军师，他左手收着卖官的钱财，右手还收着地方官员们的“常例”。

“常例”也是当年王振发明的一项创收手段，地方官员进京汇报工作，必须对刘瑾有所表示。刘瑾虽然没有规定过“常例”该送多少，但显然地方官们只敢往多里送，不敢缺斤短两。据说各省大员，送给刘瑾的“常例”要超过万两白银。

坦白讲，送钱的官员，刘瑾未必记得住；可谁要胆敢不送，他一个也不会漏掉。曾经有个山东的地方官进京办点小事，没打听好规矩忘了奉上“常例”。刘瑾也没拿他怎么样，只是在他回去的路上放出风声，你已经上了黑名单，自己看着办吧。这个小官没钱送礼，更不敢得罪刘瑾，思来想去，竟然在路上自杀了。

就在刘瑾日进斗金的时候，张彩告诉他：“刘公公，您不能再收‘常例’了。”

刘瑾又想不通了，王振能收，前朝一些太监也能收，自己怎么又不能收了？

张彩说："您知道官员孝敬您的'常例'都是哪来的吗？他们进京之前，都在地方上打着孝敬刘公公的旗号大肆搜刮，得来的钱财大头全放进自己的口袋，只会拿出一小部分孝敬您。但是横征暴敛的骂名却得由您来背，您再收下去，想要以何面目面对天下呢？"

刘瑾勃然大怒，询问张彩该怎么办！

张彩早有对策，他不慌不忙地拿出了应对方法：反贪。

历来掌权的官员，想要进行一番改革是相当困难的，如裁撤冗官、清丈田亩、变更征收制度、改革税种税率等。即使明明有利于国家，也极难推行成功，就算一时得以推行，也很难坚持下去。历史上更多的例子是改革牵涉的形形色色利益群体，可以说困难重重。

但有一种改革是天然有效的手段，那就是反贪。

无论在哪个朝代，贪腐都是公认的犯罪和道德硬伤。即使大半官员都知道同僚是贪腐分子，谁也不会拿到面上说。

朱元璋当时给官员定的俸禄就是历史最低，高薪能不能养廉不敢肯定，显然低薪肯定是无法养廉的。大明到了正德年间，贪腐已成官场普遍现象。

身在吏部，张彩深知其中要义，用贪腐来打击异己，远比无能、失职、渎职更具备杀伤力。

然而，反贪武器远不止打击异己这么简单，这其中隐含了一个很多人忽视的地方：反贪也是出政绩最为快速和简单的方法。

见效快大家很容易理解，抓住贪官并公布其罪行，成绩就一目了然。

说它简单，是相对于其他革新政策，清除积弊的办法而言。

反贪是天然的道德标准和道德准绳，没有任何一个官员会站出来喊"不能反贪"。非但不能反对，官员们还必须在名义上配合，这就天然地降低了执行的阻力。

通过反贪，刘瑾可以快速获得政绩，也能让自己的声誉得到恢复，进而在朱厚照那里获得更多的信任。

反贪除了能带给刘瑾名声上的好处外，还能带来实实在在的利益。贪官被查获，轻则退赃罚款，重则抄家，有法可循，有理可依。

但是到底退了多少赃，罚了多少款，抄家又抄到多少财产？这些财物有多少上缴朝廷，多少留在地方，多少作为赔偿款？比如抄一家得十万两白银，上缴一两万两白银给朱厚照，他已经很开心了。剩下来的，还不是刘瑾自己说了算嘛！

百姓支持，官员配合，皇帝满意，钱包塞满——反贪已经不是一石三鸟了，简直是一举四得，还不会伤到自己。

办法有了，具体的操作细则张彩都替刘瑾想好了，这个细则将成为张彩一生最大的功绩。

这不是开玩笑，而是实实在在的功劳，它的名字叫“查盘”。

“查盘”，意即清查各级府衙的账目。这一手并不新鲜，以往短则一年，长则三五年，朝廷都会进行清查。在朱元璋时代，出现亏空时的解决办法很简单，追究时任官员的责任，要么是你贪污了，要么是你工作不力，总之官员必须给朝廷解决，不然就要问罪。

刘公公的理想

洪武之后，清查力度减弱，官员们就有了操作的空间。他们的普遍方法是把亏空推给前任，或是前任的前任，朝廷要追查，就去查那些人，反正跟自己无关。

这样一任任下来，亏空就成了一笔糊涂账，官员们可以在这里面大做文章，把自己的贪墨款项列为亏空，让朝廷无从查起。

张彩太了解官员的套路了，他告诉刘瑾，不要跟官员们纠结是哪一任落下的亏空，在他账上查到的亏空就是他的。只需要给他们追查亏空的权力，要找前任让他们自己去找。

如果找不到，就自己掏钱补窟窿，没钱就服劳役还债。自己这辈子还不清也别担心，朝廷安排他的子子孙孙接着服劳役，直到还清为止。

这样简单的一招，很猛也很毒。在张彩的“查盘”下，一年不到就为朝廷追回之前七八年的亏空。

不可否认，有部分无辜的官员倒在了张彩的“查盘”下，但也有大量贪官不得不退赃补上窟窿，就连已退休的贪官也不得不退回赃款，以免去当苦力。

张彩的“查盘”效果惊人，靠着这个智囊，刘瑾既干出了政绩，又打击了异己。科道结舌，文臣拱手，刘瑾已经毫不费力地实现了这个目标，甚至还有过之而无不及。

刘瑾俨然已经超越王振，成为大明第一大太监，因此人送绰号“站皇帝”，何解？京城俩皇帝，一个朱皇帝，一个刘皇帝；坐着的是正德皇帝朱厚照，站着的是立地皇帝刘瑾。

那么问题来了，朱厚照就真这么无能，刘瑾都成“站皇帝”了，他就一点儿都不知道，一点儿也不管？

一个为人熟知的解释是，刘瑾总是在朱厚照玩兴正浓时递上奏章，被打断的朱厚照极不耐烦，便经常挥手让刘瑾自行处理。

这种手法并非刘瑾首创，唐朝大太监仇士良就是个中好手。

这个说法不能说错，可要完全以为朱厚照会任由刘瑾摆布，那就是太小看他了。

这个“中二”少年并非草包，他从来没有真正放弃过权力。朱厚照能容忍刘瑾如此作威作福，不是因为他会给自己弄钱，也不是他会陪自己玩，主要有两个其他的原因。

首先刘瑾虽然弄权弄钱，但他也有自己的追求。或者说，至少表面看起来，刘瑾是个有理想的太监。

说到这点，我们在许多有名太监身上都能或多或少地看到这样的影子。比如王振虽然专权，却也知道支持王骥出征麓川；瓦剌入侵时，他更是坚决主张反击（效果另说）。

我们可以把这些不干好事的太监，统称为有追求的浑蛋。因为有追求，又能跟皇帝搞好关系，才能得到皇帝的信任，两个条件缺一不可。

刘瑾的理想是什么呢？说来吓人，刘瑾的理想比王振还要远大许多，他要干的事无数文官都只能做梦想想，那就是变法。

仗着权势，刘瑾提出了八十多处改革建议（吏部二十四事，户部三十余事，兵部十八事，工部十三事）。兵科给事中屈拴为了拍刘瑾的马屁，还曾上疏请求将刘瑾的变法编为《见行事例》，编辑出版，颁布中外，以昭法守。

由于后来刘瑾的下场很惨，他的这些短命变法大部分失去记载，有多少得到推行也不得而知。不过还是有一些被记载了下来，主要有下面几条：

一、改革“京察”制度，改六年一度的固定“京察”为不定期，给大臣们很大的压力。

二、命令孀居的寡妇改嫁，已经举丧没下葬的死者一律火化。

三、清查盐政，派出御史前往两浙追查历次盐运积弊，罚款和没收所得送入京师承运库（皇帝的私人金库）。

四、平衡科举，裁减江西乡试五十个名额，又增加陕西乡试一百个名额，河南乡试九十五个名额，以拉拢他自己和焦芳的同乡士人。

为了保证制度的落实，刘瑾还请立了内行厂，可以看作西厂的升级版。这个新设的执法部门除了监督天下百姓和文武百官，还负责监督两大特务机关北镇抚司和东厂，稍不顺心，就把这群特务往狠里惩治。

内行厂一出，效果很理想。锦衣卫和东厂完全被压制，官员们更是噤若寒蝉。

可以看出，虽然其中不乏出于私心的改革（科举），但刘瑾的改革并不怎么危害到朱厚照的统治，甚至在他眼里还有一些积极的成分。

例如，第一条有助于对官员进行考核；第二条属于移风易俗运动，颇合朱厚照的胃口；第三条既能清理积弊，还能带来收入，朱厚照更是没意见。

有这样一个既能整文官又讲“原则”，还能帮自己把娱乐活动安排得井井有条的太监，简直是太贴心了。至于一些权力过大的副作用，则属于可以忍受的范围，不影响朱厚照对刘瑾的信任。

第二十二章 安化王之乱

安化王之乱

可惜好景不长，正德五年（1510年），大权在握的刘瑾不甘于眼前的业绩，他想要拓展一下改革方向，把手往军屯上伸一伸。

张彩立马反对，搞别的都好说，军屯可千万别碰。一不小心，大家都得栽在这上面。

这回刘瑾没有听张彩的，军屯这事一旦干成，他的地位将在太监史上留下浓墨重彩的一笔，有希望成为史上“天”字第一号大太监。

为什么这么说？因为军屯太难搞，以致没人敢碰。

从洪武元年（1368年）到正德元年（1506年），一百三十八年过去了，战争年代为朱元璋“养兵百万，不费百姓一粒米”的军屯制早已背离了“寓兵于民”的初衷。比如明初朱元璋在贵州设二十个卫所进行屯田，军户共有

“屯田、池塘共九十五万七千六百余亩”。正统年间兵部尚书王骥巡视贵州后发现，这些田塘已是“徒存虚名”，仅剩下个零头。

土地不会自己消失，去哪儿了呢？土地兼并这条规律在发生作用，正是“良田为官豪所占”，导致“贫穷军士无寸地可耕”。

在那些边远地区，军户屯田被侵占的现象更加严重。万历十年（1582年），张居正在辽东清丈军屯，查出被侵占屯地计八千三百九十顷，这一数字，较之永乐初年的辽东屯田最高额二十五万三千余顷，已经占其百分之三以上。

军户田产被兼并，衣食都无法保证，直接导致军队战斗力下降。屯田制已名存实亡，土地兼并的问题并没有好转的迹象，反而愈演愈烈，历朝都有大臣意识到这个问题，不断上疏请求改革。

和打击贪官一样，清丈军屯打着为国家谋福利、改善军人待遇的旗号，是标标准准的程序正义行动，谁也不会旗帜鲜明地站出来反对。

但为什么始终没人干呢？

和打击贪官不一样，贪官的打击面是可控的。贪官们再贪，也不敢造反。要打一个贪官还是一批贪官，完全取决于刘瑾的心情和需要。

而整理军屯，少则涉及十数个卫所，多则波及整个都司所有的卫所。一个卫所定额五千六百人，动不动就是涉及几万人到十几万人的大动作。整得好，得罪侵占军屯的将官；整得不好，得罪本就相当不高兴的大头兵——这是个两头不讨好的差事。

皇帝们当然知道这个问题，但这件事实在太大，不是光靠杀几个达官显贵、军官将领就能解决的。所以，朝廷历来都只敢小修小补，不求推倒重来，只求不出大乱子即可。

大明王朝有几个最不能碰的地方，其中之一就是军屯。刘瑾的胃口很大，公然提出要清丈军屯；朱厚照年少气盛，也是个想干就干的皇帝。

一个敢提，一个敢批。由刘瑾奏请，朱厚照批准，掀起了一场轰轰烈烈的清丈军屯运动。

这事要是真干成了，将解决大明朝的一个顽疾，刘瑾的太监生涯将达到一个新的历史高度，谁也无法否认他的贡献。

可是，连张彩都明确反对的事，刘瑾那点儿脑子，怎么就敢肯定自己能办成呢?

得意忘形的刘瑾没想那么多，他也没有什么实施细则，只是给各地官员和御史下达指标。反正刘瑾只要结果，用什么手段，对不对，他都不管。官员们可以根据当地情况，酌情考虑。

事情就演变成了，谁的成果越大，谁越能得到刘瑾的另眼相看。

刘瑾派往宁夏的是巡抚都御史安惟学和大理寺少卿周东。这两个人的仕途不高不低，很想再往前跨一大步，但是清丈军屯这活儿，不是短时间就能干成的。周东就和安惟学商量后，决定采取简单粗暴的办法。

周东和安惟学二人认为，刘瑾要的无非是政绩，至于办没办，办到什么程度，他是不会追查的。他们只要在顷数上稍作手脚，政绩不就出来了吗!

他们的办法很绝：在不需要做任何工作的基础上，更改计量单位，将沿用数千年的一百亩为一顷改为五十亩为一顷。如此一来，无须任何丈量清理，屯田总面积名义上立即翻了一倍。

安惟学说好是好，可是屯田增加了，相应的税收也要增加。官兵们如何肯答应?

周东却说不用担心，哪能让官兵们知道，到时咱们再打个报告，说遭遇天灾，军士逃亡之类，想办法再把这窟窿补上就行了。

周东与安惟学这两个人，竟然想到这种无耻的方法，要知道这种事理论上可以操作，但在实际执行中，由于涉及太多人的利益，保守秘密的可能性近乎为零。

消息不出意外地泄露了出去，军人们一听，在他们手里土地没有变化的情况下，要多缴一倍的税?

这一手可以说是把士兵和将官们全得罪了，他们抄起家伙就走上街头抗议。

周东与安惟学顿时陷入一个很尴尬的境地，当着这么多人，他们是没办法向众人解释的。安惟学咬咬牙，下令将带头闹事者的妻子抓到官署，以杖责折辱，想用人质牌先平息这次危机。

这下更捅了马蜂窝，士兵们直接一把火就点了周东的官署，扬言再不放人，就把周东和安惟学拉出来砍了。

就在两方还在僵持，事情还没解决的时候，军队的群情激愤被一个人敏感地察觉到了。

此人是安化王朱寘鐇，朱元璋第十六子庆王朱㮵的庶支后裔。

庆王原本也是朱元璋分封的九大塞王之一，洪武二十六年（1393 年）就藩，驻扎在韦州城（今宁夏吴忠市同心县），授权管理庆阳、宁夏、延安、绥德诸卫军务，负责镇守塞上疆土。

建文三年（1401 年），朱允炆下诏让十六叔离开气候条件相对优越的韦州，搬到贫瘠的宁夏。当时的宁夏条件不如韦州，偏僻危险不说，连好的水源都没有（宁夏卑湿，水泉恶）。

“靖难之役”中，朱㮵如其他塞王兄弟一样没有选择站队。朱棣即位后，政治嗅觉灵敏的朱㮵又主动上交了自己的护卫。如此乖巧的表现让朱棣大为满意，但他也没有同意朱㮵还藩韦州的请求，只是允许他每年夏天可以到韦州避暑。

庆王朱㮵享藩四十七年，于正统三年（1438 年）去世，史称庆靖王。朱㮵庶四子朱秩炵封安化王，朱秩炵世子朱邃墁早亡，故朱邃墁之子朱寘鐇于弘治五年（1492 年）袭祖父朱秩炵爵位，成为现任安化王。要论人物关系，朱厚照得叫他曾叔祖。

朱寘鐇很喜欢结交军界人士，他对祖上分到的这块封地也相当不满。他的祖辈曾数次上疏请求还藩韦州都遭拒绝，朱寘鐇的理想就远大多了，去韦州不行，那为什么不干脆一步到位，直接上北京呢？眼下刘瑾胡作非为，正是“清君侧”的时机，这事朱棣做得，自己为什么就做不得？

正好宁夏指挥使周昂，千户何锦、丁广等对安惟学、周东如此胡作非为义愤填膺，宁夏卫学的诸生孙景文、孟彬、史连，也都是朱寘鐇的人。他们一拍即合，正德五年（1510 年）四月初五，朱寘鐇设下鸿门宴，诱杀总兵官姜汉、镇守太监李增。丁广率兵袭杀安惟学、周东于公署。

朱寘鐇随即以何锦为讨贼大将军，周昂、丁广为左右副将军，孙景文为军师。朱寘鐇学习朱棣作檄文历数刘瑾罪状，以“诛刘瑾、清君侧”为名起兵，一时间关中大震。

消息传到京师，朱厚照毕竟还是个不到二十岁的孩子，一听就慌了。他搞不明白，朱寘鐇是搭错了哪根筋，怎么突然就造了反。

其实朱寘鐇早就说了起兵理由，就在他那篇檄文里。里面写到刘瑾所作所为天怒人怨，还交结内外文臣武将，意谋不轨，把事件抬升到了“主幼国危”的高度。

刘瑾看到檄文的第一眼，就意识到大事不妙，严令手下收缴所有檄文，万万不可流传出去！因此大家都没看到。

一头雾水的朱厚照虽年幼却并不糊涂，他明白镇压叛乱这种事光靠刘瑾是搞不定的，于是他召来了李东阳。

自从正德初年没能跟随刘健、谢迁“享受”到罢官的待遇后，李东阳干得并不怎么如意，简直可以说非常郁闷。

荣升内阁首辅，李东阳只是块装点门面的牌子，刘瑾每天把奏章带回府中，与他的妹婿礼部司务孙聪及华亭人张文冕商量参决，再由焦芳润色。李东阳名义上负责审核，实际上基本得按刘瑾意思来，这一时期内阁相当于失去了“票拟”权。

李东阳屡次上疏请辞，都未获批准。不是不想走，而是走不了。真要辞官也不是没办法，上一封言辞激烈点的奏疏，骂几句刘瑾，估计很快就会被批准，可他并没有这么做。

要问为什么，许多人认为这是李东阳忍辱负重，上演一出与狼共舞的好戏。但更可能的是，李东阳更多是怕危及自身。说李东阳贪恋相位不至于，要他与刘瑾彻底决裂，他也不敢。

也不能就此说李东阳没有气节，像刘健、谢迁那样甩手回家，在大部分人眼里就是有气节的表现。可时势使然，纵然博得个清高的名声，于事又有何济呢？若能忍辱负重，有济于善事，哪怕只能做一点点事，从实际上说，这比一走了之的人更需要勇气。

既然留下来，就少不得要与刘瑾频繁接触，这一时期，李东阳和刘瑾之间维持着一种微妙的关系。至少表面上，刘瑾对李东阳还是相当尊敬的。李东阳也乐得投桃报李，他为刘瑾兴建的玄真观撰写碑文，说好听点叫歌功颂德，说难听点叫阿谀奉承，也因此被众人嘲讽。

拍马屁的事没少干，能干点实事时李东阳也不含糊。虽说人在屋檐下不得不低头，但李东阳终究有着一颗不甘同流合污的心。有机会时，他也会弥缝其间，保护一些良善的人，如尚宝司卿崔璿、湖广副使姚祥、工部郎中张玮、御史王时中等曾得罪刘瑾，都是李东阳力救免死。

一些人的性命因他得以保全，也有许多人的冤狱他没有能力解救，李东阳就这么尴尬而纠结地在刘瑾的眼皮下，用其独有的世故圆滑的处事方式努力维持着秩序、维持着表面的平静，直到表面的宁静终于被打破。

朱厚照召集内阁商量平叛人选，刘瑾推荐的是自己人兵部侍郎陈震。李东阳有不同的意见，他表示陈震很能干，但缺少带兵的经验，自己有更合适的人选，只要这个人出马一定能成功！

朱厚照来了兴趣问是谁？

李东阳回答，杨一清。

杨一清，之前讲张彩时提到过这个名字。这位成化八年（1472 年）进士走的是军事路线，长期巡抚边疆，督理马政。不过，杨一清绝非只会养马，他的风格接近于王越。一次蒙古人大举入侵固原，在没有后援的情况下，杨一清复制了王越的战术，自率轻骑自平凉昼夜行军，深入敌后发动奇袭，击退了蒙古人的进犯。

杨一清自此一战成名，以右都御史身份总制“三边”。当时余子俊的边墙年久失修，已不足以抵御入侵。杨一清很是大胆，他提出一个更激进的防御方案：复设东胜卫（今内蒙古托克托县双河镇）。

东胜卫原为元朝的东胜洲，洪武年间设东胜左右卫，归晋王管辖。朱棣“靖难”成功后为防备新任晋王，将东胜二卫内迁，其中东胜左卫迁至北直卢龙县（今河北卢龙县），右卫迁至北直遵化县（今河北遵化市）。

永乐年间，明军还是时常到此地巡逻，保持着对河套的控制。“自仁宗不勤远略，宣宗承之”之后，东胜卫已被彻底放弃，河套也就逐渐沦为蒙古人的马场。

东胜卫极具战略意义，起着连接山西与宁夏诸卫、控扼河套的重要作用，若真能恢复东胜卫，将直接影响明朝北疆的边防形势。

这是个王越、余子俊想也不敢想的工程，杨一清明白一口吃不成胖子，他的办法是步步为营，先修筑延绥、宁夏长城，“以为复东胜之计”。

客观来说，杨一清的想法是靠谱的，不是因为正德年间的大明恢复了强大，而是现任皇帝朱厚照不同于父亲朱祐樘和爷爷朱见深。

在朱厚照身上朱棣的基因表现得比较明显——军事上，他是个主张采取攻势的皇帝。

朱厚照果然批准了杨一清奏修长城的方案，并拨下自己的小金库（内帑）数十万两白银让杨一清完成防御工事。如果君臣配合，这个功业有实现的可能。很不幸的是，事情还是坏在了刘瑾手里。

在张彩投靠之前，刘瑾就看上了杨一清，希望他能成为自己的一党。只是他忘了事先打听一下，杨一清的名字是怎么来的。

景泰年间，一个叫杨景的云南安宁人带着他刚出世不久的孩子乘船过黄河。船到中游，有人发现混浊的黄河水里有一股清水在流动。古代有个民谣“圣人出，黄河清”，古人非常迷信，看到清水出现，人们难保不与民谣联系起来。

一时举船大哗，都说这是个吉兆。杨景当即为自己孩子起名为“一清”，希望他长大以后如同这股黄河水一般清澈。

杨一清时刻不曾忘记自己名字的来历，刘瑾的暗送秋波理所当然地换来了严词拒绝。刘瑾恼羞成怒，立即发动一党弹劾杨一清，诬陷他冒领浪费边疆费用，将他逮入“诏狱”。幸而李东阳极力解救，杨一清在被罚款六百石后得以致仕。

彼时杨一清已经是一介庶民，正在镇江闲居。李东阳提出这个人选长期主管兵事，熟知军务，确实比陈震更合适。朱厚照马上下旨，起复杨一清为“三边总制”，即行总督军务，率军平乱。

按照惯例，大军出征必须要有中官监军，此人只能在朱厚照的亲近宦官中选择。刘瑾事务繁忙自然无法脱身，朱厚照决定任命“八虎”中的另一名太监张永为监军。

听到张永这个名字，刘瑾的脸上掠过一丝不安。他赶紧提出，为保险起见，还是由陈震总制另一路陕西兵马，一同前往讨伐，不怕叛乱不定。

事情就此定议，这个看似不经意的人事安排，决定了刘瑾之后的倒台。

平乱远征军由杨一清总督军务，泾阳伯神英为总兵官，太监张永监军。大军浩浩荡荡地离开京师，打算给朱寘鐇点厉害尝尝。

可惜那时消息传递得太慢，也就没有人通知他们一个重要消息：就在朝廷方面刚刚派出远征军时，安化王朱寘鐇的叛乱已经被平定了。

原来朱寘鐇起兵后为扩充军力，派人拉拢率宁夏军区主力驻扎在外的游击将军仇钺和副总兵杨英入伙。仇钺是宁夏骁将，也是一个有勇有谋的老狐狸。他二话不说，拉着军队就回了宁夏城，还“主动”将兵权交给了朱寘鐇。

朱寘鐇大为满意，提出让仇钺统领手下当前锋，替他摧城拔寨。仇钺表示愿效死力，但现在身患重病，等养好后必定出征。

朱寘鐇没多想，高高兴兴让其他人带着叛军主力外出防御渡口去了。瞅准城内空虚的机会，仇钺仅率亲兵百余人诱杀周昂，生擒朱寘鐇，控制了宁夏城。叛军得知安化王被抓，老窝被端，相继溃散。

仇钺凭一己之力就平定了这场叛乱，此时离朱寘鐇起兵才过了十八天，不要说朝廷的大军没到，就连离得最近的固原总兵官曹雄的人马都还没全部召集完毕。

宁夏到京师路途遥远，刚刚出征的杨一清和张永哪知道朱寘鐇这么不经打，他们正在催动人马日夜兼程。

路上他们才收到了朱寘鐇事败的消息，但两人还是得跑一趟，这下仗是不用打了，善后工作还是要做的。

等到他们来到银川城，才发现这次是彻底白跑了一趟。仇钺的工作能力实在太高，平定朱寘鐇之乱后，银川城已经恢复到秩序井然——“市肆不变，然兵不劳而财不糜，以致大患底定”。

似乎杨一清、张永这次是“公费旅游”来了，实则不然，此行让他们获得了一样宝贵的东西，即安化王之乱发生的第一手材料，尤其是朱寘鐇的那篇讨刘檄文。这篇檄文本来被刘瑾严密封锁，一经发现立即销毁，见过的人屈指可数。如今，原始证据落到了杨一清和张永手里。

杨一清和张永，之前没什么交情，也没什么过节，两人是第一次当同事。在这个时间节点，看着眼前的檄文，他们心里都是思潮翻滚。

朱厚照身边八个得宠的太监被称为“八虎”，八人分别是：刘瑾、张永、谷大用、马永成、丘聚、罗祥、魏彬、高凤。

开始时最得朱厚照欢心的并不是刘瑾，而是马永成、丘聚、谷大用三个擅长骑射的太监。通过击败刘健、谢迁，刘瑾上位成为一家独大的大太监。

就像众多文官不可能真正拧成一股绳一样，宦官同样有各种小群体。前有正直的怀恩不肯同流合污，后有对抗“八虎”的司礼监王岳、范亨、徐智等太监。

“八虎”在对抗文官时可以结成一条心，一旦涉及自身，他们一样有着内部争端。随着刘瑾的权势越来越大，“八虎”中的其他人就越来越感受到他的威胁。

例如，“八虎”中主持东厂的马永成想提拔亲信邵琪，刘瑾压着不同意；执掌西厂的谷大用在临清开设皇店赚钱，刘瑾知道后抓了他的手下；另一只“老虎”丘聚，干脆就被刘瑾找机会参了一本，发配到南京孝陵充当“净军”去了。

刘瑾设立内行厂，除了充当自己的耳目，另一个目的就是监视和压制谷大用的西厂和马永成的东厂。内行厂拥有凌驾于东、西厂之上的权力，成为不折不扣的“天”字第一号特务机构。

谷大用、马永成等人与刘瑾偶有矛盾，大体上还能维持合作关系。张永就不同了，他和刘瑾之间已不是简单的工作冲突，直接上升到了私人恩怨问题。

张永，河北保定新城（今河北高碑店新城镇）人，成化年间入宫，特长是弓马娴熟，颇有勇力，朱厚照常称赞他为“壮士张”。“八虎”集团中，张永身兼数职，并兼领督十二团营和总神机营的差事。朱厚照身边最受信任的太监，除了刘瑾就要数张永了。

张永虽是“八虎”之一，却不像刘瑾坏得那样彻底，刘瑾干的不少事他都看不顺眼，常在朱厚照面前进谏。两人的矛盾逐渐不可调和。刘瑾认为最好是把张永弄死，就算弄不死，也要发配南京，叫他去和丘聚一起当“净军”。

为此刘瑾不断寻找张永的把柄，终于有一天，张永犯了个小错误。刘瑾喜上眉梢，进宫就重重地告了一状，说该把张永调往南京，限他即日离开京师。

朱厚照不明所以，批了。

请得上谕，刘瑾大喜，同时有点犯愁。张永可不是软柿子，万一他说动皇上改变了心意，怎么办？为此他想到个好办法，叫手下在禁门贴上一张告示：太监张永，不得再进宫门，钦此。

再说张永，正是人在家中坐，祸从天上来。听说自己被刘瑾告了，“壮士张”立马怒不可遏，不管不顾地来到皇宫。守门小宦官想要阻拦，说他已被禁止出入了，并让张永看告示……

张永定睛一看，这不是刘瑾搞的鬼，还能是什么！仍要往里闯！

小宦官不敢再拦，张永直入大内，冲到朱厚照面前扑通一声就跪下了：“奴才冤枉啊，这都是刘瑾陷害，皇上为奴才做主啊！”

朱厚照有点尴尬，只得表示，既然你们都说自己有理，那叫刘瑾过来，你们当面对质吧。

对质倒是不怕，听说张永进宫，刘瑾已准备好了一套说辞。来到皇上面前，他开始摆事实、讲道理，陈述自己对张永并无恶意，纯属就事论事等。

要论口舌功夫，张永差刘瑾十万八千里，但张永也有自己的优势。此人性格暴躁，拳脚功夫了得，他的人生信条是——能动手解决的，尽量不要动口。“壮士张”可不是白叫的。

正在刘瑾说得唾沫横飞时，张永已经挽好袖子，一拳就打到了刘瑾脸上

（方争辩，永辄奋拳殴瑾）。刘瑾怎么是弓马娴熟的张永的对手，顾得了头，顾不了腚，瞬间就被完全压制。

要照这么打下去，刘瑾很快就会被张永打死。当然这种事情没有发生，朱厚照虽然爱玩，却也不能容忍两个亲信太监在自己面前打架，他迅速叫停了张永。

看着愤怒的张永和狼狈的刘瑾，朱厚照好像明白了什么，他知道这事没那么简单，便叫来谷大用，让其为二人和解。

谷大用明白皇上的意思，他按照江湖规矩摆下一桌酒席，请来了集团的大部分同伙。这叫“和合酒”，讲和专用。

迫于众人的面子，刘瑾和张永不得不举杯和好，表示以后大家还是兄弟。

自然，这都是场面话，挨了打的刘瑾不可能忘却这顿拳头。张永更清楚刘瑾的为人，知道这个人一定会找机会报复，两个人的梁子反而越结越深（由是二人益不合）。

因此，刘瑾听到皇上点名张永监军时，赶忙提出让陈震一同前往，就是为了怕张永独得这份功劳。

计诛刘瑾

宁夏城内，杨一清和张永看着这份檄文，面面相觑，两人皆若有所思。

按照程序，被派到银川善后的监军张永，回京后还必须面见皇上，陈述这次平乱的整个过程。杨一清知道刘瑾和张永之间的恩怨，也知道刘瑾不除，天下将无宁日。那么，能不能以张永为突破口，利用好这个机会呢？

出征路上，杨一清与张永推杯换盏，相谈甚欢；可到回军路上，杨一清就换了一副面孔，他整天在张永面前长吁短叹，一副闷闷不乐的样子。

张永忍不住发问了：“杨大人，叛乱平定应该高兴才是，为何整天愁眉不展啊？”

杨一清面露难色："藩王作乱其实不难平定，只怕朝廷内部有人作乱，那才是真正的麻烦。想到这个，我就心神不定啊。"

张永也不傻："杨大人，有话但说无妨。"

杨一清也不说话，只是伸出手指蘸了点茶水，在手心里写下点什么。

张永一看，正是一个"瑾"字。

张永猜到杨一清的心思，可他也有自己的顾虑："刘瑾今非昔比，他现在羽翼丰满，爪牙遍及各地，要想铲除他的势力并不容易啊。"

杨一清此人不光懂军事，更是个博学善权变的官员。他凭自己一身文德武功，出将入相，才华一时无两，被比作唐代姚崇一样的人物。

张永的反应在情理之中，杨一清早有准备，他不慌不忙地从袖子里拿出两份奏疏。"张公公，办法不是没有，如今就是个最好的机会。"

张永展开奏疏，一份写着平乱的过程，另一份写着刘瑾谋逆的具体事迹。

杨一清看着张永，徐徐地说出了自己的计谋："您凯旋回到京城，皇上必定会召见详细询问征讨经过。到时您先呈上讨伐安化王的奏章，皇上一定还会问你许多问题，您再瞅准机会把第二份奏章呈给皇上，同时给他看朱寘鐇的檄文原件。只要您告知安化王造反的缘由，再详细汇报刘瑾如何愚弄皇上，他就必死无疑。"

张永还是犹豫："如果没有效果，怎么办？"

这是个关键问题，事情不成被刘瑾反咬一口，可不是闹着玩的。

杨一清说："不会，您只要想清楚两点：

"一、皇上亲信的近臣，除了刘瑾就是张公公您。这次出兵皇上不派别人，对您的信任不是很清楚吗？

"二、皇上是个好人，只是被刘瑾蒙蔽了。刘瑾有谋反的意图，皇上对公公不薄，您忍心看着他被夺走江山吗？

"别人去说不一定能成，公公去说一定有效果。这件事，天下只有张公您才能办成！"

"万一皇上犹豫呢？"

“万一皇上迟疑，您也不能动摇，赶紧伏地磕头哭泣，说如果刘瑾没有谋反的迹象，就把我杀了喂狗。只要您以死相争，皇上定会有个表示。”

看到张永还在盘算，杨一清不慌不忙又加上了一句：“公公，刘瑾伏诛以后，您必然会受重用顶替刘瑾的位置。那个时候，您就会成为像吕强、张承业那样的太监了。但是机会只有这次，希望您能立刻行动，不要迁延。”

张永沉思片刻，突然变了脸色，他猛然站起身，激动地说：“老奴又怎会怜惜自己的残生，而放弃报效皇上的恩情呢！”

那就这样干吧！

张永回京之日是正德五年（1510 年）八月十一日。这天，朱厚照一身戎装在东华门举行了盛大的献俘仪式，他响亮地喊出一声“拿去”！朱寘鐇的党羽在闹市被凌迟处决。

这个故事的结局并不算十分圆满，杨一清、张永在努力缩小打击范围，但刘瑾为了争功，还是将根本没有参与叛乱的一些官员列为同党一并冤杀。朱寘鐇本人暂时被囚禁，第二年三月朱厚照想起了他，体面地给了个赐死，尸体焚弃。

另外，报上去的平叛首功不是仇钺，而是没怎么和叛军较量的固原总兵曹雄，就因为曹雄的儿媳是刘瑾的侄女。

这是刘瑾最后一次弄权，他的末日快要来到了。

献俘结束后，朱厚照设宴慰劳张永等人，刘瑾、马永成等太监也都在被邀请之列。酒席上大家兴致都很高，酗酒的朱厚照更是频频举杯。只有刘瑾没怎么动弹，他紧张地盯着张永。

听说此行有朱寘鐇的檄文外流，不会落到张永手里了吧，要是他拿这个来告黑状，那可有点糟糕。

张永毫无异动，他喝得兴高采烈，看都不看刘瑾一眼。

看到已经醉醺醺的张永，刘瑾慢慢地放松下来——应该没事了。

这场酒席一直吃到深夜，马永成等人早就熬不住告退了。快六十岁的刘瑾实在熬不过二十多岁的朱厚照，想到第二天还有事，刘瑾不得不起身告辞。

临走前，刘瑾看了趴在桌子上的张永一眼。

刘瑾前脚出门，张永立马恢复了清醒。

“爷爷，请退左右，奴才有要事上奏！”

朱厚照喝高了，大着舌头说：“何事，明日再奏。”

张永上前几步，低声说道：“安化王造反，都是刘瑾逼的。”

朱厚照的酒醒了几分，他一直想知道安化王怎么莫名其妙就反了，这个疑问还没有得到解答。

“如实奏来。”

张永从袖中摸出杨一清给他拟好的第二份奏章和安化王的讨刘檄文原件。

“爷爷请看，都在这上面。”

奏章上清清楚楚地写明了刘瑾的主要罪状，沾上哪条都是死罪，杨一清一下子给安排了十七条。

朱厚照边看，脸色边变得严肃起来，嘴里嘟囔着：“刘瑾啊刘瑾，想不到你真对不起我了。”

张永赶紧接上话茬儿：“刘瑾谋逆，这是大事，千万不能耽误啊！”

朱厚照想了一下，让张永带上四名锦衣卫和自己的手谕，去把刘瑾抓来。

张永得旨起身，还没走到门口，身后传来一声：“慢着。”

张永唯恐情况又起了变化，转过身却听到朱厚照说：“朕跟你们一起去。”

时间已过三更，这天正好是刘瑾值班，回到内直房他并没睡下，总觉得有点心神不宁。这几天外面流言纷纷，说刘瑾很快要谋反，就连日子都替他安排好了，待八月十五日这天星星出满后，刘瑾一伙便会动手。

这些流言的细节，很可能是借鉴了曹吉祥叔侄谋反的故事，刘瑾虽然没有这个计划，但也不得不防。刘瑾怀疑谣言是张永他们散布出去的，这次张永得胜归来自己很不安心。他半闭着眼睛躺着，还在盘算怎么剥夺张永的功劳，如果不能马上弄死他，也要尽快把他赶到南京去。

一阵很清楚的杂乱脚步声传来，显然有一群人往直房方向来了。刘瑾赶紧起身，大声喝问："外面是谁？"

有人答话："圣旨到！刘瑾接旨！"

刘瑾走出屋外，看到的是朱厚照，以及他身旁嘴角上翘的张永。

刘瑾就此被逮捕关押，当夜张永就带人去抄了他的家。

一直在等待消息的杨一清，心里的一块石头终于落了地，他赶紧派人通知李东阳等人。第二天，大家早早就赶来上朝，等着皇上宣判刘瑾的死刑。

圣旨是下来了，却不是杨一清期待的结果。

这道圣旨里，朱厚照指出刘瑾犯了一些罪，他的"变法"是错误的，现在一律改正恢复。至于刘瑾本人，也应该受到惩罚。

朱厚照给出的量刑是，把刘瑾降为奉御，发往南京闲住。

高高举起，轻轻落下。

从这个判决可以看出，朱厚照不是个任人摆布的皇帝，他意识到刘瑾引起了公愤，却不认同他谋反的罪名。杨一清苦心积虑拟出的十七条大罪，一条也没得到皇帝的认可。

刘瑾在狱中听到这个消息高兴了，他很清楚皇上的性格，这不就是冷处理一段时间嘛！我只要一天不死，皇上就还有用得着我的地方，到时再把陷害我的人一个个碎尸万段！

大臣们坐不住了，深感忧虑的杨一清向张永提出疑问："如刘瑾复用，如之奈何？"

张永一点也不惊慌，他拍着胸脯保证：有我在，一定弄死他！

正德五年（1510年）八月十三日，张永上奏，刘瑾在京师的财产清点得差不多了，他不敢多报也不敢少报，请皇上一定要亲自去看一眼，眼见才能为实。

朱厚照同意，大家陪着他来到刘瑾的宅子里，眼前的情况让朱厚照也吓了一跳。即使贵为皇帝，朱厚照也从没一下子见过那么多宝物。

仅在刘瑾京师的房产中，抄出的黄金就有二十四万锭另五万七千余两，银元宝五百万锭另一百五十八万余两，奇珍异宝不计其数，这些还不算霸占的土地和散布在全国的财产。

以《鸿猷录》的统计，刘瑾的财富总数，相当于此时明朝户部储蓄的六倍之多，按实际价值计算，远超清朝巨贪和珅。

除了数不清的金银财宝，更让朱厚照吃惊的是在刘瑾家中抄出了千余套衣甲、五百余张弓弩。

这些兵器，才是刘瑾真正的死刑判决书。

古代民间有句话叫“一甲顶三弩，三甲进地府”。

早在春秋时期，就有“家不藏甲”之说。西汉时明确规定“民不得挟弩、铠”，私藏“甲一领及弩三张”的要处流放两千里之刑；私藏“甲三领及弩五张”就会被处以绞刑。

但是这东西非一般人所能拥有，古代并没有车间流水线的概念，一套制作精良的甲胄全靠工匠手工完成，对工艺有严格的要求，不是光有钱就能造的。

根据记载，唐代一套制作精良的“明光铠”需要三四十名工匠花费半年多时间才能打造完成，其成本可想而知。

甲胄能有效抵御枪刺刀砍和弓箭射击，对军队的意义十分重大。精良的甲胄代表着国家的国力和军队的战力，在冷兵器时代，披甲率是衡量一支军队是否精锐的重要指标，往往决定着战争的优势所在，也是官军与民军最显著的区别。

甲胄是重要的军事资源，就如同现在的枪支一样，全部由国家掌控，历朝历代都是如此。

刘瑾府中一下子搜出一千多套甲胄，还有五百余张弓弩，足够装备一支军队，他想干什么？

弩和甲胄都是违禁物品，私藏甲胄更是绝对的重罪，与谋反同论。比如西汉名将周亚夫、武则天次子李贤，最后都是栽在这上面。

刘瑾不可能不知道当初曹吉祥、曹钦谋反的后果。以他的精明，无论如何不会在皇权独大的政治框架里动起改朝换代的念头，也不能蠢到私自在家准备这么多违禁物品的程度。

但是无论如何，这类案件非常敏感，即使朱厚照再不相信，也必须按照谋反性质的大案来处理了。

什么都别说了，只能以谋反罪处死刘瑾。

皇上表态，事情就好办多了。刘瑾最后被安上了九条大罪，朱厚照开始不认可的谋反也给安排上了。至于刘瑾到底有没有谋反的意思，已经无所谓了。

正德五年（1510年）八月二十五日，刘瑾被验明正身后押赴刑场，凌迟处死。

对于凌迟，明朝是认真的。

在以前，这种古老的酷刑目的主要是把犯人慢慢折磨死，对过程并没那么多讲究。

开始一般是割八刀到一百二十刀，随着时代的变化，对刀数的要求越来越多。这种极刑发展到明朝，终于达到登峰造极的水平。

明朝的凌迟，升级到了一千刀到三千刀，故此民间称为“杀千刀”。

“站皇帝”刘瑾这样的身份，怎么也得三千刀以上才能相配，朱厚照给他定的刀数是三千三百五十七刀，限三天割完。

行刑之日，刽子手将刘瑾的衣物剥去，用渔网紧紧裹住，在保证他清醒的情况下开始动刀。这刀割起来有讲究，十刀一歇，给犯人喘口气，免得太快死掉。第一天刽子手割了三百五十七刀，刘瑾竟然还喝了两碗粥。第二天就不行了，割到一半刘瑾就死了。不过按照大明刑律，犯人死了也不能停止行刑，于是又割了一天，凑足了三千三百五十七刀。

刘瑾就此成为明确历史记载中，受刀数最多的犯人。

刘瑾既倒，他的心腹党羽也无法免罪。刘瑾亲属等十五人被斩于市，妇女送浣衣局。科道官揭发并处理的刘瑾奸党骨干共二十六人，刘宇、焦芳等已致仕，削籍为民。刘瑾亲信张文冕，锦衣卫指挥杨玉、石文义等处斩。尚书、侍郎以下依附刘瑾的官员多人被罢黜。刘瑾的心腹智囊张彩被判死刑后病死狱中，仍被拖到市曹挫骨扬灰，籍没其家，家人被流放到海南。

刘瑾的亲戚固原总兵官曹雄被作为奸党下狱，仇钺恢复平乱首功，晋封咸宁伯，署都督佥事。仇钺镇守宁夏保一方太平，后又晋爵咸宁侯。当地百姓对他感恩戴德，专门为他建生祠拜祀。

可惜仇钺的好名声仅限于他自己，咸宁侯的爵位也仅传了两代。几十年后，他的一个不肖子孙把一切都搞砸了。

此外，杨一清进封太子少保；张永进岁禄，兄弟均封为伯；谷大用请辞西厂，内行厂与西厂俱罢废，只存东厂，由太监张锐统领；曾被刘瑾降调的吏部尚书刘忠，及南京吏部尚书梁储并为文渊阁大学士，与李东阳、杨廷和共参机务。

查抄的刘瑾财产，后来大半被朝廷用于水利建设，对北京和河北地区的河道进行整顿，造福当地百姓数百年，其中有些工程留存至今。

第二十三章 明代第一个谥号『文正』的首辅

求退录

随着刘瑾倒台，党羽被清算，从李东阳到杨一清都松了一口气，天下终于清静了。

可真的清静了吗？

从正德初年闹到正德五年（1510年）的刘瑾事件，看起来是少年天子受了奸宦蒙蔽。扳倒刘瑾，皇上自然会迷途知返，哪怕能有他父皇的一半，大臣们也就满足了。

然而历史告诉我们，朱厚照不是个文官们希望成为的皇帝，他根本不是那样的人。

当历史上出现宦官专权现象时，人们通常会咒骂宦官，比如说王振专权祸国，挟驾亲征，使得大明遭到奇耻大辱。却很少有人说，王振不过是个太监，朱祁镇才该负最大的责任。

要知道，太监的权力本就是依附于皇权的！没了皇帝的支持，王振什么都不是。

太监的意志，很大程度就是皇帝本人的意志。就像刘瑾之所以能专权，并不全是朱厚照年幼，而是他本来就支持刘瑾这样干。

士大夫代表的是旧制度，一切都要遵守祖制，他们希望朱厚照向父亲朱祐樘看齐，当个大臣们眼中的明君。可是朱祐樘不可复制，他们想把意志强加给朱厚照，必然遭到反抗。

再往深里说，朱厚照支持刘瑾，正是因为对旧制度的不满意，所以他能接受刘瑾的改革方案。又如他曾说过那句：天下事难道就只坏在几个宦官身上吗？十个人里也就有三四个好人，其他六七个都是坏人。

“先生辈亦自知道。”

“先生辈”指的是刘健、谢迁、李东阳等人，朱厚照差点就直接说：十个大臣里，也未必能有三四个好人吧？

刘健他们想当然地认为，搞倒了刘瑾，就算争取到了朱厚照的支持。可逻辑不是这样的，是朱厚照控制刘瑾，而不是刘瑾控制朱厚照。

刘瑾是个奴才，剐了也就剐了，大臣们想得寸进尺，那是会遇到障碍的。

刘瑾被诛不久，刑部员外郎宿进上疏，提出三点建议：一、为以前被刘瑾害死的太监王岳、范亨等人平反。二、应该罢免依附刘瑾的兵部尚书王敞。三、清理内侍中的刘瑾余党。

朱厚照勃然大怒，下令将宿进杖责五十，削职为民。要不是李东阳等人为他开脱，宿进有可能性命不保。

朱厚照为啥有这么大反应？宿进这封奏疏揭了他的老底呗。

王岳、范亨被杀是因为他们支持内阁，他们的死是内阁和“八虎”斗争的结果。在那次事件中，朱厚照支持“八虎”，从这个角度看，他们的死是朱厚照默许的，他们是权力斗争的牺牲品。

给王岳、范亨翻案，那不是说朱厚照做错了？同意宿进的建议，等于要朱厚照承认，文官们本来就是对的，“八虎”早就该被集体处理。

杀一个刘瑾容易，要让朱厚照承认“八虎”都是坏人，等于承认他自己是坏人，这怎么可能办到。

朱厚照处死刘瑾，只是因为刘瑾让他感受到了些许威胁，不是因为刘瑾和文官们对着干。杀死刘瑾只是为了稳定皇权，并不代表他就得听那些文官的话。

这不是一个二选一的问题，朱厚照拥有最终的解释权。

少了个刘瑾，对朱厚照根本不算什么，刘瑾被处死，朝政也不可能朝李东阳他们希望的方向发展。

经过这一番洗牌，内阁的配置换成了李东阳、刘忠、杨廷和、梁储；内廷以“八虎”中的张永、魏彬为代表的宦官群体得势。

内阁—宦官—皇帝这个架构并不会发生动摇。

区别只是，巴结刘瑾改成了巴结张永等人（张永、魏彬辈擅政，大臣复争与交欢），朝局好像仍然率由旧章，并不见什么起色，群臣不禁大失所望。内阁学士刘忠心灰意懒之下，前后连上七八封奏疏请求退休，终于在正德六年（1511 年）春天得到批准。

与此同时，内阁另一名重要成员也在不断上疏请求退休，他便是首辅李东阳。

后来有人把李东阳描述成刘瑾专权期间的一个卧底，说他表面迎合黑暗，实际一直在蛰伏，最后终于等到机会，与杨一清、张永等人联手设计，给了刘瑾致命一击。

无奈从头到尾分析整件事，能发现李东阳仅是个次要人物。

无疑，李东阳当然想扳倒刘瑾，但他却无法掌控此事，只能把希望寄托在他人身上。

除了提名杨一清，处理刘瑾事件中，并不见李东阳有什么动作。事后，也不见杨一清、张永或任何人跳出来说，李东阳策划有功。

李东阳在杨一清被刘瑾陷害时给予了帮助，这是毋庸置疑的，否则也不会有后来发生的事。刘瑾当权时，他确实保护了许多人，但也有许多人他无力解救。

认真点讲，这段时间李东阳所能做的补救工作是比较有限的，因为大环境就是如此。正德二年（1507 年），老同学兼老同事刘大夏被刘瑾、焦芳陷害罚戍肃州，李东阳不敢为他说话，只能送上一领羊裘。

他明白公然对抗刘瑾会有什么后果。

在此期间，另一位内阁学士王鏊，其实干的是和李东阳同样的事。杨一清被陷害时，他与李东阳联手解救。刘瑾把刘大夏逮到京城想判其死刑，王鏊据理力争。为此，王鏊不为刘瑾、焦芳所容，于正德四年（1509 年）致仕。

其实在很多时人眼里，李东阳更像是刘瑾同党，众人给他起了个绰号：伴食宰相——草包的意思。

国子监监生在李东阳门上题诗嘲讽，就连李东阳的学生罗玘都说，“刘瑾乱政，李东阳依违其间”，而耻于和老师为伍。

还有人画了一幅丑老妪骑牛吹笛的讽刺画，画中老妪额上题“此李西涯相业”，以此讽刺李东阳。李东阳看了苦笑一下，以诗作答：杨妃身死马嵬坡，出塞昭君怨恨多。争似阿婆骑牛背，春风一曲太平歌。

如果说其中一半是对刘瑾的虚与委蛇，另一半则是李东阳的内心写照吧。

后来，刘瑾集团核心人物张彩受审时，直接表示李东阳也是同谋，还揭发了不少他结交刘瑾的黑历史。

李东阳一看勃然大怒，张彩原拟的罪名是交结皇上贴身宦官，被判斩监候（死缓）。李东阳大笔一挥改判为伙同刘瑾谋反，张彩很快不明不白地死在狱中，死后仍被挫骨扬灰。

当然，与其说李东阳是贪恋职位，不如说是时局的无奈。毕竟留下来还能干点事，真闹僵了，那就啥事也干不了了。

刘瑾败亡后，李东阳又开始不断上疏请辞。他当属明代辞官最勤快的一名首辅，前后共上辞职疏十九道，无奈前十八次都被皇帝给否了。这十九道辞职疏后被收录成卷，名为《求退录》。

谥号“文正”

正德七年（1512 年）底，李东阳第十九次辞职得到批准，六十五岁的李阁老才得以光荣退休。朱厚照赐敕褒誉李东阳，并令有司时加存问。

只不过，李东阳的退休生活并没有那么安逸，据记载，他“林下每谈及正德初年，未尝不恸哭”。

他在痛哭什么呢？是痛哭当时因一念之差未与同僚同进同退，痛哭自己的行为不被同僚理解，还是痛哭那些获罪离去的同僚而自己无力挽救？

可见，这个老人在经历无数风雨后，已经心力交瘁了。

李东阳文章冠于一时，家庭生活却一言难尽。他先后有过三次婚姻，两位妻子早亡，更惨的是他的三个亲生儿子两个早夭，唯一成年的儿子李兆先却是个纨绔。即使这样，李东阳还在他的《麓堂诗话》中，大夸特夸儿子“慧识巨眼出唐人之上”，爱子之情溢于言表。可惜，李兆先还是不到三十岁就病死了。

堂堂李阁老竟致绝嗣，晚年寂寞以终，想来不禁恻然。李东阳晚年一首《寄彭民望》，颇能体现他的心境：

> 斫地哀歌兴未阑，归来长铗尚须弹。秋风布褐衣犹短，夜雨江湖梦亦寒。
>
> 木叶下时惊岁晚，人情阅尽见交难。长安旅食淹留地，惭愧先生苜蓿盘。

这首诗虽是写给挚友，也是李东阳在感慨自己的人生。叹年华流逝，回思已往，看尽了世情冷暖，知心朋友，寥寥无几。一句景，一句情，景中有情，情中见景，语调低沉，是写彭民望，也是李东阳在抒发自己的喟叹。

不理解李东阳的人很多，好在他还有个朋友叫杨一清。正德十一年（1516 年），晚年凄清的李东阳终于从杨一清口中得到了一个最好的安慰。

这一年李东阳六十九岁，退休四年后，他已疾病缠身，卧床不起，朱厚照派杨一清慰问这位老臣。

病榻之上，李东阳知道自己时日无多，但他还有件心事未了，那就是自己死后会获得什么谥号。

杨一清请李东阳宽心，这件事他们已经拟好并报请皇上批准，李东阳的谥号将是“文正”。

一听这话，沉疴中的李东阳竟激动得不能自已，跳起来就要给他叩头。

古代对皇帝、大臣死后的评价，那就是谥号。

一个重要大臣去世后，朝廷里最忙的就是礼部，除了要代表皇帝给予抚慰，议定对其家人的赏赐等一系列工作以外，最重要的任务就是上谥号。

谥号很简单，一共两个字，不许多也不许少。谥号也很复杂，有一整套体系，每个字都要恰如其分。礼部官员必须按照该大臣生前的业绩在“谥法”中找出两个字，要求是既能概括其一生，又能体现其功绩。

等最终确定后，这两个字就成为朝廷对他的盖棺定论。两个字浓缩概括这位大臣的一生，每个字都由朝廷颁发，皇帝认证，意义深远，并能载入史籍。

文臣顶级的谥号就是“文正”。

自北宋范文正公（范仲淹）之后，司马光极力推崇“谥之美者，极于文正”，到南宋时，“文正”已成为文臣追求的最高谥号，此后一直不变，就此成为官方认定的文臣最高谥号。

帝王对于人臣的要求无非德才兼备，“正”是德，“文”是才。能够配得上“文正”这个谥号的人，必须是当朝德才兼备者中最卓越者！

能与范仲淹、司马光、王旦，或是更早的魏徵等名相比肩，哪个文人不想要这样的美谥？

纵观整个古代史，得到过“文正”谥号的也只有二十七人，其中明代仅四人，还得去掉南明弘光政权时期追谥的方孝孺。

李东阳，大明开国以来得到“文正”谥号第一人！

这个“文正”是来自官方的肯定，一下子把李东阳提高到大贤臣、大能臣、大忠臣的高度上，无怪乎他会这么激动。

从小小“神童”时的意气风发到翰林院的妙语连珠，从刘瑾掌权下的小心翼翼再到晚年的懊悔凄惶，最后谥号“文正”，李东阳已不能要求更多。

杨一清等离去后，李东阳不久去世，享年六十九岁。

这位柄国十八载的阁老身后多有争议，主要纠结于他在刘瑾当权时期的表现。虽说李东阳一手策划扳倒刘瑾的结论比较能吸引人，但没有直接证据予以支持，后人亦多不认同。

没有坚决致仕，或许是李东阳耍滑头的表现；巴结刘瑾，也可以理解为他怕危及自身。毕竟，在那个时局下，谁都无法撄刘瑾之锋，只能走一步看一步。

不管李东阳留下来的动机是什么，至少结果是好的。哪怕他是在无心之中促成了刘瑾的倒台，也总是大功一件，毕竟那些讽刺他的人加起来也没有他做得多。

那还有什么好说的呢？刘健、谢迁致仕了，洪水滔天都与他们无关。他们是保住了气节，又于事何补，徒为自己博了虚名而已。

毕竟，背着“依附宦竖”的骂名还要做一些事，李东阳比他们可难多了。

没有足够的勇气与刘瑾以及背后的皇帝正面对抗，却能凭一己之力，多方庇佑同僚，同时乐于提携后辈。总之，不论从文坛还是政坛，李东阳是当得起“文正”二字的。

李东阳贵为宰辅十八年，仍然四壁萧然。退休后，他常舍不得生火取暖，读书、写文章时，就把书案挪到有阳光的地方，随着光线的移动变换位置，以此取暖。

临终前，李东阳把平生用过的官袍、笏板、束带、砚台以及书画等，都分赠给了故友和门生，家中几乎一无所有。

李东阳门人孙承恩如此评价老师：“尽宰相致仕，始于韦贤，而事业未见；功成请老，见于裴度，而文章则无传。其或兼是二长，则又多亏晚节，未有全美之善，卓如我公之贤。”

很恰当。

第二十四章 古代大一统王朝的三百年魔咒

第二个问题

刘瑾事件后，以张永为代表的宦官群体依旧受朱厚照信任，他们只是比较懂得低调，不像刘瑾那样跋扈了。

朱厚照本人也有了新的爱好。

早在正德二年（1507 年）八月，皇宫中就传出一道令大臣们瞠目结舌的上谕：即日起，皇上搬迁至西内“豹房”公廨居住并办公，官员如有奏章，送到“豹房”，皇上自会处理。

“豹房”并不是豹子窝，是指朱厚照在西华门附近新建的一排房屋，这里临近豢养豹子的房屋，故称“豹房”。此工程前后共计修建房屋二百多间，共由“公廨”“豹房”“佛寺”“教场”四个部分组成，实际上是朱厚照的一处离宫。

自此，这位大明王朝的统治者把办公、休闲、运动等一切事务都转移到了“豹房”。

如此离经叛道的行为引来群臣的一致反对，但在绝对的权力面前，大家除了摇头叹气，也就只有跺脚暗骂刘瑾而已。

刘瑾倒台后，朱厚照根本没有搬回大内办公的意思，直到他驾崩，也再没有踏进皇宫一步。

这进一步说明，“豹房”本来就是按朱厚照自己的意愿修建的，即使没有刘瑾，也会有王瑾、张瑾，他们扮演的角色和刘瑾是一样的。

朱厚照转移兴趣也很难说是因为刘瑾不在了，即位六年，他已年满二十岁。这个青年皇帝已不再满足于遛狗玩鸟和一些新奇的玩意儿，说到底，这些毕竟是小孩的玩意儿，有些低级了。

正德七年（1512 年）十一月，朱厚照下达一道旨意：兑调京营、宣府官军，令其往来操习备御。

——意思是将京营军队和边军定期互相对调，以便轮流训练和驻守。

为了防备军队作乱，明朝有“京军不外调，边军不调入”的祖制。朱厚照不顾大臣反对，坚决实行这个办法，开了军队互调的先河。他调入的四镇边军被称为“外四家”，从此边军调入成为合法的制度。

这与朱厚照的新爱好——打仗有关。

说起来，这又事关朱祐樘留给儿子朱厚照的第二个问题。

即位后的第一个问题——宦官和文官之间的矛盾，朱厚照用五年时间，以实际行动作出了回答。

第二个问题：内外都不太平。

“外”自然是指蒙古。成化年间，王越、余子俊发威，打得蒙古“庐帐荡尽，妻孥皆丧亡，相顾悲哭去”，河套得到了一段时间的和平。

成化十七年（1481 年），满都海消失后，蒙古史书中开始出现另一个名字：孛儿只斤 · 巴图孟克。他就是当初满都海打仗时装在箭囊里，随身带着的那个小丈夫，汗号达延，因称汗时年龄幼小，明朝称他为“小王子”。

十几年过去了，达延汗早非当年那个黄毛小子。他继承满都海的事业，率兵东征西讨，使东蒙古六万户全部置于他的统治之下，成就了他作为“中兴之主”的美誉。

当蒙古部落之间不再内战，他们的目标会是谁，不言而喻了。

弘治元年（1488 年），达延汗以大元大可汗的名义遣使求贡，朱祐樘竟然答应了。

说“竟然”是因为名分不对。明人认为明兴代元，元运已终，明朝才是中国的正统王朝，否认蒙古大汗是元朝的继承者。

自 1402 年鬼力赤弑汗自立后，明朝史书便不再记载大元国号。

大元大可汗，自己关起门来喊喊就算了。达延汗可是白纸黑字地写在了国书上，问题就有点大了，这表明他是个颇有雄心壮志的大汗。

可惜朱祐樘君臣没能认识到这一点，批准了——朝廷方务优容，许之。

自此达延汗治下的部落们借着互市的机会，像蚂蚁搬家一样，慢慢地又搬回了河套地区。王越在弘治年间得不到重用，余子俊的边墙没有足够的经费维修开始破败，蒙古人又开始干起了打劫的生意（渐往来套中，出没为寇）。

弘治八年（1495 年），达延汗三次攻入辽东，杀掠无数；弘治九年（1496 年），宣府、大同、延绥受到攻击被打残；弘治十三年（1500 年）冬，达延汗正式把他的王庭挪到了河套。

朱祐樘轻信达延汗的入贡，丢失了成化一朝的战果，北部边患又出现了。

可以这么说，朱祐樘留给他儿子朱厚照的，是自“土木堡之变”以来最强大的外敌和最废弛的边备。

在内部，大明王朝也有了新的问题：流民。

说是新问题其实不确切，流民是我国古代历史上所有朝代都会碰到的问题。它是指因遭受自然灾害、社会动荡或其他种种原因，为了避难或求生而背井离乡的人。

明代也避免不了流民问题。明初，由于战争的影响就出现了很多流民，经过朱元璋和朱棣的治理，“流民”二字逐渐从史书上消失了，这个情况一直持续到宣德年间。

正统年间，流民再次在史书上出现了，一出现就是爆发式增长，从此再也没有消失过。

对统治者而言，流民是个令人相当头疼的问题，他们带来最直接的麻烦是让社会变得不稳定，进而引发反抗。朱祁镇统治时期的叶宗留、邓茂七起义，朱见深时期的荆襄刘通、石龙起义，都是流民问题爆发的后果。

到正德一朝，形成了第三次流民起义的高潮，规模远远大于前两次。

追问原因，还是那个困扰历朝历代的老问题：土地兼并。

在中国古代农业社会，生产力水平决定了土地问题是导致一切问题的根源。

经过明初的分配，看上去是百姓都有了土地，但这只是表象。土地这种自然资源，差异是天然存在的。比如两家人同样分配到三亩田地，你的地好，我的地贫。哪怕他们同样努力，也会发展成你富我贫，从而产生进一步的差异。

占有的土地多、少、好、坏，以及方方面面的因素，决定了资源的占有和人们发展的不同。

这些不同导致了地主和贫民的产生。

与一切人文的、社会的设计不同，土地是天然存在的问题根源，只要发展水平仍然决定于自然条件，那么土地问题就是一切问题的根源。

明朝经济是小农经济，土地兼并是小农经济发展到一定阶段的必然结果。

谈到土地兼并，许多人印象是地主们坑蒙拐骗，穷人们含泪卖地。事实上不是这样，大部分的兼并都是自愿的，或者说是平等自由的。

自阶级开始出现后，就有了贫富差异，两类人抵御风险的能力不是一个等级的。比如贫民生场大病没钱看病，就只能借钱或者卖地；再比如遇上天灾，为了不被饿死，贫民也只能卖地换一口吃的。

等病好了或是饥荒过去了，贫民的地就成了地主的。不幸的是，你还是种自己的地，但是大部分收入都给了地主。因为人家有资本，能在你摊上事儿的时候救你。

灾祸、饥荒这种事，一个家庭几乎无法避免，区别只是时间早晚，因此农民的土地早晚是地主的。在农业社会，土地兼并的发生概率是百分之百。

朱元璋花大力气整治土地兼并，却只能治标不能治本，因为这是经济规律。

那么，土地兼并和流民又有什么关系呢？

表面看来，失去土地的农民承受不了地主的剥削，不得不背井离乡成为流民。

深层原因要更加复杂。

当初朱元璋的政策为什么能推行得下去？除了他的铁腕，还要考虑时代背景。

在农业社会，由于生产力有限，一个国家所能养活的人口基数是有限的。

一个国家由建立之初的百废待兴到盛世来临，伴随的往往是人口大爆发。可是在古代社会，毕竟土地有限，生产力水平低，粮食产量也就有其上限。

总的粮食产出就那么多，能养活的人口就也有了上限。这个上限每个朝代不等，大致在六千万至一亿人口。

而一个王朝发展到一定阶段，人口数量的增加必定会达到生产力所能供养的极限，从历朝历代的规律来看，这个数字大致为二百年。

当人口超过阈值之后，接下来必然是口粮不足引起的危机。此时就是大一统王朝崩溃的临界点，要是再出现一点天灾、人祸，丧钟必然敲响。

同理，推导到古代任何一个朝代也是这样，旧的地主贵族被消灭，又会产生新的地主贵族，周而复始。

元末混战带来大量人口减员，旧的社会结构被破坏，资源有了重新分配的基础，所以朱元璋的政策能推行下去，可他的后代就不行。

随着王朝由建立之初的百废待兴到承平日久，人口总量不断增加，带来的结果是人地压力加大。

在古代社会农业经济的运转逻辑下，这个问题无解，但可以通过改革财政制度来延缓，比如之后的张居正改革，就给大明王朝续了一次命。

除此以外，在没有更先进生产方式出现的情况下，那就只能等待王朝崩溃，人口锐减，地权重分，再进入地广人稀的状态，以待下一次循环。

地主本意上并不愿意把农民都赶走，因为那样就没人干活了。但到了王朝中后期，随着人地压力越来越大，地租就越来越高，导致佃农在利润分配当中所占的份额越来越小。当佃农的份额不足以糊口，或者根本租不到地时，就会出现流民。

比如，弘治年间全国耕地面积约为 6.22 亿亩，而早在西汉平帝元始二年（2 年），耕地就有约 8.27 亿亩。一千多年下来，耕地竟然还退化了。

这里面有多种原因，如国家政策。明朝将一些山区及密林作为封禁地带，设卫所屯驻，禁止农民进入开发，客观上造成了不少土地肥沃的地区成了荒地。像荆襄地区在洪武年间就被设为禁地，人烟稀少，大量土地成了荒地。此外，还有一些其他客观原因，如生产力发展问题、户籍制度限制等影响。

耕地不见增长，人口却在增长。汉平帝年间，全国人口约五千九百万人。明朝仅到洪武二十六年（1393 年），登记在册的人口就有约七千二百万人，人口与耕地比例呈现严重失调的状态。

吊诡的是，到弘治四年（1491 年），官方统计的人口数量却只有五千三百多万人。这个数字无疑很不正常，经过将近百年的休养生息，弘治年间的人口数量理应远高于洪武年间才是。

剩下的人去哪了？不用说，不少成了流民。

流民越来越多，不可避免地会闹事，会造反，让王朝秩序不稳。

正统—成化年间的荆襄流民起义就是这么来的。这次起义规模大，时间长，虽然一度被朝廷镇压下去，但流民很快冲破政府的限制，继续拥进荆襄乞食。

眼看无法彻底镇压，祭酒周洪谟著《流民说》，提出了解决流民问题的新办法，即开放禁地，推行附籍政策来招抚流民。成化十二年（1476 年），右都御史原杰奉旨抚定流民，花费十几年时间，暂时解决了荆襄流民问题。

此后，荆襄地区的许多荒地经过流民的进一步开发，迅速变成了肥沃的良田。荆襄山区的开发，使得湖广地区农业经济有了迅速发展，从而提高了湖广在明代社会经济史上的地位。“湖广熟，天下足”的谚语，从此更是尽人皆知。

后人评价说：“原杰之经略，则百世之利。”

但在农业社会的背景下，人地压力只能一时缓解，无法根本消除。随着人地压力的加大，明初以来以自耕农为主的传统经济格局已经被打破。另外，国家的政治控制力有所下降，流民问题也就不可能真正根除。

前文在写洪武时代提出过的那个问题，到此可以作出解答——为什么古代王朝没有能撑过三百年的?

抛开外敌入侵、上层内乱以及君主能力等种种因素，最根本的原因不是土地兼并，而是人地压力。

那么在这里面，朝廷起到了什么作用呢?

中央政府的种种制度和手段，可视为其中的一个变量，决定了从土地兼并到流民四起的临界点何在。

当然，在朝廷眼里，直观的感受是土地兼并导致流民越来越多，于是试图通过抑制土地兼并解决问题，但实际上此路不通。

由于地狭人稠，生产力有限，朝廷努力抑制土地兼并是不可能成功的，因为其违反经济规律，必然失败。

擒“龙”计划

回到正德年间，大明立国一个半世纪左右，流民问题已浮出水面，且有愈演愈烈之势。

席卷东南和西北的灾荒，蒙古的侵扰和土地兼并，共同诱发了这波数以千万计的流民潮。

不可避免地，一部分流民变成了盗贼，一时间“群盗并起”。

•

他们有多厉害呢？

如暨南有几个齐名的大盗张茂、刘六、刘七、李隆、杨虎等，在与官军的交锋中，他们演化出了一套自己的战术，大致是这样的：

每战，驱胁从者居前，呼号冲突，官军见形即缩，贼相与为乐，恣所杀掠。稍遇劲兵，前者皆陷，自以精骑为进退，莫可控端。

这些盗贼精于马术，他们来去如风，不占城池，抢一把就走；遇到官军围剿，软柿子就捏，硬点子就撤。

这是妥妥的游击战术，且已非常纯熟，因此官府称他们为“流寇”，意思是到处流窜，流动不定的叛乱者。

“流寇”一词从这时出现，从此伴随大明，在明末它将再次大规模出现，为祸愈演愈烈。

正德年间暨南群盗势力最强大的时候，共推刘三为“奉天征讨大元帅”，设五军都督，以下又有二十八营。中军竖一根大纛，上书：虎贲三千，直抵幽燕之地；龙飞九五，重开混沌之天。

这气势，快赶上洪武年间的北伐了。

朱厚照很头疼。

在朱厚照即位不到一个月时，达延汗就给他来了个下马威。这位蒙古“中兴之主”挥军南下，在长达二十多里的边界上大举侵入，而且还扎下营来（营于牛心山黑柳林等处），似乎有赖着不走的意思。

巡抚都御史李进、总兵官都督佥事张俊派遣宣府左参将李稽、副总兵白玉、游击将军张雄；大同副总兵黄镇、游击将军穆荣等将领，率一万五千多兵力分路抵抗。

两军主力在虞台岭（今张家口万全区北新屯乡）遭遇，“虏拥众大至，诸军为所诱，不得应援”。明军大败，张雄、穆荣阵亡，部下死伤三千三百多人，损失战马六千五百余匹，被“掠去男妇畜产器械不可胜计”。

此战史称“虞台岭大败”，被认为是土木堡之后明军最大败绩（谓自己巳年兵祸以后所未有也）。

而在国内还有更刺激的。正德六年，刘三、刘六等群盗掠淮西北上，真的准备“直抵幽燕之地”了。他们一度打到霸州（今河北省霸州市），逼近京师，搞得人心惶惶，北京几次宣布戒严。

更夸张的是，刘六竟然把几十万京军视若无物，他们制订了一个脑洞大开的擒“龙”计划：预先派人潜入京师，趁着朱厚照出宫祭天的机会，里应外合地把正德皇帝抓起来！

当时的兵部尚书何鉴是个有能力的官员，他在梳理情报时发现了一个奇怪的现象：每次刘三、刘六进攻霸州或北京郊区的时间，都与朱厚照准备出城祭祀的时间接近。

何鉴不信这是巧合，这帮流寇怎么早不来晚不来，偏偏每次都在皇上出城的时候来？

他细心地顺着这条线索追查下去，果然搜捕出了军队中的几名间谍，从而得知了刘六的全盘计划。

事情比较紧急，来不及等到第二天汇报，何鉴急忙通过急变的方式连夜示警。刘六知道计划败露，官军有所防备后，只得悄然放弃计划。

别说，擒“龙”计划看似不可思议，理论上还真有一定的可行性。刘三、刘六为什么敢视京军为无物？实在是当时的京军战斗力已严重退化，如果遭到突袭，还真说不好能不能保护好皇上。

正统十四年（1449 年）“三大营”覆灭于土木堡后，于谦创设团营制度，对京师保卫战的胜利起到了至关重要的作用。可惜“夺门之变”后朱祁镇废除团营，恢复旧制，团营制度陷于夭折。朱见深、朱祐樘时期团营制又几经废用，但制度已然崩坏，京军战斗力一跌再跌。

退化到什么水平了呢？在边军眼中，这群京军大爷干啥啥不行，抢功第一名——“一至边城，反役使边兵之善斗者。夺边兵之虏获，攘其首级以为己功”。

每次边关有警，朝廷调京军前往支援时，边军唯恐被他们祸害，反倒奋力效死，时而扭转战局。

曾被视为大明支柱的京军，成了各路边军唯恐避之不及的猪队友。他们的战斗力到了正德年间，差不多成了笑话。

正德初年，英国公张懋、兵部尚书刘大夏曾对京军进行清查，几十万人里只有六万多人还看得过去。

朱厚照一时恍惚起来，京军成了废物，内外都挨打，这就是老爹留给自己的“中兴之世”？

这种背景下，正德六年（1511年）九月，朱厚照接受兵部侍郎陆完的建议，开始征调边兵来镇压流民起义。

有鉴于历史教训，调边军进入内地作战，过去是被严格禁止的。可这不是没办法嘛，朱厚照也管不了那么多了，他分两次调来宣府、辽东、延绥边军共计六千五百余人。

虽说只有六千五百多人，但这些边军确实不含糊。他们都是挑选出来的骑兵精锐，上马不光能射箭砍人，还都用得一手好火器。

没办法，这都是被逼出来的。边军经常要和蒙古骑兵真刀真枪地干仗，没点真本事活不到现在。

起义军人数不少，真正能打的其实不多。他们能成气候，也是靠着为数不多的骑兵，依靠骑兵在战场上来去如暴风骤雨，让马步参半的京军与卫所军难以捕捉。只要击垮起义军中的精锐骑兵，剩下的人数虽众，也只是一群乌合之众。

官军以边军为主力，朱厚照又调来仇钺提督京军三千营骑兵配合作战，以骑兵对骑兵，与起义军一分高下。

这样一支军队是可以和达延汗掰腕子的，起义军精锐对边军精锐，差距就不是一般的大了。各路农民军系统不同，本就不齐心，很快被各个击破。正德七年（1512年）八月，随着刘七的船队在南通狼山被官军包围，刘七突围不成跳水自尽，最后一路农民军被剿灭。

至此，16世纪中国境内最大的一次流民起义宣告失败。但是，流民问题是不可能就此被根除的，只要人地压力、土地兼并没有消失，它就一定会存在，并且会以某种方式表现出来。

此时大明立国一百四十四年，离三百年魔咒，还有一百五十六年，它能撑到几时呢?

第二十五章 「心学」的力量

南赣巡抚

刘三、刘六、刘七虽被镇压下去，但流民问题并未根除。

比如南赣。

南赣这个区划原来并不存在，弘治八年（1495 年），朱祐樘下旨，将闽、粤、湘、赣边界几个地区单独划分出来，组成一个新的行政区“南赣”。它的辖区范围此后屡有增减，大致包括原江西南安府、赣州府，原福建汀州府、漳州府以及广东、湖广若干府县。

南赣位于四省交界之地，面积不小，比单独一个福建或江西还要大得多。它的特点是位于各省犄角旮旯的地方，山高林密，跨州连省，乱民很多，治安状况极差。

这种地方历来有个称呼：三不管地区。

南赣的情况更加恶劣，明中期开始的流民起义加剧了当地的治安乱象。流民发展出乱民，乱民打家劫舍是常态，要把他们惹急了，聚集起来攻打个县衙也不是什么大事。历任地方长官纵然有心镇压，往往也受限于跨省行动难以调度，以致劳而无功。

发展到弘治年间，南赣已是巨寇横行，成了各省都不想要的地区。为此朱祐樘把南赣从各省划出，设立一个南赣汀漳行政区，派南赣巡抚单独管理。

朱祐樘的本意，是单独设立区划能方便管理，稳定当地的形势。然而，南赣这伙乱民极为剽悍，历任南赣官员徒然劳民伤财，对他们束手无策，南赣形势依旧恶劣。

因此在弘治—正德年间，要是哪个官员被派到南赣去，可以说他在朝廷混得很不如意。

正德十一年（1516 年）九月，兵部尚书王琼推荐了新任南赣巡抚人选，正是王守仁。

好久没提到王守仁，此时他的人生又经历了大起大落。

龙场悟道之后，王守仁开始在当地办学，倒也甘之若饴。直到正德四年（1509 年）十二月，一纸吏部调令，让王守仁结束了三年的谪戍生涯，升任吉安府庐陵县知县；第二年（1510 年）十二月，王知县又升任南京刑部主事。

南京官员基本都是闲职，养老挺好，不是干实事的地方。要宣传“心学”，最好的地方自然是京师。正德六年（1511 年），他的好友湛若水和黄绾经过一番活动，走杨一清的关系，将王守仁调任为吏部验封清吏司主事，重返京官队伍。

回到北京不久，王守仁即在大兴隆寺开始讲学，听众日隆，越来越多的人开始成为他的门人弟子。

坏事也出在讲学上。

官方确立的程朱理学道德体系，是士大夫们数百年以来的标准。突然跑来个王守仁，说什么“心即理，知行合一”，完全与朱子理学背道而驰。

在当时，这就是异端思想。王守仁在贵州讲学，天高皇帝远，京师的士大夫们懒得去管。现在你到士大夫们的眼皮子底下宣传这些“反动”思想，不整你整谁？

正德七年（1512年）十月，王守仁再遭外放，被一脚踢回南京，从实权岗位吏部主事，成为一个无关轻重的南京太仆寺少卿。

还想来京师传道、授业、解惑？不可能了！

命运的打击还不算完，正德十一年（1516年）九月，经兵部尚书王琼推荐，王守仁挂左佥都御史之职，升任南赣巡抚。

接到任命，王守仁的第一反应不是大喜，而是大惊。

当年十月，王守仁即递交辞呈，提出体弱多病、祖母年迈等诸多原因，表示愿意原地退休。南赣巡抚，朝廷还是另请高明为好。

不是王守仁不想干，实在是南赣的情况过于恶劣。

南赣这块地方发展到正德年间，已经是巨寇横行，尾大不掉，代表性的几家就有：盘踞在江西的谢志珊，广东的池仲容、高仲仁，流窜于湖广的龚福全，福建的詹师富。他们各自占据山头，遥相呼应，历任官员都对他们束手无策。

正德朝的官员们接到赴南赣的任命准会做两件事，先是仔细回忆一下自己是不是得罪了哪位京官大员，会被如此恶整；接着便是找理由辞职，宁可放弃仕途，也不愿踏进这片是非之地。

前任南赣巡抚叫作文森，这位老兄在正德十年（1515年）接到任命，开始拼命上疏称病辞职，拖了两年愣是没去上任。直到正德十二年（1517年）二月，文森终于被批准致仕，从此再也没出来当官。对了，文森有个兄长叫文林，文林次子叫文徵明，就是唐寅的那位好朋友，“江南四大才子”之一。

正德十一年（1516年），南赣的情形在持续恶化中。

群盗中势力最强的谢志珊已打出“征南王”旗号，打造出了吕公车这样的攻城巨物，时不时地下山剽掠各处府县。就在王守仁接到任命前不久，谢志珊刚联合乐昌盗匪一起大掠南康、赣州各县，还杀死了赣县主簿这样的朝廷命官，王法在那里几乎不存在。

这已不是寻常的山贼盗匪，看上去已有拿巡抚衙门开刀的打算。

这个任务堪称凶险，稍有差池，不死于盗匪之手，也休想在同僚攻讦下讨得好处。

或许，京师那帮文官正等着看王守仁的笑话吧。这个平时满口“知行合一”的家伙，事到临头，才看得出来你是不是有真本事！

王守仁想学文森辞职，可朝廷也不是好糊弄的。王守仁辞了两次，皇上驳回两次，措辞还越来越严厉：不许辞职，务必立即上任！

事已至此，王守仁再不想上任，也只能上任了。

王琼是弘治—嘉靖朝著名官员，他很有才能，也非常圆滑。王守仁虽然喜好军事，但他走的不是偏军事的升迁路线，入仕以来他一直担任文职，从没接触过打仗。

王琼是懂得军事的，很难说，他把这个从未有过领兵经验，只以讲学出名的一介书生王守仁，推荐到南赣巡抚这个人人都视为洪水猛兽的职位上，到底是打的什么主意。

祸兮福相依，恰恰是因为王琼的推荐，王守仁这头猛虎才终于有了咆哮山林、撼动天下的机会。

南赣戡乱

正德十二年（1517年）正月十六日，新任南赣巡抚王守仁风尘仆仆地抵达赣州府衙开府办公。叫人奇怪的是，他连一句剿匪的口号也没喊过，除了听取属下的工作汇报，就是每天坐在衙署里，喝喝茶看看书，坐累了就找人聊天拉家常。

土匪们笑了，什么“格物致知”，什么阳明先生，原来都是吹嘘而来的。新来的巡抚压根儿就不懂打仗，南赣这块地，我们还是说了算。

这不能怪他们，土匪们没学过“心学”，哪知道王守仁在打什么主意。

“心学”要义之一，“心即理”，另一个诠释：心，非一团血肉，而是思考。

如何定乱这事，王守仁来时琢磨了一路。那位死活不肯上任的文森是他的好友，在南京时常与他交游往来。王守仁曾请教文森，文森面有愧色：“难啊，我就是个书生，去了也是送死。我只听说，那里的地方官吏从上到下都被土匪渗透了。要真想干点事，不光得有雷霆手段，还不能有菩萨心肠。”

王守仁点头称是：“有白浦先生此言，足矣！”

到任后王守仁果然发现，不管自己干什么，总有几个书吏在周围探头探脑。王守仁不动声色，心下已明白了三四分。

王守仁不信任衙门的人，这些人不能用。私底下，他派出门人进行暗访，分析各路消息后发现一个奇怪的现象：叛军虽众，当地百姓最怕的却不是他们，而是朝廷派来剿匪的官军。

百姓口中的官军，并非指当地军队，而是指地方官府调来剿匪的军队。南赣作为一个年轻的行政区，驻军实力很弱，因此每当盗匪聚众作乱，地方官府便奏请朝廷调来土兵和狼兵平叛。所谓土兵和狼兵，主要指湖广和两广的土司军队，这些军队不隶军籍，由地方土司掌管。换句话说，他们是土司的私人武装。虽说没有朝廷的正式编制，但他们的战斗力一点儿也不差，史载“狼兵素勇，为贼所惮”。

土兵和狼兵，始终是明朝一支重要的军事力量，不管是平叛还是对外作战，朝廷都喜欢征调这些军队到第一线作战。尤其在山区作战，这些从小在大山里长大的土兵简直是如鱼得水，向来被作为主力使用。

在南赣，当地驻军出兵十次有八次扑空，剩下一两次能与土匪照面，可被对方一个冲锋，官军就溃散了，根本没法剿匪。不得已，赣南官员只得征调土司兵助阵。

征调土兵、狼兵作战是没问题的，又怎会被百姓视为祸害呢？

再问下去，百姓说，他们被土匪抢，就像被梳子梳了一遍；等官军来了，反而像被篦子篦了一遍。言下之意，土司兵不是土匪，胜似土匪。

王守仁心下冷笑，已暗自明白了五六分。

王守仁又叫来衙门里那个整天探头探脑的老书吏，对他复述了这番话。

书吏一听这话，头点得像鸡啄米一样："是啊，这伙外来的土司兵，比土匪还土匪啊！大人若要剿匪，到底还是当地子弟兵好！"

王守仁一听，心下已明白了八九分。他轻飘飘地甩出一句："可是，官兵每次征剿盗匪都扑空，恐怕是衙门里有盗匪的内应把消息说了出去，你说是谁呢？"

书吏一怔，讪讪笑道："大人说笑了，老奴怎知这些军国大事。"

忽然间，王守仁换了一副面孔，他猛地一拍桌案："大胆奴才，今日便是你生死之日，你若识相，便说真话。若不尽吐真言，大明律在此，本官有的是办法对付你！"

如此斩钉截铁，击破了书吏的心理防线，老头两腿一软，战栗跪倒，一五一十地把所知和盘托出。

事实远比王守仁想的更加触目惊心。土司兵军纪不佳是事实，趁着打仗的机会坑害百姓也挺常见，可要说他们比土匪更恶劣，那便是危言耸听。

若是那样，历任官员为什么还要请这些大爷，那不是添乱吗？

事实是，当地宗族观念极其浓厚，与土匪沾亲带故的百姓不在少数，他们不少都与土匪有着说不清道不明的关系，甚至不少人就参与其中。平时，他们拿起锄头是农民；土匪来了，操起刀枪就跟着抢劫，衣服都不用换。

本地军队知晓这些关节，同时也被土匪渗透得厉害。上司催得急了，就出兵意思一下，大家都是混口饭吃嘛。

外来的土司兵不管这些，那是真来剿匪的。通匪的农民就是土匪，与土匪同罪。当然，也不可避免地会错抓，乱抓，所以不管是通匪分子还是平民百姓，都对他们的意见很大。

本地军队不中用，外地军队又不受待见，剿匪这摊子事终成一团乱麻。

怎么剿？没法剿！

根据这些线索，王守仁顺藤摸瓜，果然抓获了不少土匪眼线。

王守仁一边感慨，一边挥笔如飞，写下了两道公文。

第一道公文是《十家牌法告谕各府父老子弟》。

“十家牌法”，说起来不新鲜，本质来自明太祖朱元璋的保甲制度，王守仁只是做了个小小的升级。

——以十户人家为一个单位，每天由一家轮流值班，每晚值日。务必保证十家人员整齐、去向清楚，如在辖区发现面生可疑人等，立即报官。一家违令，十家连坐。比朱元璋的保甲制有过之而无不及。

有人说王守仁这招太狠了，但效果显而易见，“十家牌法”一经执行，相当程度上斩断了土匪的耳目，他们再也无法得知官军的动向了。

可是从思想上来说，王守仁这招又是匪夷所思，这根本不像儒家“仁爱”的主张，分明是法家治国的套路。王守仁在讲学中明明是主张敦厚礼让的儒家传统，怎会堕落到与被儒家不齿的商鞅站到同一阵线呢？

王守仁在公文里说得很明白：经探访得知，军民之家多有贪图小利为来历不明之人提供住宿，甚至私通贼寇，为贼寇做内应的，这才是盗贼不靖的原因所在。

实在是没办法，明代到了正德年间，官僚体系的效率早已谈不上高效。不如此不足以解决这个内部问题，希望大家能先忍一忍。

第二道公文是《选拣民兵》。

本地和外地军队都不能用，匪还是要剿。王守仁下令，在全省府县挑选三司之中“骁勇绝群”之人，组建一支民兵队伍。若有外省人想要主动报名，同样欢迎，审查合格就能上岗。

只要你能打，敢打，本官亲自训练你们。

这个方法简直太合王守仁的胃口了。年幼时他就喜好军事，为王越修墓时，他干脆指挥民工玩起排兵布阵，如今有真刀真枪的士兵给他操练，岂不快哉。

王守仁对亲手操练出来的这支民兵队伍寄予厚望，号其为“精兵”。

王守仁一步步露出了本来面目，但他还有个棘手的问题需要解决。

“十家牌法”也好，选拣民兵也罢，都是要钱的。南赣的财政情况，一个字穷，两个字没钱，指望朝廷拨款不现实，只能自己想办法。

办法无非是收税，问题是向谁收，怎么收？

古代社会阶级大致可分为“士农工商”，排名有先后，依次为读书人、种地的农民、做工的手艺人、经商的商人。

读书人的身份仅次于官，找他们收钱不靠谱。南赣长期深受匪患之苦，“农工商”被折腾得穷苦不堪，向他们搞摊派也不行。

王守仁把眼光投向了另一类人——盐商。

盐在古代是高度政治化的战略物资，盐业是政府特许经营项目。盐商多少与政府有点关系，他们是商又不是商，而且还很有钱。

为了剿匪大业，只好牺牲一点盐商的利益了。

王守仁发下第三道公文，向盐商加税，同时向朝廷上疏，为南赣争取更高的盐税分成比例。

盐商的冬天来了，王守仁的军费也有了着落，剿匪已是万事俱备只欠东风。

“东风”在哪儿呢？一段时间过去了，一群京官盯着南赣这块地方发出同样的疑问，怎么还不打？

王守仁只是心下好笑，这帮人哪里懂战争。

如果说战争是政治的延续，战场上的厮杀就是统帅心理博弈的延伸。

战争不光是战场上的厮杀，更是心与心的较量。北宋苏洵在《心术》中写道：“为将之道，当先治心……然后可以制利害，可以待敌。”

况且，局面是土匪人多势众，王守仁兵力单薄，不用攻心之术，怎么行？

心战之要义，便在于知己知彼，这一切都需要时间。

很多年以后，参战士兵回忆起那场剿匪之战，仍不禁两眼放光：“王大人用兵，神出鬼没，神出鬼没啊！”

旁人问：“怎么个神出鬼没法？”

老兵想了想：“我也说不上来，总之，我们大部分时间不是在行军就是在埋伏。要说硬碰硬，那还真没几场。”

旁人又问：“那怎么打赢的？”

老兵挠挠头：“反正土匪只要看到我们，就是一副见了鬼的表情。然后我们一个冲锋，就完事了。”

很多年以后，还活着的土匪讲到当年被活捉的事，还是有些不可思议：

“当年，山寨怎么看都是固若金汤。再不济，我们也想着可以钻到大山里，打不过，也可以耗死官军。”

旁人问：“那你怎么被抓了？”

老土匪叹口气，却丝毫没有怨恨的语气：“我也说不上来，不知为什么，每次官军总是在意想不到的地方出现。兄弟们一下子就慌了，等我回过神来，已经稀里糊涂地被绑了。”

说起来，王守仁是在正德十二年（1517 年）正月正式出兵剿匪，次年（1518 年）六月，最后一名匪首兵败被擒，纵横南赣数十年的七路巨匪全部被剿灭。

从出兵到善后，满打满算十八个月，平均两个月出头剿灭一路。

要知道，土匪老窝都在深山密林，能不能找到路都是问题。比如漳州詹师富盘踞的象湖山，号称天险，到处都是悬崖绝壁，当地人进出一趟，没个三五天都出不来。

所以也可以这么说，相当于王守仁带兵在全省的深山老林转了一圈，就把南赣土匪平定了。

怎么做到的？

诸葛亮说：“用兵之道，攻心为上，攻城为下；心战为上，兵战为下。”

王守仁说：致良知 + 事上练。

比如出兵第一仗，土匪得到的情报明明是王守仁打算先拿横水的谢志珊、桶冈的蓝天凤开刀。这搞得谢志珊、蓝天凤大为紧张，立即收缩兵力，扎紧篱笆，等着官军来进攻。

谁知突然间，王守仁神不知鬼不觉地现身漳州，第一战就打败了毫无防备的詹师富。此战斩杀土匪四百三十二人，活捉一百四十六人，官军伤亡六人。

有人说第一战是打个猝不及防，可要每战都是这个战损比，怎么解释？

次战，斩首二百九十一人，生擒一百三十三人，擒斩贼首黄狸猫，还有无数的坠崖土匪无法统计，官军伤亡十五人。

第三战，斩首一百六十三级，俘虏一百零六人，官军零伤亡。

第四战，擒斩二百三十五人，俘虏八十二人，官军伤亡六人。

土匪们不是不好好打，他们打得也很顽强，谁叫碰上王守仁这个煞星，只能说是他们的命不好。

能把战争玩成一门艺术的，古往今来中国也就那么几个人，王守仁绝对算得上一个。

詹师富退守象湖山，这里地处绝壁，山形险恶，官军向来束手无策。

有人提出困难，王守仁想了想，那便收兵罢。

那人以为听错，王守仁已传令下去，犒军撤退。

詹师富没有轻易上当，他耐心地等待了三天，探得官军确实已退，这才放下心来，匪众也就放松了警惕。

甚至，在那个雨骤风疾的夜晚，三路官军趁黑捣毁土匪险要关隘后，詹师富依然组织起了人手，占据上层险峻之处负隅顽抗。

可是当几千名官军从山后小道攀缘而上，出现在他身后时，詹师富彻底崩溃了。

见过打仗的，没见过这么打仗的！

谢志珊比詹师富更加难打，据说这个人多谋善断，曾多次击败官军，在江湖上地位很高，众土匪都认他当大哥。加之横水易守难攻，谢志珊屯粮积水，广修战备，打算与王守仁持久地耗下去。

王守仁说，横水难打，我们先打旁边的桶冈（今江西崇义县西北，接湖南郴州界），打掉桶冈，不愁横水不破。

谢志珊笑话王守仁还想玩声东击西这套。

果然王守仁没打桶冈，一天之内，他带兵跑到南赣与广东交界处，一战斩杀池仲容，招降高仲仁。

谢志珊依旧死硬，他决心顽抗到底。

谢志珊很强大，王守仁只有万把人，自己则有数万人，且兵精粮足，营盘坚固。这些优势让他长期以来一直都很自信，认为自己的堡垒是攻不破的。

谢志珊的弱点也在于强大，因为强大，他很容易产生心理优势，轻视这个兵力不多的南赣巡抚。

王守仁是狡诈的，他要做的是瓦解谢志珊的心理优势，让土匪产生危机感。

王守仁果然迟迟没有进攻，他把军队驻扎在至坪（今崇义县龙勾乡），广修营垒，看上去是打算长住下来了。

谢志珊叫奸细一打听，回报说王守仁正在等其他地方的援军过来。

谢志珊只是哼了一声：“叫他去等，咱家山寨有水有粮还能种庄稼，再来两万人又如何。”

奸细吞吞吐吐：“据说，王守仁这次征调的是广东、湖南、江西三省援军，总数达到十万之众。”

奸细又加了一句：“还有不少土兵和狼兵。”

谢志珊坐不住了，几个关键词：十万、土兵、狼兵，让他的脑袋嗡嗡直响。

“此言当真？”

“千真万确。”

这个方案有没有呢？确实是有的，并不是王守仁提出来，而是巡抚都御使秦金奏报朝廷，提出三省会兵夹攻横水的计划，并得到了批准。

然而，谢志珊这样的土匪终究搞不清官场门道。一旦三省兵力到位，兵部就会另外派人总制兵马，再派太监监军。王守仁最多是其中一路的负责人，权力反而被削弱了。

王守仁不看好这样的安排，但这是个可以利用的信息差。显然，这个情报是他故意透露出去的。

没出过大山的谢志珊哪搞得清这些，于是打算先下手为强。

当谢志珊气势汹汹带人远远地杀出营垒后，只听到远近山头山腰处处炮声雷动，再看四方旗帜招展，到处都在大喊：我等已攻下贼寇老巢！

看这架势，哪像一万人，十万人还差不多。

再回头一看，去路已是烟雾缭绕，连山寨都看不到了。

坏了！中计了！

当然，土匪要是能静下来仔细观察一下，就能发现这些人光吆喝不动弹，要是他们穿过烟雾奔回山寨，就能发现一切如常。

但是大部分土匪只能打顺风仗，靠着一口气撑着，只要士气一泄，有几个人开小差，就会带动越来越多的人溃逃。

仓促之间，又有几个人能保持这份冷静呢？

这招叫“引蛇出洞”，蛇一旦出了洞，是想不到再钻回洞里的。

一片烟雾中，土匪们胆战心惊，斗志全无，纷纷溃散。谢志珊眼见事不可为，带着残兵投奔桶冈而去。

实际上，王守仁只是事先安排了几百个樵夫和民兵在虚张声势，又安排一队士兵埋伏起来，烧烟阻隔土匪的视线而已。

平定桶冈就更加戏剧性了。

谢志珊逃到桶冈，要联合蓝天凤坚持抵抗，蓝天凤却有几分动摇。这当口，王守仁派人送信，告知将在十月初一早上在锁匙龙受降，只要土匪放下武器，他既往不咎。

谢志珊决意要战，蓝天凤摇摆不定，他们商量好先带上队伍去锁匙龙看看，随机应变。

当谢志珊和蓝天凤带着主力在约定的时间来到锁匙龙入口时，却发现对面空无一人。还没等他们反应过来，只见山寨火起，败兵气喘吁吁地跑来报告：官军已攻下山寨了。

原来，受降时间即是总攻时间。

桶冈共有五个入口，锁匙龙是其中一个。王守仁这次用的是调虎离山之计，骗走土匪主力，伏兵在其余四个入口，乘其不备，一举攻下桶冈诸寨。荡涤山寨后，生擒谢志珊、蓝天凤，总计擒斩土匪五千五百余人，为恶不多或被胁迫参加者放归乡里。

王守仁奏明朝廷，在当地设平和、崇义二县进行管理，今日漳州平和县和崇义县，名称即得于此。

桶冈平定，其他土匪已吓破了胆，王守仁只需作书好言相劝，便先后归顺。

严格来说，南赣戡乱并不是烈度很大的战争，在历史上也算不上出名。不过，这场剿匪战争的意义并不在规模，而在王守仁的方法。

仔细研究王守仁平定土匪的办法，很容易总结出，他用得最多的就是攻心术。

也可以说，南赣戡乱，是王守仁的“心学”实战案例。

如何理解呢？

举个例子，在销售中，我们经常会听到一句话“以客户为中心”，喊口号简单，难的是如何做到。

其实要如何做到，许多人都知道，无外乎将心比心、共情、同理心等方法。如果真的能按照这些方法去做，去执行，效果肯定不会太差。

但大多数人就是做不到。

把王守仁比喻成一个销售人员的话，土匪们就是他的“客户”，王守仁的服务理念就是“以客户为中心”。

从王守仁决定赴赣州任职起，他就开始去了解他的“客户”。通过仔细去研究，清楚了解土匪的真实认知，就能设身处地地考虑土匪的利益，站在对方的角度考虑问题。

比如以前官军进剿失败的原因，首先是行动早就暴露了，那就从源头上先解决这个问题，让土匪变成瞎子、聋子，搞不清王守仁到底要打谁。

了解人性和将心比心，就能采取正确的行为，来达到自己的目的。这点上，做生意和打土匪并没有本质的区别。

有人说了，这些道理我也知道，为什么王守仁能做到，我就做不到？

王守仁说：“知是行之始，行是知之成。”你不是做不到，你是知道了没做，你没有“知行合一”。

“知行合一”，是王氏“心学”最重要的思想。

“知”是你的想法和认知，“行”是你的行动。

比如面对谢志珊这个实力强大的土匪，看似无懈可击，其实他是有弱点的。他的弱点就在于因为强大而骄傲，王守仁兵力不足故意示弱，放出三省会剿这颗有毒的诱饵诱使谢志珊动心。

所以，做到“知行合一”的关键在于“致良知”。

王守仁曾说：“致良知是学问大头脑，是圣人教人第一义。致良知三字，真圣门正法眼藏。吾平生讲学，只是致良知三字。”

可知，“致良知”既是阳明“心学”思想最重要的组成部分，也是阳明“心学”思想的逻辑终点。

如何“致良知”呢？

王守仁的方法很简单，他在《传习录》中说，你那一点良知，是你自家的准则。当你遇到一个情境时，它立即会给出判定，是便是，非便非，你欺瞒它不得。你只需要依照着它去做，就行了。

人欲和良知都是心之体，每个人心中都存在良知和欲望的交锋。

再如谢志珊的“良知”是我只要死守，一定能把王守仁耗死。同时，心里的欲望也在告诉他，王守仁兵力不足，我主动出击，未必就不能击败他。

王守仁要做的，就是如何让谢志珊动心，让他的私欲击败“良知”。

于是，王守仁围绕这点来做文章，摆出兵力不足故意示弱的样子，又放出三省会剿这个有毒的诱饵。

谢志珊之所以难打，主要因为他有地势之利，当他放弃主场优势主动求战时，失败也就来了。

谢志珊动心了，他的私欲战胜了“良知”。

王守仁的军事理论绝不是与敌人面对面硬碰硬，如果用心理战就能解决问题，为什么要去消耗士兵的生命呢？

总之，跟王守仁打仗，别人永远搞不清他的主力在哪儿，哪路是主攻，哪路是佯攻。更搞不懂他会使出什么心理战，最后死都不知道怎么死的。

简直就是一部行走的三十六计。

不知道的人说这是诡计多端，认真说起来这是王守仁内心强大。

王守仁遭到过挫折，在追击詹师富的过程中，他也曾中伏遇险，差点成为俘虏。

攻打谢志珊时，他也不认为自己一定能胜利，他传檄征调的狼兵已经在赶来的路上。一计不成，下一计立马续上。

多少人只看到六个月南赣戡乱，却不知王守仁已修炼了十几年内心，知己知彼，方能百战百胜。

南赣戡乱大获成功，王守仁却难言开心。

寂静之夜，王守仁执笔自思，为什么会有这么多人去当土匪？通过对俘虏的询问，不难了解到，真正的土匪并不多，大多数是为了吃口饱饭的农民。

谢志珊、詹师富，他们是被平定了，谁又能担保，没有下一个谢志珊、詹师富？

思来想去，王守仁提笔写下十个字：“破山中贼易，破心中贼难。”

平乱成功后，王守仁被擢升为右副都御史，但他所能做的也只是尽己所能，在当地进行一番治理，尽量让百姓安居乐业而已。

这真的能起到什么作用吗？王守仁还没看到结果，一个更艰巨的考验已向他袭来。

第二十六章 应州大捷

新的爱好

王守仁南赣戡乱，可以视作明朝中期流民问题的余波。从刘六、刘七到詹师富、谢志珊的失败，流民问题暂时被掩盖了下去。

当然，这个问题不会被根除。一百多年后，另一次规模更大的流民战争爆发，它证明了大明的流民问题并没有得到解决，王朝仍在按照以往的规律重复。

自正德七年（1512 年）打赢流民战争后，看看京军的羸弱无力，再看到边军如此勇武，朱厚照遂决意让京军和边军交换备操，任谁反对也无济于事。

从提高军队战斗力的角度看，事情本身不算是坏事，坏就坏在朱厚照本身的性格上。这个“中二”青年是大明历史上最能折腾的一位皇帝，没有之一。这样的性格，注定了他身边会有一群投其所好的人，先是刘瑾，然后是钱宁、江彬。

钱宁，原锦衣卫百户，靠依附刘瑾得到朱厚照赏识，被召入豹房侍奉。没多久，刘瑾就发现他的蹿升速度不正常，很快就升到了锦衣卫指挥使、左都督的高位。皇上让他执掌“诏狱”，对他言听计从，连睡觉时都要拿钱宁当枕头。

刘瑾不明白，这小子靠啥巴结的皇上呢？他让人一打听，顿时自愧不如。原来钱宁的手段很特别，他从帝国角落招来不少番僧，靠秘进房中术获得进用。

钱宁的手段刘瑾学不来，好在他们并没有什么直接的利益冲突，两人说到底还是一伙的，大体还能相安无事。

刘瑾事败，钱宁个性狡猾，他用计谋得以免罪，仍然是朱厚照面前的红人，主管豹房日常事务的大管家。

正德七年（1512 年），镇压流民起义的六千多名边军完成任务后返回防区。路过京师时，兵部奉旨犒军，这支人马短暂地停留下来。边关清苦，里面有两个将军打起了留在京城的主意，他们一番打听后，都给钱宁送去了见面礼。由钱宁引荐，他们进入豹房面见朱厚照。

这或许是钱宁收的最后悔的一次见面礼，两个人的名字叫江彬、许泰。

江彬，宣化府人，以大同游击将军之职领兵镇压流民起义。在两淮作战时，江彬身中三箭，其中一箭从脸颊射入，耳旁穿出，他毫不犹豫地拔箭再战，勇名一时冠于军中。

朱厚照听说江彬的事迹大喜，便将两人一起留了下来，升为都指挥使佥事。

江彬此人不光勇猛，还“狡黠强狠”，善于察言观色。他很快成为豹房的实际军事主管人，掌管朱厚照的近卫武装“外四家”。

江彬的到来为豹房带来了不少新鲜空气，朱厚照现在有了新的兴趣。江彬正好投其所好，整天在皇上面前大谈军事，还说边塞风光大好、美女众多。人生在世，不去那里走一遭，真是太可惜了。

一番话说得朱厚照很心动，很想出塞亲眼去看一看。

钱宁看在眼里，懊悔不迭，这个人是他引荐的，现在竟比自己还红。要是见面礼能退，他宁可倒贴也要让江彬滚蛋。

钱宁对江彬有忌妒之心，江彬也不是好惹的，俩人都想在皇上面前争宠。

论人脉和资源，刚从外地来的江彬比不过钱宁。钱宁发动同伙一起攻击江彬，发誓要把这个人搞臭。江彬很生气，但一时也没有什么办法反击。

然而不久后发生的一件事，让形势发生了逆转。

朱厚照争强好胜，一天他兴致大发，亲自带人下场与老虎搏击。看到老虎张牙舞爪，朱厚照便招呼钱宁，让他上！

钱宁嘴上答应，脚下却迟迟不动，全身抖得像筛糠一样。说话间，老虎已扑上前来，直奔朱厚照而去。

手下一时来不及反应，朱厚照这条“真龙”被老虎逼到了角落，眼看就有性命之忧。江彬这时却奋不顾身，率先冲上前去营救，这才逼退了老虎。

朱厚照转危为安，还死要面子，说自己就能办了它，哪用得着你（吾自足办，安用尔）！然而心下，他还是佩服江彬（然心德彬）。

江彬果然名不虚传，不光会打仗，还能打虎！他的形象再一次在朱厚照眼中高大起来。自此以后，任凭钱宁如何揭江彬的短，朱厚照只当没听见（宁他日短彬，帝不应）。

江彬靠实力稳住了脚跟，但还不能打倒钱宁；钱宁根基深厚，一时也奈何不了江彬。两人积怨越来越深，形成对峙的局面。

为了自保，也为了提升自己的地位，他们各自打起了主意。

朱厚照会支持谁呢？

豹房花样再多，五六年下来也有点腻了，能不能开发点儿新的项目？

达延汗在边界越闹越凶，总兵们都抵挡不住，谁来一锤定音？

这些问题，江彬说他都能解决。

江彬的表态让朱厚照心痒难耐，江彬，就是你了，带朕阅尽人间繁华，扶朕上马大杀四方！

“威武大将军”

正德十二年（1517 年）八月甲辰，边关传来警讯，小王子又来闹事。此时内阁首辅杨廷和因父丧正“丁忧”在家，华盖殿大学士梁储、谨身殿大学士蒋冕、东阁大学士毛纪代为主持内阁事务。第二天一早，他们来到豹房找朱厚照汇报，等了半天，等来的却是一张苦瓜脸的钱宁：皇上昨晚离开了。

哦，走了就走了吧，皇上也不是第一次干这种事。近几年朱厚照私出皇宫，夜不归宿不是一次两次了。

“皇上去哪儿了？何时回来？”

钱宁快哭了：“带着‘外四家’，跑到关外去了！”

学士们一下子蒙了，皇上出关会有什么后果？他们瞬间想到了“土木堡之变”。

“还愣着干吗！赶紧备马，追！”

好在朱厚照的行军速度并不算快，几位大臣快马加鞭，终于在沙河（今北京市昌平区沙河镇）追上了这位活祖宗。

一开口，他们发现这一趟算是白跑了，皇上根本不理他们。

“陛下，请立即跟我们回京！”

“朕回京，小王子就会撤退吗？”

“陛下难道忘了‘土木堡之变’？此去凶险，倘若乘舆失陷……”

朱厚照脸色一寒：“恐怕未必吧，朕有‘外四家’护驾，谁说没有一战之力？”

苦谏无效，大臣们眼泪都快掉下来了。幸好朱厚照能不能出城，还取决于另一个重要问题——城门是开着还是关着。

此时，居庸关大门紧闭。

朱厚照不以为意，自己是皇帝，叫人开门还不是一句话的事。

但是在这一天，城门的开关并不由朱厚照说了算，说了算的那个人叫张钦。

张钦，顺天通州人，正德六年（1511 年）进士，时任御史巡视居庸关。按照明朝“以文制武”的制度，张钦就是镇守居庸关的总负责人。

朱厚照派人通知开门，关里的指挥孙玺和镇守中官刘嵩慌了，急着大开城门赶去接驾。

张钦制止：“不能开关门。”

孙玺苦着脸说：“张大人，抗旨可是死罪！”

张钦解释道：“不开关，违抗天子命令，我们可能会死；开了关，皇上万一有个三长两短，我们肯定死；就算皇上平安无事，我们也难保不死。如果都是个死，不如死得有价值一点——宁坐不开关死，死且不朽。”

孙玺和刘嵩面面相觑，道理是这个道理，可是早死和晚死……是不是还有点不一样……

张钦不再多言，他下令闭关下锁，亲自把关门钥匙藏了起来，恶狠狠地撂下一句话：“敢言开关者，斩！”

张钦久在军旅，认识得很清楚，小王子有五万人马，朱厚照的“外四家”只有六千多人。而且在京师待了几年，战斗力如何还不好说，皇上这一去，岂不是羊入虎口？

张钦派人带话给皇帝，不能开门，原因有三：一、皇上出城，花费太多不说，北京还人心不稳；二、出门太远，您母亲和奶奶不放心；三、蒙古人有点厉害，您未必打得过。

朱厚照不耐烦了，这些道理，那些大臣都跟自己说过，用得着你来重复吗？开门就是了！

张钦还是不开。

“真的不开？”

“陛下要出关，请出示两宫（太后、太皇太后）用宝。否则，臣万死不奉诏。”

朱厚照又找孙玺，他不开，你开！

孙玺说：“御史在，我不敢擅离职守。”

“刘嵩，你开！”

“奴才不敢不开，可是，钥匙被张大人藏起来了。”

见白天无法叫开城门，入夜，朱厚照再次派人来到城门传达自己的命令：立即开门！

使者看到的还是一张熟悉的面孔，张御史端坐在城门口，手提一柄明晃晃的宝剑，直指使者吼道：“你是假的！”

没辙了，前有张钦堵门，后有老学士们苦口婆心，赶来的大臣越来越多。朱厚照顶不住了，只得怏怏起驾回京。

难道朱厚照就此放弃了？那他就不是历史上最爱玩、最能折腾的皇帝了！

二十多天后，朱厚照的出塞梦想还是实现了。

当然，张钦在的话是不会放他出关的。朱厚照策马冲出居庸关的时候，张钦正在巡视白羊口。根据记载，朱厚照微服溜出德胜门，在民舍里住了一夜，打听到张钦确实巡视去了，“遂疾驰出关”。

临出关前，朱厚照安排谷大用守住关口，特别交代：任何试图通过居庸关的官员，统统拦住，不得放行。

就这样，朱厚照还不放心，一路上不停地问：“张钦在哪儿（御史安在）？”

这像极了逃学的学生怕家长赶来把他抓回去，于是京师盛传“张御史闭关三疏”，百密一疏，还是让朱厚照跑了。这个皇帝虽然贪玩但也知道好坏，他完全可以把张钦调走或者降职，可要那么做，朱厚照就是个真正的昏君了。

正德十二年（1517年）八月二十八日，朱厚照到达宣府，没几天大同总兵王勋就收到了一封奇怪的公文。文书的格式很正规，内容也很中肯，叮嘱他要好好练兵，守好边关。乍一看没一点儿问题，可王勋却断定自己遇到了骗子。

这封公文的落款是“总督军务威武大将军总兵官”。

王勋读书少，可军界的门道还是拎得清的。众所周知，总督军务向来是文官的活儿，朝廷更是从没给过威武大将军的头衔。

这个“威武大将军”是哪里冒出来的？朝廷派人来总督军务，怎么没人事先通知自己？

王勋把文书一丢叫来手下，命其去查一下，哪里来的骗子，莫不是活腻了，敢来消遣自己？

不久回报来了，这文书还真不是假的，这个“骗子”就是当今皇上——朱厚照。

原来朱厚照到达宣府后，便决意把这里当作自己的西北指挥部，要和蒙古人大干一场。想当个真正的军事主帅，首先得有个响亮的称呼，于是他一拍脑袋，给自己封了一个“总督军务威武大将军总兵官”。

王勋苦笑，威武就威武吧，这位爷也就是心血来潮地折腾一下，没几天他就会知道守边军人的苦，怀念他的豹房了。

确如王勋所料，威风归威风，宣府的设施还是太简陋了，朱厚照很快住不惯了，不过这难不倒他。

“威武大将军”住军营是应该的，可我如果有爵位呢？待遇不就能往上提一些！

于是“威武大将军”又多了个“镇国公”的头衔，这下能在宣府名正言顺地营建镇国府，一切规制，与豹房无二。

看来朱厚照是真打算赖着不走了。

文官们不干了，拼命苦谏朱厚照回京，他不理。给事中黄钟等人又抬出了朱元璋的《皇明祖训》，作为最有利的证据——“吾恐后世子孙倚中国富强，贪一时战功，无故兴兵，致伤人命，切记不可”。

皇上你自己瞅瞅，太祖是怎么说的。

朱厚照却很敏感地指出了他们的错误——《皇明祖训》中所说的对象是十五个不征之国，其中并没有蒙古。正相反，朱元璋非常明确地指导了子孙对蒙古的政策——“但胡戎与西北边境互相密迩，累世战争，必选将练兵，时谨备之”。

朱厚照巡边，不是要对付那些“不征之国”，而是要打蒙古人。

黄钟，是你们错了，朕的行动完全符合祖训！

朱厚照这次出关，不能说他不是贪玩，也不能说他只是贪玩。因为他不是随口说说的，而是确实干了件大事。

朱厚照到宣府不久就故态复萌，每晚带着亲兵在街道上游荡，看到谁家有好看的女子就闯进去索要。搞得宣府一到晚上就家家闭户，即使白天，人们也要把门关起来以防不测。

没脸没皮的同时，朱厚照却没有落下政事。朱厚照命令北京方面，所有重要奏章都要送到“镇国公”府，由自己亲自核准，才能实行。

皇帝虽然不在京师，权力仍被他牢牢地握在手中，说明朱厚照脑袋是不差的。

朱厚照是来教训蒙古人的，在宣府等了一段时间也不见蒙古人来抢劫，他觉得很无聊，于是索性跑到了离边境更近的阳和（今大同市阳高县），开始向将领们发布命令，先过过当军事指挥官的瘾。

好在，朱厚照期待已久的战争很快就到来了。

正德十二年（1517 年）九月，五万余名蒙古骑兵集结到长城杀虎口外（今山西省朔州市右玉县）。这个数量的兵力被动员只有一个人能做到，种种迹象表明，一场大规模入侵即将开始，达延汗将亲自领军。

王勋急坏了，蒙古兵强马壮，自己兵力不足，更要命的是阳和还有朱厚照。他赶忙派人送信给朱厚照，让他赶紧回京，自己来拖住达延汗。

朱厚照只是冷笑一声，自己出关就是来找达延汗一战的，你让朕逃跑？

王勋听令，你带大同副总兵张铭、游击将军孙镇以重兵严守大同城池；

辽东参将萧滓，把守大同外围聚落堡；

宣府游击将军时春，驻守大同东北天城卫；

大同副总兵陶杰、参将杨玉、延绥参将杭雄，驻守阳和卫；

大同副总兵朱銮驻守平虏卫；

游击将军周政驻守威远卫。

本将军率军前驱至顺圣川，呼应全军。

一切战守，听从“威武大将军”钧帖指示。

王勋激动起来，皇上这次难道是来真的？

看得出来，朱厚照是做了准备的，他的这一番部署，以大同为中心形成了一个铁桶阵形状，把重兵放在大同周围。其战略意图，应该是想利用大同牵制蒙古的兵力，使之不能东进，引诱敌人来攻大同，把敌军引入铁桶阵中心。

朱厚照为自己选择的顺圣川（今河北阳原县）有东西两座城，还有一条水沟口河（桑干河支流），能有效对抗骑兵的突袭。这里距离大同与阳和的直线距离都在五六十里，向南能直达应州（今山西省朔州市应县），是个可以有效呼应全军的要地。

这个部署连总兵官王勋也挑不出毛病，皇上身边一定有高人指点吧？

而在阳和，朱厚照身边的江彬也兀自在目瞪口呆。

流民部队好打，蒙古人可不是闹着玩的，皇上看来已胸有成竹。

朱厚照没有理会其他人，他下了最后一道命令：全军立即集结，九月二十五日之前，务必完成部署。

这一刻，那个纸醉金迷、玩闹享乐的“中二”青年消失了，这威武果决的劲头，让大家不约而同地联想起了那个尘封已久的名字——永乐大帝。

应州大捷

正德十二年（1517年）十月初，朱厚照率军进入大同战区，就等着达延汗钻进铁桶阵，好聚而歼之。

真的这么简单吗？“威武大将军”毕竟还是低估了对手。

达延汗是那个时代极为高明的指挥官，蒙古骑兵并没如朱厚照希望的那样往东面的大同来。十月十五日，他们突然分道南下，进攻平虏卫（今大同市左云县）的朱銮和威远卫（今朔州市右玉县西南威远堡镇）的周政。

平虏卫和威远卫远离大同，不承担主力交战任务，故而兵力较少。达延汗不往桶里钻，而去进攻这两个位置突出的卫所，很可能他已看破明军的意图。

小王子不愧老于战阵，他这手打了朱厚照一个措手不及，一举打乱明军的布阵。蒙古军队绕过朱厚照的铁桶，击破平虏卫和威远卫，大军就能从大同西南的应州南下，突破雁门关和宁武关中间的一段长城，从而大举入寇汾河平原。

临汾盆地是山西的主要产粮区，看来这里才是达延汗的真正目标。

没有意外的话，达延汗已经要成功了，但他不知道这次明军的真正统帅是谁。

朱厚照立即作出反应，命时春、萧滓率军驰援朱銮和周政；命大同右卫参将麻循、平虏城参将高时率部尾追蒙古军，牵制其南下；命王勋、张铭、孙镇率兵出大同，务必在应州截住蒙古主力。再急调宣府总兵官朱振、参将左钦、游击靳英等部集结到阳和附近，由他亲自统领，南下迎战达延汗。

以往交战，明军各部通常缺乏必要的联系配合，战术一旦被识破，很难及时作出反应。心理上，由于主客之势已易，优势转为劣势，各将领多半会想如何自保，不会主动出击。

死道友不死贫道，蒙古人别从自己的防区过境就好。

今日情况不同往常，“总督军务威武大将军总兵官”坐镇，哪个将官敢不全力以赴？

谁畏战，谁就死！

战线从一个铁桶被拉成了一条直线，这条线的尽头就在应州。此时朱厚照离应州大约二百六十里，急行军需要两到三天。

在此之前，王勋必须顶住达延汗的主力，撑到朱厚照带兵来援。

十月十八日，王勋部前锋在绣女村接近蒙古军，正要接战，蒙古兵虚晃一枪扔开明军，南循应州而去。王勋率众尾追，两军在应州城北五里寨展开激战。明军打得很英勇，但毕竟人少，在达延汗主力面前渐感不支，打到黄昏时分，已被逐渐分割包围，各部不能呼应。

照这个形势发展，第二天王勋部就会被吃掉。然而人算不如天算，十九日拂晓大雾弥漫，三尺外看不到人影。这个天气没法打仗，蒙古兵等到日上三竿，雾气散尽，打算发动进攻时，发现包围圈内已空无一人。

趁着浓雾，狡猾的王勋早把部下带回了应州城。

更让蒙古兵生气的是，浓雾中一队明军也莫名其妙地进入了应州，原来这是平虏卫的朱銮和威远卫的周政。

蒙古兵打残两个卫所后并没和他们多纠缠，而是直接扑向了应州。这两位将军的任务本来已经完成，不来也没人说他们。可看在“威武大将军”的面子上，他们很想好好地表现一下，于是带着部队长途尾随蒙古兵，一直来到战场外围。

王勋部被分割包围，他们那点儿人无法打破包围圈救人。正赶上这场大雾，朱銮带兵在雾气中穿越敌军，也进入了应州城。

煮熟的鸭子飞了，达延汗很是气恼，就在他以为王勋将就此龟缩在城里时，又得到个令他意外的报告：王勋率兵出城，主动寻战来了。

这个王勋搞什么花样，莫非其中有诈？

应州城内，朱銮给王勋带去了一个重要情报：萧滓和时春率领的辽东、宣府精兵已到，明日可全军出击，与萧滓、时春合兵一处，不愁小王子不破。

王勋这张底牌没有瞒住达延汗，他迅速作出了正确的判断，以部分兵力阻击萧滓、时春，主力兵团对付王勋。先吃掉从应州出来的明军，再回头对付辽东、宣府的军队。

这一手凶狠老到，王勋在涧子村再次陷入重围，萧滓、时春也为敌所阻。两部分明军无法会合，形势越来越危急。

王勋开始绝望了，从十五日接到命令到二十日，自己已经拖住达延汗五天。二百六十多里地，走路都应该到了，“朱大将军”您不会是坑我吧？

也罢，死就死吧，被皇上坑死也算为国捐躯，好过事后追责秋后问斩。

王勋下令，步兵结阵，他本人亲自下马督军，指挥手下抵抗蒙古骑兵最后的冲击（总兵王勋在应州，督军下马步战）。

光荣的时刻即将到来，王勋已准备好以身殉国，却见蒙古军阵后烟尘四起。正所谓天降神兵，朱厚照亲自率领的援军终于赶到了！

这支人马在达延汗的算计之外，“威武大将军”亲自临阵，指挥数十员明朝将领，猛冲蒙古军队。达延汗一下被打了个措手不及，只得暂时撤退，三路明军就此合兵。

要问朱厚照为什么晚到，实在也不好怪他。这位“大将军”来到边关后荒唐事干了不少，可正事也做了不少。亲临战阵的朱厚照终于对战争有了一定的认识，也明白了张钦为什么拦着他不让出关。

朱厚照所倚仗的“外四家”确实如张钦所说，几年的京师生活让他们的战斗力有了不少退化。这次达延汗有五万多精锐骑兵，搞不好自己真的就得去“北狩”了。

为确保万无一失，得到蒙古兵集结的消息，他在征调边关兵力的同时，又给北京下了一道命令：

“张永、魏彬、张忠，你们都给我到阳和来，立即出发。”

“带上在京师备操的边军。”

王勋终于明白了，皇上为什么来得这么晚。

达延汗也很纳闷，王勋眼看就要完蛋了，哪里冒出来这样一支大军？看到这支新来的军队，包围圈里的明军突然士气大涨，这支军队到底有什么花头？

根据史料分析，达延汗很可能还不知道对面明军的统帅是谁。按照常规打法，明军至少已经败了两次了，隐隐约约，他感觉到这次的对手的身份不简单。

至于到底是谁，第二天总是要见分晓的。

十月二十一日，达延汗集结起所有精锐，打算发动最后的总攻。这天早上依然是大雾弥漫，等到雾气散尽，蒙古兵惊异地发现，对面的明军不同寻常。

在明军队列中间，一队锦衣卫高擎“威武大将军”的高牙大纛。纛下一人金盔金甲，身披龙纹战袍，头上黄旗紫盖，身后龙旗飘扬，身边还簇拥着张永、魏彬、张忠、江彬以及全副武装的禁卫军“壮武营”官兵。

这个排场全天下只一人能用，早有眼尖的蒙古兵认了出来：那是大明皇帝！

朱厚照也十分紧张，他曾无数次梦想亲自上阵杀敌，但当战争真的近在眼前时，还是不禁有点害怕。

这十几万人马上就要展开殊死搏杀，许多人会命丧沙场，许多家庭将在今天分崩离析。

一念至此，朱厚照有点儿于心不忍。

转念一想，太祖的话似乎响了起来——“胡戎与西北边境互相密迩，累世战争，必选将练兵，时谨备之”。

对啊，挑起战争的不是我，是小王子！十几年来，多少大明子民被掠夺、被杀戮，不就是因为大明的武德已一退再退，才让蒙古人如此放肆吗？再忍让下去，还有多少大明子民将受边患所害？不给蒙古人点儿教训，他们是不会收手的！

想到这里，朱厚照再无迟疑，他拔出宝剑向天一举，又指向正前方。

“冲锋！”

明军将士全都注视着皇上，见到御驾亲临战阵，将士们都斗志旺盛，愿意殊死作战。另外，蒙古军看到对方阵前呐喊指挥的竟是明朝皇帝，也像发现了最大的猎物，雀跃振奋。

达延汗挥鞭直指，连下口谕：有生擒中原皇帝的，奖给人户三千、牲畜万头，赐给“霸都”（后来清朝称巴图鲁）勇号！

重赏之下，蒙古兵奋力厮杀，齐声高嚷：“抓住大明皇帝，要留活口，不要让他跑了！”骑兵连番冲刺，都扑向朱厚照所在的位置。

朱厚照保持镇定，颇有临危不惧的气概。他亲自督率诸军与蒙古兵展开一场空前的激战。这一仗从上午一直打到入夜，历时六个时辰。战斗结果，明军守住阵线，达延汗主动撤退。

至此，明朝皇帝的最后一次御驾亲征以胜利告终，此战史称“应州大捷”。

吊诡的是，这次大捷的战果在史书里是这么记载的：“是役也，斩虏首十六级，而我军死者五十二人，重伤者五百六十三人。”

这个数字历来争议极大，按常识来判断，十来万人真刀真枪地冲杀，只砍了十六颗脑袋，如何能称为“大捷”？

这个数字可能是真实的。应州之战，是一场过程艰难、结果满意的胜利。

关于斩首蒙古兵的难度，之前已经多次提过，这里不再赘述。斩首数和伤亡数是两个概念，如果明军阵亡者五十二人，可以视为双方损失大体相当。

这一战很可能并不是传统意义上的大捷，形势甚至有点凶险。

许多史料记载此战时都提到一件事：朱厚照“乘舆几陷”。皇帝差点当了俘虏，应当是御营遭到了蒙古兵的反复冲击，说明明军确实打得比较艰难。

事后“朱大将军”说“朕在榆河，亲斩虏首一级”，也很可能是真的。

朱厚照不可能亲自去冲锋陷阵，他能手刃敌兵，可见蒙古人确实冲到了离他很近的位置，从侧面证实了他“乘舆几陷”的说法。

再复盘一下这场战斗，真实情况应该分为三个阶段。

第一阶段，达延汗临阵变招。

达延汗是个老到的军事家，判断出明朝皇帝亲征后，他即放弃打一场歼灭战的想法，转而督率全军反复冲击朱厚照的御营。他明白，只要生擒大明皇帝，这场战斗就能马上结束。

在蒙古铁骑的强力撕扯下，明军的防线一时不支，所以蒙古军才冲到距离朱厚照很近的地方，导致他“乘舆几陷”，朱厚照这才能亲手砍了一个蒙古兵。

第一阶段占据优势的是蒙古人，他们能将伤亡的同伴抢回后方，不会给敌人留下斩首的机会。

随后战局进入第二阶段。明军集结的辽东、宣大、延绥和京师的精锐，绝非绣花枕头。搞明白达延汗的战术后，他们迅速反应过来，顶住了蒙古人的攻势。

战斗从突袭战打成了持久战，双方打得难解难分，十二个小时里，很可能出现了长时间的相持，谁也没有能力歼灭对方，更多的是互相机动以寻找破绽。

打成这样，肯定也是没法上去割首级的。

最后是第三阶段，达延汗眼看事不可为，不得不领兵撤退。

注意，史料中说的是“虏乃退”，是退走而不是败走。在第三阶段，蒙古军依然有救死扶伤的时间。

问题来了，敌人撤退，朱厚照就不知道追击吗？

朱厚照倒是追了，这次老天没站在明朝这边——“会天大风，黑雾昼晦”。天空刮起了沙尘暴，昏天黑地中明军只得班师，将士也就无暇去抢蒙古兵的尸首。

总而言之，这场战斗并不是以明军的压倒性胜利而结束，蒙古军一度还占据优势。如果明军的伤亡数字是真实的，那么对应的蒙古军伤亡人数至少不相上下，这个数字是经得起推敲的。

唯一不太让人信服的是，双方都是最高统帅亲征，上十万人规模的一场大战，加起来伤亡堪堪过千，是不是太少了一点？

关于这点有另一种可能，即后来出于某种原因，双方的伤亡数字被人为地缩小了。

说实话，在大臣们眼里，朱厚照实在是大明最不受欢迎的一任皇帝，而且他还没有儿子替他讲话！想怎么写，就看大臣们的良心了。

这种可能性确实存在，但同样没有证据，是非曲直到底如何，后人只好自己判断了。

不管朱厚照是否被抹黑，不管到底斩首几级，毋庸置疑的是，应州之战确实是一场大捷。

此战以后，蒙古军没能东去也未能南下，他们退到玉林卫（今内蒙古和林格尔县）附近抢劫了几个小村庄之后，就退回了河套。达延汗集结数万精锐的这次大规模军事行动，没能实现任何预期目标。

无疑，朱厚照的战略目的实现了。

自从蒙古人复入河套，大明一直在被动挨打，朱厚照这次御驾亲征非但没有被俘，还实现了战略意图，称个“大捷”并不过分。

从战场调度来看，达延汗确实狠辣，他的临阵和战术非新手朱厚照所能及。朱厚照胜就胜在御驾亲征，能够有效调动全部精锐，才能在口袋阵被破的情况下击退达延汗。

回顾一遍这场战役不难发现，要不是大明皇帝在，达延汗早就得手了。

自朱棣亲征以后，哪见过如此勇武的大明皇帝。朱祁镇倒是想立功于边塞来着，可惜是个银样镴枪头。大臣们说朱厚照亲征是瞎胡闹，“朱寿”用行动让他们闭嘴。

朱棣的血脉在朱厚照身上觉醒，他不上，还真不行！——但能早日廓清寰宇，还百姓安宁，御驾亲征又何妨。

想当年应州战场上，那个初涉战阵的青年天子，眼神中充满坚定。望着潮水般涌来的蒙古兵，死亡仿佛在一点点靠近，将士们的腿肚子发抖。可当他们望向那飘扬的黄龙旗，那耸立的高牙大纛时，便找到了无尽的勇气。

伞盖下，那个全身戎装的“威武大将军”不闪不避，剑指敌军，同样正在浴血搏杀——“惟帝留意戎事，慨然有肃清海宇、鞭笞夷虏之志。郊畿之外，复见旄头虎豹之清尘焉”！

“毅皇躬御边寇，奋然欲以武功自雄”，朱棣之后，敢于御驾亲征，指挥大兵团作战还不落下风的大明皇帝，朱厚照是第一个，也是最后一个。

达延汗的结局

关于应州大捷，还有最后一句记载“是后岁犯边，然不敢大入”。即应州之战后，虽然蒙古人每年还有犯边之举，但是不敢过于深入。

达延汗在应州并没有损失很多人马，撤退途中他还不忘抢劫一把，咋就不敢“大入”了呢？

以达延汗的个性，肯定是不会就此认输的，但他确实是没法来了。

应州之战结束后不久，达延汗去世，享年四十四岁。

这位大汗绝对是蒙古史上的一位重量级人物。

达延汗是在位时间最长的蒙古大汗，共计三十八年（1479—1517年）。在明朝史书中，他是凶狠狡猾的小王子，是大明的心腹之患；在蒙古史书中，他是蒙古“中兴之主”，是著名的改革家。

简单来说，达延汗通过正德五年（1510年）的右翼之战削除异己，恢复大汗在全蒙古的统治之后，做了两件大事。

一是废除了自大元沿袭而来的太师、太尉、太傅、太保、少师、平章、知院等诸多官职，封自己儿子们为济农、诺颜，进一步加强孛儿只斤姓氏的统治。

太师们就此退出历史舞台。元亡后一百多年间，异姓领主们在各个领地上专横跋扈、称雄称霸的历史宣告结束。过去居于统治上层的太师们，由封建主的身份转变成黄金家族台吉领主们的僚属。

二是确立继承制度，分封诸子。

达延汗建左右两翼六个万户，封左翼三万户为察哈尔万户、兀良哈万户和喀尔喀万户，右翼三万户为鄂尔多斯万户、土默特万户和永谢布万户。

达延汗驻帐于察哈尔万户，此后察哈尔万户皆由大汗亲统。大汗必由达延汗长子长孙接任形成制度，达延汗去世时长子图鲁博罗特已死，便由长孙孛儿只斤·博迪接任可汗，客观上恢复了“黄金家族”的继承传统。

而达延汗其他的儿孙们，分别成了土默特部、扎鲁特—巴林部、克什克腾部、阿苏特部、永谢布部、鄂尔多斯部和外喀尔喀七部的始祖。

现代蒙古各部，由达延汗奠定。

达延汗的分封制度对后世产生了深远的影响，它形成了漠南、漠北、漠西的各个蒙古部落，并成为清代在蒙古地区设立盟旗制度的基础，这种格局一直保持到今天。

可以这么说，达延汗加强集权的行动虽然对明朝未必是好事，但若放眼历史，分裂混乱的蒙古并不利于国家统一，所以达延汗的功绩是利在千秋的。

也许没有达延汗，蒙古族会在无休止的混战中彻底沉沦，消失在历史长河中。

当然，要做到这一切还有个前提条件，那就是要有足够多的儿子。在生儿子这件事上，达延汗完胜那位“威武大将军朱寿”，光是活到成年的儿子他就有十一个。这些儿子又生孙，孙又生子，让孛儿只斤氏又壮大起来。

达延汗去世后，年幼的长孙博迪没有足够的威望，在一段时期内，他能实际统领的其实只有察哈尔万户。失去统一的头领便无法动员足够的兵力，这才是应州大捷后，蒙古“岁犯边，然不敢大入”的主要原因。

应州之战后，边患问题得到很大的好转。值得一提的是，朱厚照并未满足于这个成绩。

正德十三年（1518 年）七月，朱厚照再次带着少数随从夜出东安门直奔宣府，开始了他巡视三边的长途跋涉。这次他率一万七千余名官兵从宣府出发，一路巡行到榆林卫，历时七个月，往返数千里。这不是例行公事的巡边，而是实打实深入边塞，重视边防的英明之举。

关于这段长途跋涉，史料中有生动记载：

> 自宣府抵西陲，往返数千里，上乘马，腰弓矢，冲风雪，备历险厄，有司具辇以随，也不御。阉寺从者多病惫弗支，而上不以为劳也。

光看这段，这哪是个肆意胡闹的皇帝，简直恍若明君。

因此可以说，正德中后期的边防情况要远远好于他爹朱祐樘的弘治时代，也大大强于他堂弟朱厚熜的嘉靖时期。与这些消极防守的大明皇帝相比，朱厚照身上来自朱元璋、朱棣的血脉气息显然更加浓厚。

正德七年（1512 年），平定国内大规模流民起义；正德十二年（1517 年），把达延汗顶回河套。朱厚照的第二个问题看似解决了，实际还没有。这个问题，最后间接造成了他的死亡。

第二十七章 宁王之乱

宁王之乱

当南赣土匪们在大山里被王守仁折腾得痛不欲生的时候，一个谣言也正在天下流传：宁王要造反了！

这个宁王，说的是初代朱权之玄孙，第四代宁王朱宸濠。

朱棣起兵时拉拢十七弟朱权，说事成之后“中分天下”，宁王也不傻，他哪里敢和朱棣中分天下，要不然脑袋难保。

朱棣“靖难”成功后，朱权眼瞅着大宁是不会还给自己了，便小心翼翼地请示：“皇上，给我改个封地行不？”

朱棣：“行啊，你想去哪？”

朱权：“江南行不，我想去苏州。”

朱棣：“不行，苏州太近了，你去那干吗（京畿内不得封王）？”

朱权："那杭州行不？"

朱棣："杭州这个地方也不怎么好，夏天热到死。"

朱权无奈："皇上，那你说吧，给我挑个繁华点的地方就成。"

朱棣："我看，南昌就挺好。"

朱权的心顿时凉了半截儿。

南昌就是洪都，灭掉陈友谅后，朱元璋改洪都府为洪州府，次年更名为南昌府，府治南昌。

当年朱文正在洪都死顶陈友谅，九九八十一天打下来，把洪都打成了一片瓦砾，大明建国后也没有得到恢复。

再加上后来朱元璋与陈友谅在江西的决战，鄱阳湖一带人口急剧减少，到处都是一片狼藉，没一两代人恢复不过来。

所以明初的南昌，实在是有点破败的。

朱权差点就说，能不能再换个地方？当然他没敢说出口，毕竟他干不过朱棣。

永乐元年（1403 年）三月，朱棣改封朱权于南昌，护卫、禄米、仪仗减半。

从威震北境的一等塞王，到待遇减半的落魄王爷，朱权能不恨吗？恨归恨，朱棣在时他不敢表现出来，永乐年间，朱权寄情于文学、宗教，表现得一直很老实。

永乐二十二年（1424 年）朱棣驾崩，朱权决定不装了，他向朱高炽上疏表示，南昌并非宁府封国，让大侄子考虑下，让他挪个地方。

朱高炽也不是傻子，他回信道："叔父从先皇那里受封已达二十余年了，不是封国，那又是什么呢？"

眼见移藩无望，明宣宗即位后，朱权又想着改善一下待遇。哪知踢到朱瞻基这块铁板，非但不予批准，还训了这个叔祖一顿，搞得朱权不得不上疏向侄孙谢过。

好在朱权虽然郁闷，但他有个优势足以让朱棣一家汗颜。朱权一直活到了正统十三年（1448 年），熬死了朱棣、朱高炽、朱瞻基爷孙三代，才以七十岁高龄薨逝。他的子孙们普遍也能活到六十岁上下，所以朱棣世系传到第六代朱祐樘手里的时候，宁王一系才传了四代——弘治十年（1497 年），第四任宁王朱宸濠袭爵。

通过朱厚照面对的问题，我们可以知道，明朝到了中期，历代王朝的各个问题都开始暴露了，人地压力加大，社会矛盾开始尖锐，流民敢于大规模对抗官府。

宁王这一支本来就有历史遗留问题，朱棣过河拆桥，宁王后人怀恨在心那也正常。朱宸濠从不曾忘记初代宁王的风光，他对自己只能窝在南昌耿耿于怀。在他看来，正德年间皇上昏庸，皇室无后，朝堂混乱，乱民四起，蒙古来袭，这不活脱脱一副乱世景象吗？

这一刻朱宸濠觉得自己朱棣附体，燕王"靖难"那么困难都能成功，现在时机这么好，本王为什么不能？

恰好在这个时候，一个人出现了，他为朱宸濠的帝王之路加上了一个重要的砝码，这个人就是钱宁。

刘瑾倒台后，钱宁荣宠依旧，可他很快就遇到了来自江彬的竞争。边将出身的江彬更符合成年朱厚照的胃口，钱宁为了防备江彬，便想到了"结强藩以自全"这个妙招，这既是为了打倒江彬，又可以给自己留条退路。

这个强藩就是宁王朱宸濠。有了钱宁的照应，朱宸濠干脆派人在京城设立了据点，这个江西秘密驻京地点就设在钱宁心腹臧贤家里。它的主要工作有三个，一是大肆行贿，收买京城官员帮宁王说话；二是刺探方方面面的情报，帮助宁王掌握政治动向；三是拦截告密者，不让朱宸濠的造反事业过早败露。

钱宁能量再大，也就是个豹房总管，朝廷那么多大臣，就看不到朱宸濠的野心吗？

说看不到是假的，说不想看到才是真的。

朱宸濠这个四代宁王别的能力没有，但他有钱，有钱宁和驻京据点的疏通，他在京城大把撒钱，用银子解决问题。

比如，为了恢复宁王府护卫，朱宸濠以重金贿赂刘瑾，刘公公确实给他办成了。没承想宁王府护卫刚得到恢复，刘瑾就被剐了，朱宸濠还遭到弹劾。

卫队被撤销，钱也没退，朱宸濠只是淡淡一笑，有钱，还怕找不到人办事吗？

后人都说刘瑾贪财，其实贪不贪财，能贪多少，很大程度上是和权力成正比的。这点上，哪怕是煊赫一时的名臣也不能免俗。朱宸濠持续大把砸钱很快见效，他又通过兵部尚书陆完的路子，靠太监卢明和内阁首辅杨廷和的关系，再次恢复了护卫（中官卢明以疏下阁，密约杨廷和出，下制许之）。

依靠钱宁的掩护和收受贿赂大臣们的装看不见，朱宸濠在江西网罗致仕侍郎李士实、落地举人刘养正为军师，引为“卧龙凤雏”。

有了人才，朱宸濠还缺军队。单靠两个护卫的兵力不足以起事，怎么办呢？朱宸濠想来想去，想到个十分高调的办法——高薪招兵。

南赣一带匪盗猖獗，给朱宸濠提供了极好的兵源。俗话说重赏之下必有勇夫，他以王爷之尊，不惜委身结交鸡鸣狗盗之辈，很快吸引了一大批亡命之徒，鄱阳湖著名的土匪头子凌十三、吴十一、闵二十四等都慕名前来投奔。

手下有点看不过去，提醒他，选人的标准是不是该往上提一点？

朱宸濠一瞪眼：当初太祖手下，还不是有许多江洋大盗、飞贼？你敢说这里面没有下一个开平王？

这些人被朱宸濠以护卫的名义招致麾下，在丁家山修筑了一处堡寨作为他们的老巢。闲来没事，他们就轮流出去搞抢劫活动，作为练兵的手段。

经过这么一搞，朱宸濠的武装力量很快膨胀到了数万人，如此规模的招兵不可能保守住秘密，一时间，风言风语到处流传，连京城百姓都知道，宁王要造反了。

其实，这是冤枉朱宸濠了。

注意，造反只是手段而不是目的，朱宸濠的目的是当皇帝而不是造反。

当然通常情况下，藩王要想成为皇帝，造反最直接，难度也最大。

有没有其他办法呢？很困难。皇帝这个位子，只有一个，就算现任皇帝死了，也会按部就班地传给他的儿子、孙子。

可是朱厚照的情况有些特殊，三十多岁的人了，各方面都很正常，就是没有生下一男半女。不要说帝王之家，就算在古代平民百姓家里，这也很不正常。

万一哪天朱厚照突然驾崩了，谁来当皇帝呢?

这就是朱宸濠的机会。

朱宸濠的参谋本部日夜谋划，很快为他拟订了数条可行性方案。

买通朱厚照身边的人，找机会废黜朱厚照，朱宸濠就有机会趁乱取而代之。

暗杀朱厚照，趁乱夺权。

设法让宁王世子成为皇储，朱宸濠就成了太上皇，可以名正言顺地操持大权。

很奇怪，其中并没有起兵造反。

李士实、刘养正特别指出：此时起兵，为时尚早，造反是最下策，第三条是最上策。

果然是高手在民间，别看李士实只是个退休官员，刘养正是个不得志的举人，至少他们暂缓起兵的建议是对得起宁王的，拟出的方案还真有一定的可行性。

当时朱厚照返京后又说要南巡，大臣们坚决反对，闹出了反南巡请愿活动，搞得朱厚照大动肝火。这次政治事件影响很大，前后共有数十名官员遭降级或罢黜，一百零七名官员被打廷杖，主事刘校和照磨刘旺被当场打死，另有十一人伤重不治而死。

这是大明开国之后，群臣被打廷杖最多的一次。朱厚照算是开了祖宗之先河，也得到了大臣们满满的恶评。

皇上人心尽失，这让朱宸濠觉得有了机会。他下令让谋士们拿出可行性方案，李士实、刘养正却说暂时不宜举兵，最好是让宁王世子成为皇储。

朱宸濠有点转不过弯儿来，怎么才能让自己的儿子成为朱厚照的儿子?

李士实呵呵一笑："这就是王爷的福气了，今皇上久未生子，储位虚悬。

群臣早就建议，从宗室王子中挑选一人作为临时的替补皇储。而今王府世子已得到过‘异色龙笺’，这不说明世子有成为皇储的希望吗？”

所谓“异色龙笺”，是皇储专享的御笔赐信，朱厚照确实曾赐给过宁王世子。

朱宸濠还是不敢肯定：“宁王府毕竟不是帝系。要选皇储，标准不是‘亲’吗？”

刘养正解释道：“‘亲’，我们是没戏了，不过选择皇位继承人，除了‘亲’，还有一条‘贤’。王爷的贤名早就传遍京城，只要再让我们的人在皇上面前说说好话，提名皇储的时候，世子不是大有希望吗？”

“当今皇上经常出京，等世子成了皇储，您再找个机会，趁他离开京城的时候……以太上皇之尊干预大政，不是名正言顺的事？”

朱宸濠眉开眼笑：“妙啊妙啊，就照你们说的办！”

正德十二年（1517 年）三月，在朱宸濠授意下，江西的保举奏疏到达北京，内容是宁王有五大孝行，该当受到朝廷的奖励。

本来，这时候钱宁该跳出来，带着一帮人为宁王说话，可是这次的情况却很不一样。

朱宸濠行动前忘了打听一下，自从朱厚照结束巡查边境回京后，豹房的政治风向已经变了。

朱宸濠的造反大计已谋划了十来年，谋复护卫，打造兵器，招兵买马，积蓄军费。他也一直在拉拢当地官员跟他合作，但是这些在任的官员又怎会去学李士实、刘养正，抛下身家性命地跟着去造反？

朱宸濠的办法很是简单粗暴，谁不合作，他就整谁。正德这一时期江西的高官，几乎都挨过朱宸濠的整，不是罢官去职，就是主动辞职。

这些大动作几乎成了半公开的活动，难道就没人注意到朱宸濠吗？

当然有，一直以来，江西地方官员不断把宁王的异动向北京汇报，传到了尽人皆知的地步。江西巡抚孙燧连续七次上疏，说宁王必反。但朝中主政的大臣都收了宁王的黑钱，压下孙燧的奏疏不予汇报——“诸权奸多得宸濠金钱，匿其事不以闻”。

朱宸濠一开始找的是刘瑾，刘瑾倒台后他又找上钱宁。这一段时期以来，主要就是钱宁在帮他遮掩。

朱厚照不是没听到风声，但他一直没当回事，因为他还信任钱宁。

遗憾的是，应州大捷后，朝廷的政治风向已经变了。

正德十二年（1517 年）十月应州大捷，正德十四年（1519 年），朱厚照正在筹划新一轮的江南巡行，这些都离不开江彬的建议。

从正德十一年（1516 年）起到正德十四年初，朱厚照不在京城的日子倒有大半，陪在他身边的是江彬。留守的钱宁长期见不到皇上，影响力已不复从前。

大家都清楚，在这场较量里，钱宁已经出局了。

胜负已分，众人哪会看不懂，帮朱宸濠说话就是帮钱宁，等同于跟江彬作对，谁敢引火烧身？

墙倒是会众人推的。

太监张忠原来和钱宁是一伙的，也收了朱宸濠不少黑钱。不过他现在已经转到了江彬阵营，成了第一个背叛钱宁的人。

张忠向朱厚照密奏："爷爷知不知道，您不在的这段时间，钱宁交通宁王，图谋不轨，已经是尽人皆知的事情。这封奏疏实在是包藏祸心啊。"

朱厚照若有所思："何解？"

张忠："爷爷您想，地方官保举某个官员，通常是为了升他的官。宁王是藩王，升无可升，保举藩王的孝行，他们是想干什么？"

朱厚照回过味来，知府可以升巡抚，巡抚可以升尚书，藩王再升级，那就只有……

江彬趁热打铁，组织人手连上几道奏疏揭发朱宸濠的不轨行为，并且提供了宁王府驻京秘密据点的线索。朱厚照派人一查，果然在臧贤家查出许多密探专用的机关暗道——"家多复壁，外钥木橱，开则长巷，人无觉者"。

事情有点严重，朱厚照召集内阁会议商讨对策。

首辅杨廷和有点慌了，他毕竟也是收了宁王钱财的。经过慎重研究，杨廷和想出了一个保守方案，他建议参照宣德年间处理赵王朱高燧的办法，即“宣宗谕赵王故事”，以保全宗室为主，派人敲打一下朱宸濠，让他老实一点。

应该说杨廷和还是比较够意思的，朱宸濠的钱没有白送，若照这个方法处理，朱宸濠就能平安落地，一场巨祸将得以消弭于无形。

可惜问题出在了朱宸濠的情报网络上。

驻京秘密据点被查获，人员并未被一网打尽，其中有个叫林华的密探通过密道逃脱。林华对朱宸濠非常忠心，他没有逃跑，而是继续潜伏在京师卖力地打探消息。

林华是个下级情报人员，接触不到高级别官员，内阁会议的决定不会公布，杨廷和更不会通知他自己的办法。不过不要紧，林华是个非常积极主动的人，他汇总了自己在京师的关系网，主要是些贩夫走卒、商贩差役。

从这些人口中得到的消息，林华自行推断出了内阁会议的结果：朝廷派使团前往江西是要兴师问罪的，任务是捉拿朱宸濠进京治罪。

林华实在是个很忠诚的密探，他拼命地换乘快马，一路奔回宁王府，亲口告诉了朱宸濠这个天大的消息。

本来朱宸濠并不打算立即起兵，事到如今，不反也得反了！

宁王有不臣之心不假，起兵却是非常仓促的，这实在是信息不对称造成的一场误会！历史再次被一个不知名的小人物改变了！

第二天，朱宸濠在王府摆下鸿门宴，以过四十三岁生日为借口，将南昌的大小文武官员骗到王府，用太后“密诏”的借口胁迫他们跟从起兵。江西巡抚孙燧、按察副使许逵破口大骂，被当场杀害，其余官员有的被关押，有的投降。朱宸濠封投降的江西左布政使王纶为兵部尚书，李士实、刘养正为左右丞相，大大小小的盗匪头子为将军，正式扯旗造反。

手下们一时都喜气洋洋，凌十一、吴十三、闵二十四等摇身一变，都成了元帅、将军。

丞相李士实却有点高兴不起来，他只是忧心忡忡地望着远方，惦记着一个让他寝食难安的人。

这个人是他的老熟人——王守仁。

王守仁的计划

朱宸濠造反的时间是正德十四年（1519 年）六月十五日，消息传到北京在六月底，而等到官方收到叛乱的确切消息，却已经是七月十三日前后，这中间已相差了一个月。

其实在许多朝中大臣看来，朱宸濠造反未必是送死。

古人判断一个政权能不能统治下去，主要看三个方面：一、君主贤不贤。二、朝中是不是奸臣当道。三、百姓是否民心已背。

很不幸，让大臣们来打分的话，朱厚照这三个方面的得分基本为零。

先有刘瑾，后有钱宁、江彬，皇上显然不是亲贤臣远小人的明君；流民到处都是，叛乱此起彼伏。

这种情况下，让人产生一种王朝末世之感也不足为奇。

朱宸濠的兵力更是让大家震惊。

造反的老祖宗燕王朱棣，当初只有可怜的八百人。他拼了老命击破宋忠、耿炳文，再使出吃奶的劲儿吃掉宁王的兵力，也才堪堪十来万人。

朱宸濠竟然一出手就有二十万人！

叛军有二十万人，朝廷就可能需要大几十万官军才能将其平定。转圜半个大明才能凑出这么多军队，到那时，谁敢说朱宸濠不能打到北京？

朝中大臣震惊不已，京城有一些人陷入了恐慌，打包财物者有之，心怀鬼胎者有之，就是没人毛遂自荐去领兵平叛的。

兵部尚书王琼却十分自信地说：“王伯安在江西，肯定会擒获叛贼。”

王守仁，字伯安，号阳明。

王守仁注意南昌很久了，南赣平乱之后，王守仁便从王琼那里接受了一个新的任务——“提督南赣汀漳等处军务”，并得到了令旗令牌，坐镇赣州，拥有“便宜从事”的权力。

刘养正当过朝廷的正式官员，交游广泛，也曾与王守仁有过数面之缘。

早在朱宸濠还在大笔砸钱疏通关节时，刘养正就意识到，若日后起兵，背后的王守仁可能会成为致命的威胁。

这个人很难笼络，他不收贿赂，不喜美女，也没有什么把柄可抓，想来想去，刘养正和李士实决定亲自跑一趟赣州，要以三寸不烂之舌策反王守仁。

在赣州，王守仁摆酒为刘养正接风。

刘养正先是大大地恭维了王守仁一番，大加称颂他讲学之事，又称赞他平乱有功、利在千秋，云云。

几杯酒下肚，刘养正话锋一转，扯到了宁王身上："先生以恢复圣学真谛为己任，宁王十分钦佩，是以命我前来。一则为表敬意，二则是想投入先生门下，以求正学。"

王守仁与那位后来被害的江西巡抚孙燧是好友，早已得知刘养正的来意。听到此话他不禁好笑："宁王舍得去王爵，来赣州当我的学生？"

刘养正只是投石问路，他叹口气说道："宁王去不去爵倒在其次，只是皇上总爱出巡，国事也不打理，这样下去如何得了！"

王守仁一愣，这刘养正也太直接，两句话不到，又扯到皇上了。

还没等王守仁搭话，李士实又自顾自地说下去："世上难道就没有汤（商汤）、武（周武王）吗？"

这句话属实敏感、露骨，汤、武都是反抗暴政的造反前辈，李士实什么意思，不言而喻。

王守仁平静地回答："汤、武在世，也需要有伊（伊尹）、吕（姜子牙）辅佐。"

意思是，你们的德行还不够。

李士实不同意："有汤武就有伊吕！"

王守仁变了脸色："有伊吕，还怕没有伯夷、叔齐吗！"

言外之意，就算你们有帮手，国家难道就没有忠臣了！

谈话到此不欢而散，李士实、刘养正摸清了王守仁的态度，这人是绝对忠于朝廷的，无法说服。

王守仁和天下大多数人一样，知道宁王有不臣之心。但他毕竟不是诸葛亮，料不到宁王会因为一个错误的情报而这么快就动手。

这下打乱了王守仁的计划。

朱宸濠起兵前，王守仁一百岁的祖母岑氏病重，他与祖母感情极好，便请假回去送老人家最后一程。

离开之前，王守仁还不放心，又把弟子冀元亨派去回拜朱宸濠，让他留意南昌的风吹草动。

办完丧事，正巧福建发生兵变，于是朝廷一纸文书又调王守仁前去处置。官船一路北上，行至丰城县（今丰城市）靠岸休息，此处距离朱宸濠的大本营南昌只有一百里。

丰城知县顾佖出迎，告知宁王朱宸濠谋反。王守仁也被吓了一大跳，立即命令掉转船头开往临江府，再到临江换船赶到吉安。

真是好险，再晚个一天半天，王守仁就难逃虎口。

吉安知府伍文定是王守仁的朋友，也是他最得力的下属。王守仁摸清情况，于六月十九日、二十一日上《飞报宁王谋反疏》《再报谋反疏》告变。与此同时，王守仁督率伍文定等人，约会吉安府及周边在任或致仕官员，整军备战。

兵者，诡道也

王守仁的《飞报宁王谋反疏》和《再报谋反疏》飞马送到京师，人人皆忧形于色，唯有一人例外。

还是那位“镇国公威武大将军朱寿”。

不久前朱厚照提出要巡游江南，遭到大臣的集体抵制，计划被迫搁浅。宁王谋反，朱厚照领兵平叛，岂不是名正言顺？

师出有名！朱厚照高兴地让司礼监传口谕，命内阁拟旨：宸濠谋反，上逆天道，下悖祖宗，遣总督军务威武大将军镇国公朱寿领各镇军马前往征剿。

在大臣们看来，皇上扮成“镇国公”纯属胡闹，朱宸濠可是有二十万大军，这个险是你能冒的？

以杨廷和为首的内阁召开了一次会议，主题是不让皇上去江西冒险。他们也知道自己那点可怜的权力很难拦住这位小祖宗，于是这次，大臣们决定剑走偏锋，研究出了一个很聪明的办法。

收到口谕，内阁回复说：首先，这个“威武大将军镇国公”是谁，大家都不知道，无法给他下旨。其次，“遣”这个字只能用在上级对下级，天子若要亲征，必是奉天征讨，谁敢“遣”天子？

这个口谕显然有问题的，内阁没有办法拟这样的旨意。

其实内阁也很明白，区区文字游戏无法阻止皇上亲征，他们所要做的无非只是一个字——“拖”。

朝廷在六月底连续收到王守仁的两封奏疏，提到他已在设法平乱，此后一直没啥动静，大家都想等等江西的消息再说。

这帮文官们不管能力怎样，搞文字、流程是天下第一，被他们一来二去地装聋作哑，朱厚照这道圣旨竟然“难产”了半个多月之久。等到朱厚照终于搞定旨意，“朱寿”再开始召集京军，已经是七月十三日。

七月末，朱厚照刚刚行军到涿州，还没出京畿南大门，杨廷和为首的大臣们终于等来了他们想要的消息。王守仁上疏报捷，这份文件名为《擒获宸濠捷音疏》，内容是说叛乱我已经平定了，朱宸濠也抓了，皇上您不用来了。

这起声势浩大的叛乱，朱宸濠从六月十五日兴兵到七月二十六日兵败被擒，不过四十三天，怎么回事？

那得问王守仁，简单说吧，这次平乱可以视为他南赣戡乱的升级版。

譬如，王守仁一到吉安，第一件事是找来一堆书吏，开办了一个写作速成班。王守仁亲自出任讲师，以极其专业的学术素养传授学生如何伪造各类公文及书信。

随后王守仁又找来一帮亡命之徒，换上制服，许以厚禄，让他们揣着这些假公文在江西各地传达。

于是宁王那儿很快就汇总一堆来自天南海北的公文，大致表达一个意思：奉朝廷密旨，已预料宁府将反。现（两广总督/湖广巡抚/福建总兵），以及两京兵部已分别出师，扼守各路要冲，望各地方官员听从号令，配合进剿事宜。

又如，王守仁又利用李士实前来策反的那次机会，以回信的口吻写给李士实："信已收到，老先生报国之心令人感动，本职也才知道所谓从贼之事，不过是迫不得已的权宜之计。信中所教机密我与众人商议后都觉得可行，望先生严守机密，事成之后定为先生向朝廷请功。"

如此这般的信还有好几封，对象包括了朱宸濠手下主要文武官员，既有宁王重臣的卧底书信，也有各地伪政府官员的投诚密状，写好之后命人用各种方式散布出去。

毕竟，王守仁可是年轻时就伪造过遗书的人，伪造书信可以说是他最擅长的事情之一。

有官员对王守仁的这些计策不以为然，问他："这有效吗？"

王守仁不答反问："先不说能否有效，只说朱宸濠疑不疑。"

官员没有多想地答复："一定会疑。"

王守仁笑道："他一疑，事就成了。"

朱宸濠果然大疑，愣是被吓得窝在南昌整整十七天没敢动弹。直到七月初，朱宸濠才意识到中计，哪有什么各路大军，都是王守仁放的烟幕弹。

可是朱宸濠又中计了，六月十四日，王守仁确实没多少兵力，到了七月初，他已集结起南赣汀漳及江西各处一支七八万人的平叛军队，有了能与叛军一战的实力。

有了兵，王守仁却按兵不动。

伍文定着急，说大家士气高涨，正是出兵的大好时机。

王守仁淡淡地说："此心不动，随机而行，此为兵法最高奥义。"

见伍文定不懂，他便解释说："起初敌强我弱，需要用计拖延敌军，争取时间。如今我军实力大增，可以与敌人抗衡，但宁王经营江西多年，根深蒂固，若贸然出击攻城，必然难以攻下，人心思乱，断不可行。不如龟缩不出，让敌人弄不清我们的实力，待其主力出击，然后看准时机，一举围歼，必能取胜。”

七月初三，朱宸濠终于带着主力沿江而下向南京进发，受阻于安庆。趁南昌空虚，王守仁率兵攻打南昌，朱宸濠回兵救南昌。七月二十六日，双方激战于鄱阳湖，宁王战败被俘，从起事到被俘，只有短短四十三天。

当初南赣戡乱，谢志珊被擒后颇为不服：“身为一军统帅，尽要些阴谋诡计，算什么好汉！”

王守仁淡淡一笑：“兵者，诡道也，能而示之不能，用而示之不用。”

意思是：用兵打仗，是一种诡诈的行动，所以能打装作不能打，想打却装作不愿打，要打近处装作打远处，打远处要装作打近处。

战争中总是充满了诡诈谋略。诈术运用得好，往往能够更快更容易地取得胜利。

没啥意外的，还是“心学”在实战上的运用，通过混淆视听，制造假象，令对手产生错觉，扰乱其心智，使其放松对自己的防备，从而抓住有利时机，达到克敌制胜的目的。

就是这么简单。此战以后，王守仁一代军事家的身份坐实，时人称王守仁用兵诡异、独断，素有“狡诈专兵”之名。

第二十八章 朱厚照：一生不羁 放纵爱自由

正德皇帝下江南

收到王守仁的《擒获宸濠捷音疏》，朱厚照顿时大感泄气。合着这一个多月自己白折腾了！班师吧，心有不甘；不班师吧，师出无名。就在朱厚照闷闷不乐的时候，江彬凑上来抛出一番话，让他重新振作了起来。

江彬的理论非常吓人，他指着王守仁的奏疏说道：“朝廷派王守仁去处理福建兵变了，他怎么会在六月十五日出现在丰城？听说朱宸濠的主要谋士李士实和刘养正都与他过从甚密，他们去拜访过王守仁，冀元亨还代表王守仁去南昌面见了朱宸濠，他们到底是什么关系？”

一连串问号得出一个结论，王守仁就算没有参与宁王叛乱，他也是深度知情者。说不定就是他养寇自重、故设陷阱，回头再来个良心发现，自己拿下这桩天大的功劳。否则就凭他一个巡抚，凭什么这么短时间就平定宁王的二十万大军？

江彬这个人溜须拍马是有点水平的，他这番话倒不全是胡编乱造。冀元亨因此事引来高度怀疑，后来王守仁的政敌以此对他进行攻击，把冀元亨抓进了大牢。冀元亨在狱中很有骨气，遭受严刑拷打也没有说老师一句坏话。后来冀元亨被释放，出狱几天就伤重而死。

所以，江彬的意思是皇上这趟还是得亲自出马，只有亲眼所见，才能搞清楚到底是怎么回事。

这个“贼喊捉贼”的阴谋论说得朱厚照大为激动：“原来还有这么一出。王守仁，你给我待在南昌不许动。许泰、张忠，你们带三千京军星夜赶往南昌，到了就控制住王守仁。张永，你带两千人马赶到杭州驻扎，以防江西出现异动。我本人带主力缓行，有何异动，随时向我报告。”

江彬这个策略是有点水平的，许泰、张忠都是他的同伙，派他们到朱宸濠大本营南昌搞接收，简直就是白给的立功机会。张永这个太监有点不识相，那就把他支到杭州去干看着。

当然，立功和捞取财物只是其次，江彬有自己的小算盘，他劝朱厚照继续前进，还有一个很重要的目的。

大军继续前进没多久，扈驾的钱宁收到一条命令，要他回京帮忙打理皇店生意。钱宁顿时脖子一凉，有什么生意比陪着皇上还重要。可他又不能抗旨，只好惴惴不安地往回走。

钱宁的预感并没有错，江彬建议朱厚照调走钱宁，只是为了置他于死地。

朱宸濠与钱宁勾结已经是众所周知的事，但皇上这里还没有直接的证据，更不能指望那些收黑钱的大臣自首。

如今朱宸濠事败被擒，不扯出钱宁是不可能的。但是，如果等着王守仁献俘，南昌到北京二千八百多里，钱宁大有机会在路上做掉朱宸濠，来个死无对证。

这种事钱宁并不是干不出来，之前被捕的臧贤就在戍边路上被他派人灭口，另一个朱宸濠的密探总管卢孔章也被他在狱中弄死。

对于其他大臣，江彬没有太大的精力去关注，只要把钱宁搞死，什么都好说。先把钱宁支走，再让自己的心腹掌握好证据，他就算有十个脑袋也不够砍的。

总之，怎么算自己都是稳赢。

这个自作聪明的安排，后来也决定了江彬的结局。

钱宁走后，江彬立马打了小报告，他说："皇上您仔细想想，朱宸濠的卫队是怎么恢复的？平时又是谁在您面前一直帮朱宸濠打掩护，这都是钱宁勾结藩王谋反的实据。"

不用想，钱宁就是朱宸濠安插在朝廷的内奸。

钱宁结藩自保是真，收黑钱也是真，要说他谋反，给他十个脑袋也不敢。江彬的高明之处在于，十句话里往往有五六句是真的，还有两三句半真半假，剩下两三句全是假话。

这些信息给到朱厚照就够了，他当即表态："这狡猾的奴才，我早就怀疑他了。"

钱宁还没到北京，就在临清被抓了，江彬立即派人驰入北京抄了钱宁的家，就等着皇上回京，给他算总账。

清理完钱宁，朱厚照继续南下，他的预定路线是从山东过济宁到扬州，再从南京、杭州南下抵达江西。这条线路不比宣府—大同的塞外之旅，江浙历来是膏腴之地，更盛产美女，不难看出朱厚照这趟所谓"亲征"不光是为了平乱，更有巡游江南的意思。

这是朱厚照第一次来江南，也是最后一次。这趟"亲征"用一句话总结，正事没怎么干，缺德事没少干。

史书上如此记录朱厚照南下的荒唐事："南京及山东、河南、淮扬等处，文武官皆以迎送车驾汇集，戎服徒行，道路间无复贵贱。彬不时传旨号召，有所徵索。旗牌官考缚郡县长吏，不异奴隶。"

"……近淮之四百里间，无得免之。或稍拂之，辄捽以去。"沿途有位叫胡琮的通判，因为怕招待不周，居然害怕得自杀了。

再加上江彬等人为讨好朱厚照，沿途索取女子，少女、寡妇都抢（且矫上意，刷处女寡妇），搞得民间汹汹。一时间，没结婚的男人哪怕是鳏夫都成了抢手货（有女家掠寡男配偶，一夕殆尽）。

这一路上搞得乌烟瘴气，地方官和御史都唯恐皇上从自己的辖地过境，奏疏不断，大致都是同一个意思：皇上您早点回去吧，我们地方小，招待不好您！

堂堂一国之君，行事如此放纵荒唐，后来朱厚照被冠以颇多负面乃至荒淫无道的评价，也是情理之中了。

这个皇帝的优点和缺点都极其明显，亲自巡边让人恍若明君，江南巡游又活脱脱一副昏君模样。

献俘事件

朱厚照是痛快了，王守仁在南昌却是度日如年。

许泰、张忠来到南昌后，发现王守仁并没有什么异动，他们也就该拿就拿，该抢就抢，放松了对王守仁的戒备。

张忠还想整点事，说王守仁以文士授官，以讲学出名，怎么就能轻松平叛？并要让王守仁给他演示演示。

王守仁听说，只是不和他计较。一次操练时，张忠又提起这茬儿，王守仁不答，他提起弯弓，嗖嗖嗖三箭，三发三中，全军欢呼，令张忠十分尴尬。

无端被怀疑，王守仁能忍，等见了皇上自能说出个是非曲直。可是情况又发生了新的变化，朱厚照原计划是前往南昌亲自接收朱宸濠。走到南京，江彬又给他出了个主意，说大军千里迢迢只为接收几个人犯，实在没意思，不如把朱宸濠放回鄱阳湖，由皇上亲自接战后成擒，奏凯论功！

世间岂有如此荒唐的事，也就江彬能想得出来，可朱厚照竟然同意了。

王守仁不敢置信，这是皇上该干的事？

兵灾好不容易平息，江西一片残破，战后的混乱局面还没来得及收拾。这么搞，怕不会再逼出一个朱宸濠？

不光是江西经不起折腾了，皇上这趟出行搞得天怒人怨，大明也经不起折腾了。

必须速战速决，尽早地把朱宸濠交给皇上，打发这位祖宗回家。

王守仁决定直接去南京献俘。但是在此之前，他还需要得到一个人的帮助，有了这个人进言，才能撇清身上的嫌疑，还自己清白之身。

这个人就是被打发到杭州的太监张永。

张永不是个完美的太监，他也贪钱财、贪爵位，纵容手下犯过法，曾经被参劾免职。但是本质上，张永是个识大体、能办事、有勇谋的太监。

张永并不认可钱宁、江彬的做法，在张忠、谷大用等人倒向江彬后，他还坚持着自己的立场，被江彬视为异类，一直在设法排挤他。

对王守仁有利的是，张永并没有失去皇上朱厚照的信任。找江彬是不可能的，只有找张永，才可能解决这个棘手的问题。

王守仁也不能肯定张永就一定会帮他，事已至此，只有争取一下了。

正德十四年（1519 年）九月十一日，王守仁押着朱宸濠，率一小队人马连夜出南昌，由广信过玉山，经衢州、严州，顺着钱塘江一路向东疾行，直奔杭州而去。

还没见到杭州的影子，一队锦衣卫拦住了他们。

原来王守仁“失踪”后，南昌的许泰、张忠很快就发现了，他们怎肯善罢甘休，立即派出锦衣卫前去截人。

眼前这个锦衣卫千户手持威武大将军令牌，一副冷若冰霜的表情，王守仁的手下有点犯怵：“大人，看这势架，您不意思意思是过不了这关了。”

王守仁摸摸兜里，只有五两银子。

如何用五两银子收买一个拿惯大额红包的正五品千户，这道题的难度不亚于科举考试。果然，接过王守仁热情递来的银子，千户轻蔑地扔到了地上，鼻孔里只是哼了一声。

不过没关系，王守仁并不生气，他上前热情地拉着千户的手说道：我在正德初年的时候，曾在诏狱待了很长一段时间，从没见过轻财重义，有如足下者。这点心意你坚辞不受，实在让我惶恐惭愧！我别无长处，就是会写几个字，将来一定要写篇文章好好地颂扬阁下，让天下都知道，锦衣卫有你这样的人！

千户听了有些高兴起来，但还是为难地表示，此行受命在身，非请王守仁回去不可。

王守仁眸子里精光一闪，换了一副表情："我只问你一句话，你可知道，皇上要放朱宸濠，亲自带兵再捉一次，此是以天子而行臣道？我此去是为劝说皇上，你奉命拦我，你不知道，你奉的是乱命吗？"

接着他话锋一转："听说南昌另外派了一队人马要追我回去，还好我没碰到他们，否则只有四个字送给他们——拒不从命。"

这番话把千户捧到一个很高的高度，又表现得无比强硬。所谓太钢则折，太柔则废，王守仁这一手法恰到好处。

千户到底还是有些良知，再则，他又没有两个脑袋，怎敢和名动天下的阳明先生硬来。想来想去，他只得就此告辞而去。

渡过这次危机，王守仁终于抵达了杭州。彼时正是"秋阴不散霜飞晚，留得枯荷听雨声"的西湖最美时节，王守仁全无观赏风景的心情，一到杭州，便迫不及待地登门拜访张永。

张永的反应却出乎王守仁的意料，门卫进去半晌才出来通报："张公公请您回江西。"

王守仁愣了，张永这个级别的太监不是五两银子和一顿好话能打发的，该如何说服他呢？

张永也有自己的苦衷，作为一个大太监，自身利益还是要保护的。张永对王守仁很有好感，也曾为他仗义执言，但在牵涉江彬的问题上，张永就得仔细掂量一下。

为了一个王守仁而与江彬直接对抗，其中的风险着实有点大，搞不好就把自己搭进去了。

在来杭州的路上，王守仁无比忧虑，偷闲在驿站题了首诗，名为《书草萍驿》：

一战功成未足奇，亲征消息尚堪危。边烽西北方传警，民力东南已尽疲。

万里秋风嘶甲马，千山斜日度旌旗。小臣何尔驱驰急，欲请回銮罢六师。

王守仁干啥跑得这么快？诗中透露出的意思明明白白。

张永避而不见，王守仁似乎明白了什么，他退后两步，大声喊道："张公公，边情不稳，民力已疲，我为天下百姓而来，为何躲着不见！"

悲愤的声音穿透门墙在院内回响，门内依旧一片死寂。

少顷，大门终于打开了："王大人，张公公有请。"

张永是权力斗争的高手，也是明事理的人，王守仁的呼喊还是打动了他。

张永问王守仁见他何为。

王守仁没有时间过多寒暄，他单刀直入地向张永挑明了两点。

一、江西连遭旱情、大乱，百姓困苦已到极致。皇上再来江西，就是逼他们啸聚山林。这些人当初参与朱宸濠之乱，大多是被胁从，要是被贫困逼反，那就是真的反了，到时再兴兵平乱，必定事倍功半。

二、皇上久离京师，如再有刘瑾、朱宸濠之流趁机作乱，安全无法保证。朝中无人主事，奸党乱政怎么办？

"当初诛刘瑾，张公公义无反顾。小官只希望公公能为天下苍生，再考虑这一回。天下一旦呈土崩之势，后果不堪设想啊！"

张永肯见王守仁，当然明白他所言非虚。他在表示深受感动的同时两手一摊，皇上很有性格，只有因势利导，才能把事办好，万一逆了他的心意，只会徒然让小人得势，于天下苍生无补。

"除非，你能把那个人交给我。"张永说的那个人，自然是战俘朱宸濠。

张永的想法是合理的，权力场上本就云谲波诡，王守仁是个被流言包围的高度怀疑对象。张永为他说话将承担极大的风险，作为交换，他需要有政治筹码。

王守仁笑起来，看来张永还是不了解自己啊，立即把朱宸濠交给张永。

意料之外，情理之中。张永能否不负所托，王守仁选择相信他，正是“何人真有回天力，诸老能无取日谋？”

张永没有食言，接收一干人犯后，他给朱厚照连写几封密信陈述情况，却都杳无音信。作为一名资深太监，张永迅速明白了症结所在，自己远离权力中心，这些信件肯定都被江彬匿下了。

张永办事认真负责，马上星夜兼程赶往南京，面见朱厚照，不厌其烦地向他摆事实讲道理，力图向皇上证明王守仁是个忠臣。

江彬继续拆台，说王守仁事先与朱宸濠通谋，虑事不成，才起兵平叛，生擒朱宸濠以作为自己进身的功劳。

朱厚照一时犹豫不定，王守仁到底是忠是奸？

张忠说：“王守仁是不是争功，很容易证明。陛下只要试着召他来南京论功，如果他推辞不肯来，不就明白了？我能肯定，他一定不会来（陛下试召之，必至）。”

朱厚照果然下旨，召王守仁前来叙功。

因为之前张忠屡次假传圣旨召见王守仁，王守仁不来，这下才是着了张忠的道儿。幸亏张永早已派人通知王守仁，你不但不能来南京，还要上疏请辞，最好是躲起来隐居，他这儿更好说话。

结果使者费了老大劲儿，才在杭州净慈寺找到王守仁，只见他已是纶巾野服，一副看破红尘、准备出家的模样。等王守仁弄明白这是皇上召见，立马驱驰而至。

张永趁机进言：“王守仁实忠臣，今闻众欲争功，欲并弃其官，入山修道。”

朱厚照这才相信，点点头说：“王守仁是个道学之士，接到圣旨，马上赴召，我看他不会勾结朱宸濠谋反，不要为难他了，让他去当江西巡抚吧。”

“那一干人犯如何处置呢？”

“把他们押到南京来献俘吧。”

张永大喜，正要磕头退下，却听朱厚照又冒出来一句：再叫王守仁重新写一份捷报。

张永一愣，随即他就明白过来，这已经是极力争取到的最好结果了。

一生不羁放纵爱自由

很快一份《重上江西捷音疏》送到了南京，收件人不是皇上，是“镇国公威武大将军朱寿”。

其中如此写道：“……蒙钦差总督军务威武大将军总兵官后军都督府太师镇国公朱寿统率六师，奉天征讨，及统提督等官司礼监太监魏彬、平虏伯朱彬等……又蒙钦差总督军门发遣太监张永前到江西查勘宸濠反叛事情，安边伯朱泰、太监张忠、左都督朱晖，各领兵亦到南京、江西征剿。”

总而言之，这份奏疏照顾到了方方面面人物的情绪，当然主角必须是英明神武的“朱大将军”。平定朱宸濠之乱，完全仰仗“朱大将军”运筹于帷幄之中，决胜于千里之外——是皆钦差总督德威，指示方略之所致也——“朱大将军”都不用到江西，朱宸濠就吓死了，就自动投降了。

“朱寿”览罢大喜，命在南京准备献俘仪式，他还提出增设一个特别环节，本将军要在仪式上亲自生擒朱宸濠。

这下连江彬也愣住了：万岁爷不可啊，刀枪无眼，万一有什么闪失……

朱厚照一瞪眼：你是说，本将军不是朱宸濠对手？

江彬不敢再说。

这是大明史上唯一一次，也是历史上唯一一次，由皇帝亲自下场与俘虏真人对打的献俘仪式，可谓前无古人，后无来者。

正德十四年（1519 年）九月十五日，仪式由南京兵部尚书乔宇主持。朱厚照下令去掉朱宸濠的脚镣手铐，他本人亲自顶盔掼甲，与反贼“鏖战”一番后将其生擒。

话说朱宸濠栽在王守仁手里也就算了，还要再被当猴耍一次，求他的心理阴影面积得有多大。

可悲的是，朱宸濠一心想坐龙椅，结果到死连北京都没见过。班师路上，朱厚照参照朱寘鐇反叛的例子，在通州赐他自尽，死后焚尸扬灰。

叛乱已平，主犯活捉，朱厚照也玩够了，这才宣布打道回府。

这一路与来时一样，走走玩玩，饱览江南风光，还有美女陪伴，朱厚照好不快活。途经清江浦，看到大好水色，他又钓兴大发，独自操舟下水捕鱼。谁料鱼没钓到，他一脚踩翻小船被扣在了水里。等旁边的侍卫七手八脚地把他救上来，他已经连呛带吓地丢了半条命，回去就一病不起。

正德十五年（1520 年）十二月初十，朱厚照拖着病恹恹的身子终于回到了北京。惊惧交加和元气大伤，让他的身体每况愈下，虽有御医精心调治仍不见起色。

第二年（1521 年）三月十三日，“总督军务威武大将军总兵官后军都督府太师镇国公”，兼大明皇帝朱厚照病情危重，经积极抢救无效，驾崩于豹房，在位十六年，终年三十一岁，庙号“武宗”，谥号“承天达道英肃睿哲昭德显功弘文思孝毅皇帝”。

朱厚照的一生，可以说是有史以来非常奇特的一个例子，他不是什么暴君庸主，资质亦不低。只是不知为何，一生不羁放纵爱自由，终于跌倒在这自由上。

也许朱厚照根本就不适合当皇帝，而他只是想当个大将军而已。

且慢，之前讲朱厚照面对三个问题，第一个问题在正德四年（1509 年）他已表态，第二个问题间接导致了他的死亡，可是第三个问题呢？

第二十九章 被套了枷锁的商品经济

第三个问题

第三个问题是：朝廷没钱。

这个问题，朱厚照到死也没能解决，不光是他，后来的皇帝们也都是一筹莫展。

为什么没钱？原因很复杂，比如人地压力、流民起义、上下盛行奢靡之风、北边还要支出庞大的军费，这些问题汇总到一起，就表现为朝廷的账上没有钱。

那么，弘治一朝不是号称“中兴”吗，怎么能没钱？

“弘治中兴”即使是真的，也不包括经济。翻翻史书，弘治一朝到处能找到类似的记载：

然今天下民已穷矣财已尽……

近来民贫财匮公私困乏……

今太仓无数年之积，而冗食日加于前，内帑缺见年之用，而给费日加于后……

朝天等宫，泰山、武当等处修斋设醮费用累千万两，太仓官银存积无几，不勾给边而取入内府……

李东阳奉使阙里亲见民生凋敝盗贼纵横仓廪空竭……

弘治朝的经济已经堕落到了太仓连年亏空的地步，朱祐樘不得不拿内帑（私房钱）出来补贴国家。

总之一句话，弘治皇帝朱祐樘驾崩前，大明在财政上已经是一个烂摊子。当然这也不能全怪他，从正统时期开始，财政匮乏就开始困扰着朱家皇族，这是一个历史遗留问题。

更夸张的是，朱祐樘连自己的陵墓都修不起了。

弘治十八年（1505 年）六月起，泰陵（明孝宗陵墓）工程开始营建，太监李兴申请运费五万两，朱厚照发现“府藏空虚”，便指示工部先挪用一部分其他经费。工部官员算盘一打，说把我们账上这点钱全挪去修陵还是不够，皇上必须从其他地方找钱，要不然泰陵就得停工。

不得已，朱厚照通过东拼西凑，再加省吃俭用的方法，才凑齐了给老爹朱祐樘修陵的经费。

泰陵总共用了多少钱呢？五十多万两白银。说实话并不算多，堂堂大明皇帝连五十万两白银都拿不出来，朱厚照这是有多缺钱。

可朱厚照又不是个节俭的皇帝，玩乐出巡哪样不得花钱，正德朝的财政开支巨大，达到了弘治朝的数倍之多。

李东阳曾颤颤巍巍地上疏说：“即今内帑空虚，盖自创业、靖难以来，未尝有此。”

因此，朱厚照执政时期的另一大问题就是弥补财政亏空。

钱从哪里来呢？只要动动脑筋还是有的，因为商业发展起来了。

其实，人口带来的不止有压力，还有红利。不要只认为人多压力就大，无论在什么年代，人口都是一个国家最宝贵的财富。人多并不是坏事，只要利用得好，就能收到巨大的红利，即使在农业社会也是如此。

明代到了中期，随着社会的发展，人口的增加，物资交流的需求加大，商业逐渐冲破明初的各种束缚，逐步活跃了起来。

客观条件上，四通八达的驿道和航运为商业运输提供了诸多便利。尤其是长江和运河沿岸，到永乐年间，以商业为主的市镇已逐渐发展起来。记载中，湖广的刘家隔“其始居民十数家……生齿日繁，贸迁益众，卒成巨镇”。南直隶的安庆“四方贸迁多留寓其处，城南门外濒江为市，上下十数里最号繁富”。到宣德、正统年间，运河沿岸的淮安、济宁、临清等地已是四方商贩云集。其他如南京、扬州、苏州等地更已发展成为著名的繁华都市。

真正意义上的商业城市出现了。

带来的红利是商税大幅增加，仅临清一地，宣德时期就能达到年征收本色钞一千二百六十余万贯，钱两千五百二十余万文，折色船料商税八万三千八百余两的水平。

这是个什么概念呢？商税大约比洪武时期增加了一百倍。

商业的发展会带动一条供应链，形成链条上的各行各业。于是专门跑运输的人出现了，专门生产石灰、陶土等基础原料的人出现了，同时也带动了第三产业发展，“饼师、酒户则鳞次于市，鲜不勤者”。

从一些当时的画作来看，能发现这些城市真的很热闹。尤其是南京这样商业极其发达的城市，有着不亚于《清明上河图》中汴梁的繁华。

讲到这里，可以找到一个例证，就是那位弘治年间牵扯进科举作弊案，葬送一生仕途的才子唐寅。

弘治十三年（1500年），背负家乡父老期望的唐寅从北京铩羽而归。科举考试失利的打击是毁灭性的，昔日“神童”突然成了人人嫌弃的对象，据他自述“海内遂以寅为不齿之士”。

此时的家也不再是心灵的港湾，归家之后的唐寅非但没有寻到丝毫安慰，反而又遭到妻子一系列的冷嘲热讽。悲愤之际，唐寅跟妻子和离，自此放浪形骸，成了人们眼中的风流郎。

接下去几年，唐寅的人生也没有好转的迹象。弘治十四年（1501 年），唐寅失意之余远游闽、浙、赣、湘等地；弘治十五年（1502 年），唐寅游历归家后得病，医治很久才见好；弘治十六年（1503 年），唐寅与弟弟唐申分家。

那几年唐寅可谓走背运到了极点，仕途被断绝后，家道中落已是不可避免。如此下去，为了生计，他接受成为一个地方胥吏的命运也不是不可能。

然而上天在为他关闭科举这扇大门后，又为他打开了一扇窗，名字叫书画。

唐寅很早就表现出了艺术天赋，十六岁就与“吴门画派”大师沈周结识，十七岁时曾为沈周母亲绘《贞寿图》。时人评论说：“子畏止十七，而山石树枝如篆籀，人物衣褶如铁丝，少诣如是，岂非天授。”

不让人做官，难道唐寅靠着书画功夫，就不能养活自己了？

自此以后，唐寅开始徜徉于山水，醉心于诗画。唐寅老家苏州府是商业中心、富庶之地，许多做生意发迹的富商喜欢收购书画，以此烘托一下自己的底蕴，苏州渐渐成了明代书画交易中心。

唐寅顶着“吴门四家”的名头，身上有科举失意的话题，更重要的是他还有真材实料。有这样的市场条件再加上自带话题，他的画在当时是不愁卖的。

生意好到什么程度呢？他忙不过来时，经常请自己的老师周臣代笔捉刀——“或懒于酬应，多请东村代为之”。

从那时起，曾视仕途为一生志向的唐寅消失了，之前被他视为业余爱好的书画成为职业，且活成了后人更为熟知的风流才子唐伯虎。

唐寅的画当时能卖多少钱，史书没有记载。不过与他的好友，同为“吴门四家”的沈周的画作作个比较也能了解个大概。

沈周曾有一幅《灞桥诗思》卷卖与富商李日华，售价十两白银。当时这是一笔不小的钱，能买两千多斤米，换算成现代的购买力，大致在万元。参照这个价格，唐寅的画作价格也不会低到哪里去。

唐寅的例子有些极端。总之，商业带动了产业结构发生变化，从事工商、服务业的人数日益增多。不少人已脱离农业，专门从事产品生产。

这些现象有点像什么呢？

在欧洲，14 世纪开始的文艺复兴运动促进了经济文化发展，在一些手工工场中，拥有资金、原料的工场主开始雇用具有自由身份的雇工，为市场的需要而进行生产。

今天我们把这种现象叫作资本主义萌芽。

没错，明代中期，商品经济开始对封建自然经济发起冲击，这是社会经济发展到一定条件时产生的。从经济结构和生产关系来看，资本主义出现了萌芽的苗头。

据不完全统计，弘治时期全国商税共四千六百一十八万余贯，一贯钱约等于一两白银，相当于十八年来，全国每年能收二百五十六万又五千两银子的商税，够修五个泰陵。

这就有些矛盾了，既然商税能收这么多，大明又怎么闹起了财政危机？朱厚照又怎么会连父皇的修陵钱都拿不出来？这岂不是个笑话。

这个笑话一点也不好笑，正是皇帝、贵族这一批特权阶层对商业的打击，使得明代商品经济的发展极其缓慢而艰难。

第三个问题到此可以作出解答了。朱厚照不是财政极度匮乏吗，他是怎么解决的？

答案是薅羊毛，商人的羊毛。

压榨商人的手段

如何薅？大致来说主要有几种手法。

一是皇店。皇店据说是朱厚照的授意，也有说是刘瑾的发明，出现于正德初期。皇店就是皇帝私人开设的店铺，由信任的太监或近臣管理，当初江彬把钱宁从朱厚照身边支走，用的就是打理皇店生意的借口。

皇店的官方名义是“榷敛商货”“税商榷利”，实际上不做正经买卖，只是替皇家搜罗货财的机构。只要他们看上的货物，总能巧立名目，收归宫廷。除此之外，皇店的日常工作还有拦截商贾进行敲诈勒索。他们打着皇帝的旗号，没人能管也没人敢管，相当于有合法执照的强盗。

对于自家的店，皇帝都是很上心的，他们经常打听皇店的经营和收入状况，尤其是朱厚照，他还曾亲自去皇店中扮作商贾做生意。

皇店开设后再未取消，一直存到明末。

二是官店。

官店可以理解为次一级的皇店，后台不是皇帝，而是高官或贵族。比起为了存在而存在的皇店，官店起初还是干点正经生意的，它们被作为商人来往停贮商货的地方，相当于一个便民的政府机构，商人们只需正常交税，就能把货物储存在这里周转。

明代中期开始，官店的管理趋向混乱，官员们以各种各样的名目征收附加税，如牙钱（中介费）、塌房（保管费）、房课（地皮使用费）等，各地私设官店者更是不计其数。

此外，各店还有管店小脚（服务人员）多人。他们仗着有官府身份，狐假虎威，狗仗人势，肆意坑害商民。景泰二年（1451 年），朱祁钰为此专门下诏进行整治，要求官店小脚不得坑害货商。但是，这种专项整治也只能起一段时间的作用，一旦风头过了，各种乱象再次抬头，朝廷也没有精力管治了。

三是赏赐。

皇帝还把一部分征收商税的权力赐给藩王和贵族们，比如朱祐樘就没少干这种事，仅弘治六年（1493 年），就先后赐给岐王、德王、兴王、益王所在地的商税征收权不等。

理论上，盘子里还是这些税，商人交给谁都一样。实际操作里显然不是这么回事，为了多赚钱，封建特权阶层会想方设法地巧立名目增加税收。商人身份低微，怎敢和这些权贵作对，只能打落牙齿和血吞。

就只有这些吗？

正所谓“上行下效”，以上只是明面上的，私下里，实权太监、军功贵族、实力派大臣纵容手下压榨商人的事数不胜数。比如辽东镇守太监朱秀在山海关外八里铺私设官店，当起了车匪路霸，来往车辆“一车必抽银一两”，搞得商人宁可绕远路，也不从朱秀的地盘经过。

在这些严密控制与疯狂搜刮下，商贾的负担不断加重。弘治朝以后，商业不复欣欣向荣的发展苗头，已明显露出颓势。

再想想朱宸濠哪来那么多钱收买京城官员，江西本就是四方商贾往来会聚之要道，他对来往商人的盘剥是非常凶狠的。而且，在天顺年间，宁王就已“占沿江地方，起竖仓廒，停商取利”。

只要哪里开店有利，店铺就在哪里开；怎么干获利最多，他们就怎么干。封建特权阶层一味追逐获利，任何道德教条与法律条文对他们都失去了约束力。这对城市工商业的发展只能带来破坏与灾难，没有任何积极意义可言。

在商业发达的浙江地区，甚至开始出现收不到商税的尴尬局面。正德二年（1507 年），朱厚照不得不合并“海宁之赫山、汤镇……凡三十余处”税课局（税务局）。

封建特权阶层压根没想把“羊”养肥了再薅羊毛，而是逮住就往死里薅，“货利虽广，而苦于榷征”。这种情况下，商业经济很难得到正常发展。

不是说有了商品经济就一定能产生资本主义萌芽，进而跟上工业革命的步伐。若根本就没有土壤，又谈何种子萌芽呢？

历史车轮滚滚向前，大明这驾马车刚起步没多久，轮子就陷在泥巴里滚不动了。

“心学”启蒙

话说回来，当时的人们在思想上难道真就没有一点想作出改变的意思？

不好说有，也不好说完全没有。至少王守仁的“心学”思想多少能沾上一点启蒙的边儿。

王守仁，生于成化八年（1472 年），卒于嘉靖八年（1529 年）。几乎在同一时代，欧洲也出现了一位著名的宗教改革家马丁·路德（1483—1546 年）。

15 世纪的欧洲，还笼罩在中世纪的黑暗迷雾中，社会主要由天主教教会控制。同时，资本主义萌芽也开始出现，大大小小的封建领主成为新兴的封建资产阶级力量，教权与政权之间的争斗日益激烈。

教会把持宗教信仰，言必称自己是上帝的代言人，他们宣称所有世人都是有“罪”的。必须相信教会的代言作用，参与教会的各种赎罪活动中，个人才能解脱苦难。

如何赎罪呢？大家需要定期购买赎罪券，“只要购买赎罪券的钱一敲响钱柜，罪人的灵魂就可以从地狱飞升天堂”。

马丁·路德是个神职人员，他觉得这样不对，天主教会岂不成了赚差价的中间商。他不愿意赚这黑心钱，提出“因信称义”的说法。他认为世人是有“罪”，只要信仰真诚，耶稣基督便能拯救你的灵魂，使一切罪得以赦免，而不是靠买什么赎罪券。

这个主张触犯了天主教的利益，却得到了德意志诸侯政权的支持，然后一场轰轰烈烈的宗教改革运动拉开序幕。经过一系列复杂的争夺与博弈，马丁·路德创建了新教路德宗和天主教分庭抗礼，最终天主教承认了新教的合法性。

路德因此被称为“宗教改革之父”，这场运动的影响比文艺复兴运动更深刻、更广泛。

王守仁的“心学”主张“致良知”，“良知”即是“天理”，我们姑且可以把它理解为每个人心中的上帝。

马丁·路德说，学习《圣经》是没错的，但是《圣经》的教义被人为歪曲了，教会传播的已不是耶稣基督的本意。民众可以通过自己学习《圣经》，找回中世纪之前的教义，只要信仰真诚，就能得到救赎。

王守仁说，儒家思想的发展已被歪曲，应找回儒家的本意。只要能找到心中的“天理”，每个人都能成为“圣人”。

两人的思想有异曲同工之处，然而两人身处环境不同。马丁·路德前有文艺复兴运动宣扬个性解放，后有世俗王权势力相助，得以借势燃起大火，与天主教会力量分庭抗礼。王守仁弟子虽众，却绝难将理论转化为成果，官方主流思想仍是程朱理学和被删节之后的孔孟学说。

比如朱元璋，登基几年后，他越看孔、孟两位圣人越不顺眼。

孔子在《论语》里说过："君使臣以礼，臣事君以忠"，臣子要忠于君主，君主也要对臣子以礼相待。但他没有说，君使臣如果不以礼，那臣子该怎么办。

孟子替他解释了一下：

"君之视臣如手足，则臣视君如腹心；君之视臣如犬马，则臣视君如国人；君之视臣如土芥，则臣视君如寇雠。"

孟子并不主张天下百姓效忠一姓一人，如果皇帝不能保护百姓，则天下人人可诛之。

孟子是典型的"民本"思想，他还曾说过一句名言："民为贵，社稷次之，君为轻。"

在封建君主看来，这就不能接受了。洪武初期，正是朱元璋开始加强中央集权的时候，为了收回权力，他连丞相制都可以废除，如果人家拿孟子的话攻击，岂不是授人口实。

朱元璋翻看《孟子》读到这些话，不禁勃然大怒，这老家伙要是生在今天，我非请他吃一刀不可——"倘此老在今日，岂可免我一刀"。

孔子的地位太高不能动，我还治不了你孟子吗？朱元璋下诏剥夺孟子"亚圣"地位，取消一切待遇，不得配享孔庙，并放出狠话"有谏者以不敬论，且命金吾射之"。

此事一时影响巨大，后来在文人们的抗议下，双方各退一步。朱元璋收回成命，同时下令对《孟子》删节，删去其中涉及"民本"思想的八十五条内容，编成《孟子节文》一书，并作规定：删去的内容不得作为科举题目，一切圣贤中正之学以《孟子节文》为标准。

当宣扬"君权神授"的程朱理学思想成为主流，难怪主张"民贵君轻"的于谦被同僚们视为异类，被害时无人为他发声。

在占据压倒性优势的封建统治阶级眼里，王守仁之流又算得了什么呢？

“异端”学说而已。

当然，王守仁的学说也有时代局限性，他在本质上还是维护封建统治的。

王守仁说“破山中贼易，破心中贼难”，他主张大同教化，普及教育，提高人口素质。

“破心中贼难”，非教化不足之故。如果这个教化本来就是有问题的，如何能指望靠它来“破心中贼”呢？

况且，仓廪足而知礼节，衣食足而知荣辱，人的需要是有层次性的。

程朱理学就是封建统治阶级维持统治的一个工具而已。鲁迅先生在《狂人日记》里所说“吃人的礼教”就是指它。

程朱理学灌输封建礼教的忠孝礼义，把人培养成一个僵化的木偶。王守仁宣扬人的主体价值，强调“知行合一”，强调“致良知”，说七情六欲本是人性，人人都能当圣人，这样的思想在当时可以说具有启蒙的作用。

唐寅的另类启蒙

再看唐寅的例子。

首先，虽画价不菲，但唐寅后来并没靠卖画发财，相反过得有些穷困潦倒。这多半是他浪荡不羁的天性复萌，挣得多花得也多，所得钱财多半被用于纵情酒色。

其次，唐寅画作声名鹊起，引来了众多临摹者仿制。这些画手水平并不低，他们临摹唐寅的画作，许多能达到以假乱真的地步。而那些富贾们也没有太高的欣赏水平，因此唐寅的作品在饱和的画市当中渐渐价格向下，到了惨不忍睹的地步。

唐寅曾这样描述过画作的廉价：“荒村风雨杂鸡鸣，轑釜朝厨愧老妻，谋写一枝新竹卖，市中笋价贱如泥。”

那个年代没有版权保护，也没人打假，唐寅只能这样将就过着，然而他心中那个念头始终未曾断绝。

正德九年（1514 年），远在江西的宁王朱宸濠正在招贤纳士，他向唐寅发出了邀请。唐寅听人说宁王是个贤王，便欣然从命，来到南昌成为朱宸濠的幕僚，与李士实、刘养正一起办公。不久，唐寅就发现宁王名不副实，总是和一些不三不四的土匪接触，而且囤积了很多粮草、兵器，还经常对全国局势唉声叹气，做义愤填膺握紧拳头状。

唐寅暗说不妙，看这意思，是要造反啊。

可是身为幕府人员，不是那么容易说来就来，说走就走的。正德十年（1515 年），唐寅为逃离虎穴，不得已干出了裸奔这样自毁形象的事。

朱宸濠这才不得不信唐寅是真的疯了，赶紧叫人把他送回苏州，别在南昌丢自己的脸。后来，宁王叛乱被王守仁平定，李士实、刘养正等人果然一并被诛。

“世人笑我太疯癫，我笑他人看不穿。”

经历此事后的唐寅真的看穿了吗？并不尽然。

唐寅生平有一枚著名印章，上刻“江南第一风流才子”。这枚印章的名气极大，他却用得极少。在他画作上用得最频繁的一枚印章，还是那枚“南京解元”朱文印。在他诸多传世作品上，都能见到“南京解元唐寅”的字样。

“风流才子”，不过是失意后的放飞自我，“南京解元”才是他一生最骄傲的时刻，也是毕生放不下的执念。

逃归故里的唐寅再也没有等来朝廷的召唤，他亦故态复萌，在山水间消耗人生，经济上没有多大的改善，还经常要靠朋友接济。

晚年唐寅写诗喟叹：“青山白发老痴顽，笔砚生涯苦食艰，湖上水田人不要，谁来买我画中山。”

五十四岁那年，唐寅在落魄中离开人世，留给后人一个“江南第一风流才子”的历史定格。

唐寅一生大起大落，颇为传奇。有人说他活得很精彩，有人说他活得很失意，他的内心到底是什么样的呢？

放荡只是表面，唐寅其实不断自省，他曾写下行书立轴《焚香默坐自省歌》：

焚香默坐自省己，口里喃喃想心里。心中有甚陷人谋？口中有甚欺心语？

为人能把口应心，孝悌忠信从此始。其余小德或出入，焉能磨涅吾行止。

头插花枝手把杯，听罢歌童看舞女。食色性也古人言，今人乃以之为耻。

及至心中与口中，多少欺人没天理。阴为不善阳掩之，则何益矣徒劳耳。

请坐且听吾语汝：凡人有生必有死，死见阎王面不惭，才是堂堂好男子！

这首歌表明了唐寅的人生态度，不是假模假式，心口不一。做人需尊重个人正常的欲望，不做假道学、真小人。

这与王守仁的"心学"思想有异曲同工之处。

自然，不管是在弘治年间，还是正德、嘉靖时期，这样尊重个人欲望的思想是没有发展土壤的。

讽刺的是，五百年间，阳明"心学"在中国没有理论走向实践的土壤，王守仁的思想东传日本之后，却形成了日本的"阳明学"，为日后的明治维新和近代化储备了优秀的思想和人才。

之前，日本和中国一样，朱子学始终处于官学的统治地位。"心学"传入日本后，从下级武士和市民阶层逐渐向上传播。到幕府末年，"阳明学"（王学）成了维新志士所普遍信奉的一种哲学，并为维新运动造就了一批杰出的思想家和领导者，如佐久间象山、吉田松阴、高杉晋作等。

萨摩藩的倒幕首领西乡隆盛（1827—1877 年）也是位倾心"王学"的政治家。他以"阳明学"的"即知即行"思想为理论武器，积极参与幕政改革和尊王攘夷运动；为“奉还大政”于天皇，他亲自担任总督府参谋之职，征讨幕府将军；为改革旧制，他首倡废封建改郡县之议。因此，他成为日本“尊王攘夷”运动中的第一功臣。

正是这些信奉或倾向“阳明学”的杰出人物，以“阳明学”为理论武器，倡导“尊王攘夷”或“开国倒幕”，推动了明治维新的实现，瓦解了日本封建体制，由此开启了日本社会通向近代化的大门。

我国近代著名学者章太炎说：“日本维新，亦由王学为其先导。”梁启超说：“日本维新之治，心学之为用也。”这些论断都是符合日本历史的。

1905 年，日本海军大将东乡平八郎率实力不如沙俄的联合舰队在对马海战中摧毁强大的沙俄第二太平洋舰队，创世界海战史上损失最为悬殊的纪录。

凯旋的东乡平八郎成为日本人心中的英雄，天皇为他举办盛大的宴会庆功。面对众人的一片赞誉，东乡平八郎神情肃穆地拿出了一块腰牌，众人注目一看，上面刻着七个字：一生伏首拜阳明。

当野心和“知行合一”结合之后，爆发的力量让世界惊叹。也正是这个原因，王阳明的“心学”在古代中国是不可以推行的，而且是绝对不可以。

回到正德时期，人地压力产生流民，流民问题通过商品经济得到缓解，商品经济盘活市场，资本主义开始萌芽，产生工业革命的土壤，大明引领世界变革，这才是解决王朝国祚问题的根本方法。

这一切只是假想而已。

有人说朱厚照身上已经出现资产阶级觉醒的时代特征，但从他对商品经济的态度来看，这是不能被认同的。他既没有那个觉悟，也没有那个动力。

事实上，朱厚照本人就是最大的封建贵族和地主，就像元顺帝的“至正新政”救不了大元一样，朱厚照更不可能自己革自己的命。他顶多就是个试图逃避宫廷制度的叛逆青年，寻求刺激的同时也具备一定的能力。他身上有一些个性解放的意识，但要把他说成坚持变革的反传统先锋，那就历史不符了。

还是那句话，朱厚照不是个昏君，也不是个好皇帝，他只是不适合当皇帝。可是，谁叫他生来便是要做皇帝呢？

第三十章 『大礼议事件』

兴王世子

正德十六年（1521年）三月，朱厚照驾崩于豹房，第一时间得到消息的是内阁首辅杨廷和和太后张氏。

他们立刻就慌了。

杨廷和，字介夫，四川成都人，成化十四年（1478年）进士，选任庶吉士，时年仅十九岁。弘治八年（1495年），杨廷和奉命为皇太子讲解、读书，成为朱厚照的老师之一。正德二年（1507年），杨廷和入阁为东阁大学士，不久得罪刘瑾，被贬为南京吏部左侍郎。

但是，朱厚照对杨廷和是有感情的，一段时间看不到杨老师，他便有些不自在。三个月后，杨廷和就被召回，升文渊阁大学士，地位不降反升。

刘瑾专权时，李东阳、杨廷和只能从中委曲求全，稍作补救。正德七年

（1512 年）李东阳致仕，杨廷和升任首辅。在正德一朝，他尽力弥补朱厚照的荒唐之处，为朝野上下所佩服，威望很高。

朱厚照临终前，没有遗诏，留下一个巨大的问题：谁来当皇帝。

朱厚照一生御女无数，到死都没生下一个儿子，也没指定哪个宗室来当他的继位人。其实谁来继位也不是个大问题，按皇家礼法，朱厚照无子，“兄终弟及”，从近支藩王中选个宗室便可。

可是由谁来选？

朱厚照身边并没有得力的辅臣，帝位空悬，朝事主要拿主意的人就是杨廷和。传统流程是大臣们提出候选人，得到皇家批准后为最终决定。

得知皇上驾崩，杨廷和作出第一个决定：秘不发丧。

从来只有天子崩于道路，或是时局很不稳定时才秘不发丧，像朱厚照这样崩于皇宫而秘不发丧的，很少。

杨廷和的谨慎不是没有道理的。在这个节骨眼儿上，文官之外还存在着另外一股力量，即以江彬为首的先帝近臣，尤其是能打的京师禁卫军就基本掌握在江彬手里。

如此就存在着另一种可能，江彬依靠武力再来一出“夺门之变”，拥立他心仪的人选，如此江彬就立下“从龙”大功，杨廷和一派通通得完蛋。

好在朱厚照驾崩时，江彬并不在身边，这就给了杨廷和机会，他作出了第二个决定：立即入宫去找张太后（朱厚照之母）。

必须首先确定下一任皇帝人选，江彬才没有闹腾的借口。

按杨廷和的意思，是立兴献王世子朱厚熜。

兴献王是朱见深第四子朱祐杬。成化二十三年（1487 年），朱祐杬被封为兴王，弘治七年（1494 年）就藩湖广安陆州（今湖北省钟祥市）。朱祐杬生二子，长子夭折，次子即为朱厚熜。从辈分上说，朱厚熜是朱厚照的堂弟，符合继任大统的条件。

可张太后不是杨家的亲戚，符合条件的人选不是只有一个，而是三个。凭什么听杨廷和的，就选那个朱厚熜？

杨廷和不愧是老谋深算，他用一句话就解决了这个问题：朱厚熜加继嗣。

太后不就是担心你的待遇问题吗？把朱厚熜过继给你，让他叫你母亲，总行了吧？

张太后多了个“儿子”，仍然享受皇太后的待遇，杨廷和和张太后各取所需，一桩完美的政治交易就此达成。他们宣布先帝遗诏传位于兴献王世子，一面迎立朱厚熜入京接任大位，一面设计除掉江彬。

两天后，张太后请江彬进宫参加坤宁宫落成庆典，江彬不知是计，踏进宫门就被逮捕。正德十六年（1521 年）三月十八日，太后下旨宣布江彬罪状，从他家里抄出黄金七十柜、白银二千二百柜，其他珍宝无数。不久，江彬被凌迟处死，余党也被一网打尽。

杨廷和满意地看着这一切，长舒了一口气，一个很麻烦的对手就这样被轻易解决，正德时代算彻底翻篇了。此举既合乎民意，又借机打压了政敌，还立下了定策之功，简直是一石三鸟。

朱厚熜不过是个乡下的半大孩子，定然对杨廷和等阁臣感激不尽。此番来京，朱厚熜必定会处处按照他们设计好的去做，并且在今后相当长的时间内，都应该对定策诸臣言听计从，循规蹈矩才是。

他们事先都没好好地了解一下朱厚熜这个人，时年十五岁的朱厚熜，很快会让他们后悔不迭。

正德十六年（1521 年）四月二十一日，朱厚熜车驾一行抵达京师西南良乡，礼部员外郎杨应魁到此接驾，呈上早已准备好的礼仪状。

朱厚熜接过具仪，仔细看了一遍，回头问随驾的兴王府长史袁宗皋：“遗诏以我嗣皇帝位，而不是嗣皇子位，如何用皇太子即位礼？”

按照明朝礼仪，皇帝进出走大明门，皇太子出入走东安门。具仪上写明让朱厚熜从东安门进京，摆明着用的是皇太子礼仪。

袁宗皋是弘治三年（1490 年）进士，被选为兴王府长史，深得朱祐杬赏识。朱厚熜以外藩入京承大统，在京城没有自己的班底，袁宗皋就是他湖北嫡系里最得力的人选。

袁宗皋回禀：“主上聪明仁孝，所言极是。”

朱厚熜点点头："既然如此，那让礼部重拟吧。"

杨应魁进退不得，这孩子年纪不大，口气倒不小。没办法，他只好回报内阁，杨廷和倒是没当回事儿，朱厚熜真是棒槌当针——粗细不分了。

也罢，乡下孩子没见过世面，等我明天亲自教他。

第二天，杨廷和仍按原计划率百官出城迎驾，请朱厚熜从东安门进京，并解释说朱厚熜尚未即位，仍是藩王身份，应由东安门入居文华殿，择日登基。

话音未落，袁宗皋便跳了出来，他指着杨廷和等人正色厉声喝道："快打开大明正门，迎今上入登大宝！"

杨廷和愣住了，自己沉浮宦海几十年，名满天下，一个足不出兴王府邸的长史，竟敢对自己呼来喝去？

杨廷和一时脸上有些挂不住，他没有与袁宗皋争辩，而是把目光投向了朱厚熜。

朱厚熜说："杨先生和各位一片苦心，我当然很感激。可是事关国家礼仪问题，不能含糊。要不麻烦礼部重新拟个文件，我就在这等着吧。"这再次令杨廷和大吃一惊。

大臣们集体沉默，看那意思，不让朱厚熜从大明门进，这位爷是不打算进去了。

那么，杨廷和的主意对不对呢？

从他的立场上是对的，他与张太后的交易是让朱厚熜先认"母亲"再即位，朱厚熜以皇子身份进东安门合乎礼制。

朱厚熜的立场也没错，他和朱厚照是堂兄弟关系，诏书上告诉他来北京即位，没说先认"母亲"再当皇帝。

其中的关节在于，杨廷和与张太后的交易是暗箱操作，并未通知朱厚熜。所以这么看，理亏的还是杨廷和。

无奈之下，百官只好禀明张太后，命群臣在郊外劝进，朱厚熜在行殿受笺，取得做皇帝的资格后，再从大明门入宫即位。

看上去是双方各退了一步，但朱厚熜表明了自己的立场，自己是来当皇帝的，不是来认“母亲”的，你们这帮人既然选了我，就得听我的。

事情到这还没完，朱厚熜行殿受笺之后，按程序要先选定年号。礼部官员呈上奏本，说拟定的年号为“绍治”。

“绍治”的意思，是继承弘治，希望朱厚熜能成为朱祐樘那样的皇帝。

朱厚熜拿出一本《尚书》翻到一页，说“绍治”自己不怎么喜欢，这句“嘉靖殷邦”很好，年号还是叫“嘉靖”为好。

礼部官员还想争辩：“绍治”是大臣共同商议的结果。

朱厚熜望向杨廷和，说让内阁重拟，自己就在这等着。

国毕竟不可一日无君，内阁再次屈服了。

杨廷和开始怀疑自己的判断，选这个朱厚熜是不是错了？

然而，这还只是小小的开始，接下来拉开的“大礼议”事件，才是杨廷和的噩梦。

杨廷和让朱厚熜认张太后当“母亲”，倒也不全是自己的发明，历史上有宗藩继统须继嗣的规定。汉朝、宋朝都有侄子继承叔伯皇位的事，他们都承继为叔伯之子，以保证宗祧一致。

仿此成例，杨廷和让朱厚熜过继给张太后当儿子，似乎也无不可。

按照杨廷和的意思，礼部尚书毛澄上奏，这次不再遮遮掩掩，直接说朱厚熜应该叫朱祐樘为皇考（父亲），叫张太后母后，叫朱祐杬皇叔考，生母兴献王妃蒋氏为皇叔母，在生母面前自称侄皇帝。

毛澄再次强调，这不是礼部和内阁两家的意思，是全体大臣得出的一致共识。换句话说，朱厚熜要是不改口，就是和所有人作对。

对于这个要求，朱厚熜的反应先是震惊，然后是愤怒。

管爹叫叔叔，叔叔叫爹，成何体统？死去的人不说，朱厚熜还是个事母极孝的人，这一改口，连活着的亲生母亲都不能叫了？

不行不行，绝对不行。

看到礼部的奏章，朱厚熜当时就生气了，他厉声喝问道：“父母可以这样调换的吗？”

毛澄不打无准备之仗，身为礼部尚书，专业就是礼法。毛澄解释，孝宗这一支是大明皇统正宗，是大宗；兴王那一系是小宗，朱厚熜现在当上了皇上，是由小宗入大宗。所以朱厚熜就应该舍弃小宗的身份，归入大宗之中。这是多少人都梦寐以求的事啊！这种事在历史上早有先例可循，完全合礼合规。

毛澄一番话说得有理有据，但朱厚熜很显然还是不服。这位年轻的皇帝的脑海中不断重复着一个声音：早有先例就是对的吗？哪天我想做什么事，你们也给我来个早有先例，那我这个皇上算什么？

朱厚熜被气晕了，气归气，当时他也没什么好办法。毛澄没有吹嘘，这件事上杨廷和早就摆平了所有大臣，只要这个皇上不同意，几十份折子立马就会飞到他的龙书案上。

而恰好在这个时候，朱厚熜身边最信任的人，也是唯一能帮他挺身而出的袁宗皋，很不时宜地死掉了。

来到京城不过几天，放眼皇宫内外，能信任的就那么几个王府旧人，最靠得住的袁宗皋还离世了。

解铃还须系铃人，朱厚熜想来想去，不得不频繁地请杨廷和过来喝茶套近乎，向他求情，看这事是不是能通融一下。

杨廷和也不拒绝，每次都是乐呵呵地来，笑眯眯地品茶，一聊到继嗣问题，立马就要告辞。朱厚熜几次下旨再议嗣统问题，群臣就像听不懂一样，每次都是维持原议。

朱厚熜苦于没有自己的势力，要跟杨廷和这样的官场老滑头斗，小皇帝还需要帮手才行。可杨阁老的力量这么强大，谁敢和首辅大人作对呢？

大臣们普遍不敢拿前程当赌注，但如果是前程未卜的人，那就不一定了。

二甲进士

朱厚照驾崩当年，一个来自温州府永嘉县的读书人在会试中榜上有名。

还没来得及确定名次，正德皇帝朱厚照就驾崩了。正德十六年（1521 年）五月十五日，朱厚熜在奉天殿主持了他人生中的第一场殿试，张璁中二甲进士，奉命观政礼部。

张璁是个待分配的实习进士，时年他已四十七岁。就算仕途一帆风顺，熬个十几年下来，能不能爬到高位还是很大的未知数。

张璁的前途有很大的不确定因素，他和杨廷和不熟。正是光脚的不怕穿鞋的，大不了被杨廷和打击报复，反正自己也没什么可失去的。眼前这个机会，是不是可以利用一下？

张璁的成绩不怎么出色，不过他有个特长，礼学造诣颇深。仔细研究了杨廷和的那套理论，他敏锐地抓住了其中的漏洞。

汉哀帝、宋英宗都是认了叔伯为父不错，可那是人家汉成帝、宋仁宗无子，生前早就把孩子过继过来，养在宫中作为皇储的，因此大家都没有话说。

朱祐樘生前可没过继朱厚熜为子，这是新情况、新问题，不能套用以前的旧经验。

正德十六年七月初一，张璁上奏表示异议，说自己翻遍《皇明祖训》，朝廷没有皇子，“兄终弟及”，没错。可祖训里并没说，一定得改认皇考啊。而且皇上这个情况，跟汉哀帝、宋英宗都不同，怎么能生搬硬套呢？

张璁进一步指出：当今皇上之有天下，可以看作太祖高皇帝亲自授予，所以不光不能认张太后当母亲，反而应该追封兴献王为皇考（皇帝对亡父的尊称）。

如果逼着朱厚熜不认生母，兴献王这一支就将绝嗣。大家都是朱见深的孙子，凭什么让朱祐杬绝后？

张璁这份奏疏不啻在朝廷上投下一颗炸雷，人们纷纷打听，这个实习官员到底是什么背景，敢和说一不二的杨廷和作对？

答案是张璁没有背景，他这份奏疏既是仗义执言，也是揣摩上意。若败，张璁少不了被一顿贬谪；若胜，张璁一步登天，位极人臣。他赌的就是朱厚熜能不能斗败杨廷和。

孤立无援的朱厚熜在看完张璁的奏疏后，不禁喜极而泣："终于有人理解我了啊！此论一出，我们父子有救了！"

朱厚熜立即召来杨廷和，向他展示了张璁的高论。意思是，杨先生你看，你的理论是不对的，我不应尊孝宗皇帝为父，张太后为母。

杨廷和看完只是冷冷一笑："陛下，张璁只是礼部实习官员，国家大事哪轮得到他说话？"

朱厚熜不明白了，杨廷和，敢情你说不行就不行？这张璁，可是殿试时我亲自录用的啊。

杨廷和没有说话，回到内阁，他用实际行动作出了回答：张璁，自明天起，到南京去当刑部主事。

从礼部实习官员到刑部主事，张璁这份新职务这是明升暗降。南京真正有权力的官员只有三位：兵部尚书、镇守太监和提督军务勋臣，其他六部官员都是摆设。北京官员被踢到南京，通常不是去反省就是去养老，是名副其实的"冷衙闲曹"。

朱厚熜终于被激怒了，太祖说平民百姓皆可上书言事，何况张璁还是个有功名在身的进士。

自己可是皇帝啊！

朱厚熜决定动用皇权进行反击。他亲自手书诏书，尊父亲为"兴献皇帝"，母亲为"兴献皇后"，祖母为"寿安皇太后"，命司礼监发给内阁，按此办理。

皇帝又如何？

杨廷和不动声色，封还手诏——这事内阁办不了。

朱厚熜气得浑身发抖，只是他毕竟刚做皇帝几十天，还没搞明白权力的关节。

皇权强大时候，皇帝有种种办法绕过内阁行使自己的权力。当初朱瞻基可以不顾杨士奇反对废立皇后；朱祁钰无视满朝官员反对废掉太子朱见深；朱厚照甚至可以不打招呼就跑到宣府，而朱厚熜只能气哼哼。

内阁固然可以封还皇帝的旨意，皇帝也可以无视内阁，自己把事情办了。

朱厚熜就不行了，他以外地藩王身份入京，年龄既小，也还没培养起自己的班底。人头还没摸熟，办事门道还没摸清，又怎么能和杨廷和对抗？

皇权微弱时，天平就开始倾斜，所以杨廷和敢封还朱厚熜的手诏——就是欺负你新来的，怎么样？

在当时这个局面下，大臣们是不敢和杨廷和作对的。这时就轮到朱厚熜干瞪眼了，眼瞅着朱祐杬这个爹就要保不住了。不过，杨廷和却万万没想到，一位意料之外的新选手登场了，这个人的出现帮助朱厚熜暂时稳住了阵脚。

她就是朱厚熜的生母，兴献王妃蒋氏。

朱厚熜登基后思母心切，派人去安陆把母亲接来北京。本来蒋氏高高兴兴，就等着当皇太后了，可抵达通州后才得到消息，太后大概是没指望了，很可能连儿子都要搭进去。

蒋氏虽是个女流之辈，却也是个性格刚强的女子。她叫来迎接的官员厉声呵斥：“你们这些人拿朝廷的俸禄不干正事！兴献王的尊称为何还未定？为何一定要拆散我们母子？”

说罢，她吩咐手下：车驾就停在通州，要进就按太后礼仪从大明中门进入，说什么也不按礼部安排，从旁门进入。

朱厚熜一听母亲到了，精神顿时上来了。他也不想见杨廷和了，直接找到了张太后，表示自己的母亲来不了，自己也不想干了，这就辞位归藩，宁愿回安陆当王爷也不受这个窝囊气。

皇上要闹辞位，这可是大明史上前所未有的事，一时间朝野震动。张太后兜不住，慌忙找来杨廷和商量。

杨廷和却很淡定，不就是怎么进北京的问题嘛，这有何难！

要说杨廷和的手段真不是盖的，旁人看来不可能妥协的问题，他靠着妙笔生花，竟然就轻轻松松地解决了。

方案是这样的：朱祐杬生母邵氏称太皇太后，朱祐杬称兴献帝，正妃蒋氏称兴献后。

追封邵氏为皇太后，从名分上确认了朱祐杬拥有皇帝的资格，蒋氏也就能以皇后的身份从大明门进宫。

可是不对啊，朱祐杬夫妻俩帝后归帝后，怎么少了个“皇”字？

这就是杨廷和的狡猾之处，少一字说明只是拥有皇后的待遇，并不等于就是皇后了。总之，朱厚熜还是得管朱祐樘叫皇考，反正最终解释权在杨廷和手里。

朱厚熜也不是这么好对付的，他闹辞位无非是以退为进先争取让步再说。两个月后，朱厚熜就反击了，他再下谕旨：兴献帝后，皆加“皇”字。

这下公开下旨，杨廷和却毫不退让，再次封还御札，并说：“职在辅导，不容曲从阿顺，以上损圣德！”

朱厚熜更加强硬，回复道：“可承朕命，以表衷肠。慎无再拒，勉顺施行！”

这时已是嘉靖元年（1522 年）正月十一日，双方就尊号问题已撕扯了大半年。这中间的称呼怎么争，就不多作具体描述了，因为实在是太绕了。一会儿争加不加“皇”字，一会儿争是不是“本生”，一会儿又给朱厚熜安排两个爹（两考并存）。这帮文官玩起文字游戏来，那绕得人岂止脑壳疼。

总之，朱厚熜四次下旨，杨廷和打回四次。恰巧在这时候，内宫发生了火灾，杨廷和敏锐地抓住了这个机会，授意群臣上奏，说皇上一定要给兴献帝后加称？祖宗都看不过去了，火起风烈，这是天意啊！

这是很严重的指控，朱厚熜实在没辙了，只得承认失败。

嘉靖元年（1522 年）三月初九，皇宫正式举行了认宗仪式，朱厚熜认孝宗皇帝为皇考，父母为兴献帝、兴献后，从形式上确认了杨廷和的胜利。

说穿了，这场所谓的“大礼议”事件闹得沸沸扬扬，最后争的无非是个名义上的称呼。不少人搞不明白，朱厚熜都当皇帝了，父母也得到帝后称号了，跟杨廷和玩这么久的文字游戏，值得吗？

虽说争来争去都是朱厚熜当皇帝，这个皇帝当得可大不一样。

先说结论，朱厚熜争的不是名分，而是权力。

权力来自哪里，这是个很大的问题。

比如朱棣即位，他就必须革除建文年号，宣称自己直接继承的是朱元璋。否则，他就无法解释自己的权力来源。朱允炆或者他的后人随时可以跳出来说，我才是正统，朱棣一家权力来源不正！

朱厚熜也是一样。他的逻辑是，既然孝宗一脉已经绝后了，按照朱明统续远近，皇脉理应让渡到兴王这一脉，我继承的是我爹的帝位，不存在继承孝宗这个说法。

背后的逻辑是，朱厚熜靠祖训、天命就能继统，为啥要不认父母？杨廷和和张太后想靠这种虚构的恩典来控制，行不通。

朱厚熜的逻辑对不对呢？确实是对的。这点张璁已经指出过，但被杨廷和无视了。

这样来看，朱厚熜可比朱厚照厉害多了。同样是十五岁，朱厚照还在玩鹰斗狗，迟迟没进入角色。朱厚熜一个乡下孩子，已经单枪匹马在跟一帮政治老油条争夺大明最高权力，这就叫少年老成。

再进一步看，“大礼议”事件不光是争夺权力来源，还是争夺权力本身。

假设，一提不愿认爹，杨廷和就妥协，权力来源解决了，朱厚熜就真正地掌握权力了吗？

很困难。朱厚熜执政初期，一头撞上杨廷和这个四朝元老。彼时他先斗刘瑾，再除江彬，兵部尚书王琼被他赶跑，六部尚书全换成了自己人，放眼朝中风头一时无两。杨廷和六十岁出头，再掌权个五六年很有希望，十来年也不是奢望。

不信您看，争了一年之久，表态支持朱厚熜的人一个巴掌都数得过来。而那个喊得最响的张璁，已经被打发到南京去养老了。

说远一点，承认自己的帝位是靠杨廷和、张太后施舍来的，朱厚熜就得终身供着这两尊佛，就算日后真正掌权了，也不能搞打击报复。

借助这个“大礼议”事件，朱厚熜立即就让大臣们认识了自己。

第一，我的头脑很清楚，别想糊弄我。

第二，我有獠牙，欺负我会遭到反击。

通过争爸爸，朱厚熜很明确地向群臣传递出一个信号，你们不要搞错了，我只是暂时处于劣势。

赵高指鹿为马，为什么那么多人揣着明白装糊涂，那头野兽是鹿是马压根儿不重要，重要的是站队。杨廷和再厉害也要退休，权力终将属于我，你们谁越早看清这个道理，就越容易得到重用。

“大礼议”事件逻辑的闭环，就是革除老臣、启用新臣，达到大权独揽的目的。朱厚璁忍不了杨廷和五六年，十来年更不行，越早收回权力越好。

这么看，还要不要争？以朱厚熜的角度，绝对有必要。

杨廷和落败

朱厚熜是有备而来的，虽然一时服软，但是不会那么容易认输。而且经过这么一番折腾，越来越多的大臣看清了形势，转而向朱厚熜靠拢。这些对杨廷和不满，又有能力的下层官员，帮助朱厚熜改变了事件的走向。

起到关键作用的还是张璁。这位仁兄垂头丧气地到了南京，却受到了一位同僚的热烈欢迎。此人名叫桂萼，江西饶州府安仁县人，正德六年（1511 年）进士。

桂萼的成绩很好，脾气很差，史载他“性刚使气”，和上司关系搞得很僵。高中进士后，他外放知县，十年都没有得到升迁。后来，桂萼四处托关系，总算在嘉靖二年（1523 年）升为南京刑部福建司主事。

南京到底是个清水衙门，桂萼志不在此。自从发生“大礼议”之后，桂萼就密切地关注着北京局势，觉得可以以此作为升迁的捷径。张璁被贬到南京，桂萼马上找到了他，两人利用工作之便，整天凑在一起研究杨廷和理论的漏洞，找出驳倒他的各种论据。

在此期间，又有几位新的同僚加入了他们：吏部员外郎方献夫、兵部右侍郎席书、职方司主事霍韬、刑部郎中黄宗明、都察院经历黄绾。这些都是南京官员。他们还有个共同点，不是王守仁的门人，就是阳明学说的支持者。

杨廷和看王守仁不顺眼，王守仁作为“心学”圣者，足智多谋、知进退。而杨廷和刚正秉直，勤勉善政。所谓一山不能容二虎，两个人的矛盾主要体现学术思想的冲突上。

“心学”实际上是对理学的挑战，由于“心学”大大拓宽了受众人群，一经问世便展现出了强大的生命力。众多的学子为之折服，纷纷投在王守仁门下，许多理学之士也改旗易帜转投“心学”，在老百姓之中更是受到普遍欢迎。

面对“心学”对理学正统地位的批判和挑战，杨廷和身为朝廷宰辅，自然而然地感受到了愈加严重的压力和威胁。为了保护自己的地位，一干理学大臣联合起来，共同抵制他们眼中的“异端邪说”——“心学”以及它的开创者和信奉者。

王守仁自然就成了他们眼中的“首恶”，杨廷和与他的儿子都曾公开对阳明“心学”指责和攻击，在政事之中，更是寻遍各种理由对王守仁本人及其“心学”进行打击。

至今史料均没有查到王守仁致杨廷和的书信，作为曾主政一方的地方大员，和长期担任内阁首辅的朝中重臣来说是极不正常的事，这只能说明一点：王守仁不屑与杨廷和为伍。

嘉靖元年（1522年），王华去世，王守仁回乡守制后就没有再出仕，在绍兴当老师。不过，这不妨碍张璁等人以他的“心学”为武器，向杨廷和开战。

“心”即“天理”，礼缘人情，人同此心，心同此理，所以“礼”才得以行万世而皆准。杨廷和的理论符合程朱理学，却违反天理，无视人情，是思想解放的桎梏。皇上也有七情六欲，也有天理人伦，杨廷和逼着皇上不论亲生父母，算哪门子理！

这些人天天凑在一起商量如何向杨廷和反击，拥护朱厚熜观点的“议礼派”在南京形成了，“大礼议”又呈山雨欲来风满楼之势。

嘉靖二年（1523年）十一月，桂萼率先发难，指出杨廷和的理论违反天理，最大的漏洞是有悖纲常。朱厚熜应称呼朱祐樘皇伯考，叫朱厚照皇兄，追尊兴献帝为皇考，尊兴献后为圣母皇太后。

张璁、方献夫、霍韬等马上跟进，上疏表示相同的看法。

用“心学”理论重新武装的这帮文人果然厉害，朱厚熜看到后非常高兴，立即召集廷臣，讨论南京的奏疏。“此理关系天理纲常，便会文武群臣集前后章奏，详议尊称合行典礼以闻。”

此时，杨廷和的好搭档毛澄已经病逝，新任礼部尚书汪俊接过了毛澄的衣钵，带领百官继续与朱厚熜作斗争。

两派还在唇枪舌剑，主要当事人杨廷和却已心灰意懒。

杨廷和不是傻瓜，几十年的斗争经验告诉他，自己已经无法通过“大礼议”改造朱厚熜，让他成为心仪的皇帝了。

嘉靖二年（1523 年）元月，朱厚熜作出的让步，只是权宜之计，这十多个月他一天也没闲着。他将兴王府旧人不断地安插到实权岗位，任命王府护卫骆安执掌锦衣卫，并提拔了不少下级官员。

这一切说明，反击迟早会来的。尤其是朱厚熜还特赦了江彬同党许泰、张忠的死罪。

其实杀不杀许泰、张忠，朱厚熜根本无所谓，此举不过是向杨廷和示威。你说“天下之人皆曰可杀”，我偏不杀。杨廷和威胁要辞职，朱厚熜名义上挽留，却不改圣旨一字。

这分明是说，杨廷和的话，朕可以听，也可以不听，你们不要站错队。

汪俊还想讨价还价，说可以再退一步，称兴献帝为兴献皇帝。朱厚熜不高兴，单独把汪俊拎出来，以“结党乱政”为名剥夺俸禄，直接下旨召张璁、桂萼、席书入京议事。

杨廷和原以为还能独领风骚三五年。现在看来，三五个月都撑不过了，再要恋栈下去，全身而退恐怕都困难。

也有可能，他只是累了。四十多年的钩心斗角，对手换了一茬又一茬，杨廷和都挺过来了。最后一个对手竟然是皇帝本人，这或许是他没有预料到的。

君君臣臣，父父子子，自己干来干去，还不都是为了姓朱的皇帝。朱厚熜不领情，自己又能咋办？

谁说年纪小就容易掌控，少年老成的朱厚熜狠狠地打了杨廷和一记耳光。

要为杨廷和说句公道话，说他要掌控朱厚熜，倒并非出于私心。只是看到朱厚照的前车之鉴，杨廷和痛感人心不古，世风日下，试图以一己之力拨乱反正，让朝堂回到弘治年间，那个文官们的“黄金时代”。

可是朱厚照的例子也告诉我们，古代治国的决定性因素全在于皇帝的性格和能力，这不是后天所能改变的。

正如天下没有两片相同的树叶，皇帝也不是一样的，朱祐樘是不可复制的，正如朱厚照也是空前绝后的一样。

朱厚熜就是朱厚熜，他虽不是朱厚照，但也不可能成为朱祐樘。

要想实现政治理想，杨廷和只有一条路：成为权臣。他没有这个条件，更没有这个野心，所以他必然失败。

杨廷和反复思考着人生，他终于意识到了自己的错误。他还沉浸在过去那个时代的夕阳晚照中，还在为了自己都搞不懂的一些情愫而默默坚守。可这一切都在不可避免地离自己远去，而他早已无力挽回了。

那他所做的这一切，还有什么意义呢？

此时不走，更待何时。

嘉靖三年（1524年）正月，杨廷和再次上疏请辞。这次朱厚熜不再挽留，不光立即批准，还责备他“因辞归咎，非大臣道”。

朱厚熜的羽翼已经丰满了。

叱咤大明政坛几十年的杨廷和离开了京城，这回是彻彻底底地走了，再也不会回来。这位老人斗败了刘瑾，铲除了江彬，定策迎立朱厚熜，总揽朝政达三十七天。

杨廷和在嘉靖初期的改革措施，受到朝野上下的普遍称颂。纵然他有坚持理学正统的食古不化，有收受贿赂的私德亏欠，也无法抹杀他为大明王朝励精图治、安危定倾、革除弊政的功劳。即使是在“大礼议”时期，杨廷和也还在注重裁员，简化各部结构，辞退无必要的人员。

望着杨廷和逐渐远去的背影，朱厚熜还是有点儿恍惚。

这个死硬的老臣跟自己斗了三年多，怎么突然就放弃了，毫无前兆，说走就走？朱厚熜不知道，他和杨廷和是不一样的。

朱厚熜是皇帝，只要他愿意，就能把这种政治上的博弈当成游戏。既然是游戏，那么即便失败了，他也不会承担什么后果，大可以从头再来。他也可以换个游戏，或者一拍屁股不玩了。

杨廷和不同。他是大臣，是为皇帝服务的，他跟朱厚熜唱对台戏，就是把脑袋拴在裤腰带上陪玩。只要一个不小心，杨阁老就会搭上身家性命。

杨廷和一直以来都在对抗皇权，而且还是堂而皇之地对抗。即便他能把这一切当成一场游戏，但他的这场游戏不能重来，还必须一命通关。

杨廷和宦海沉浮四十余年，总算懂得急流勇退，不失为明智之举。

朱厚熜并未忘记杨廷和。嘉靖七年（1528年），朱厚熜重定议礼诸臣之罪，杨廷和被定为“罪魁”。他降下圣旨，称杨廷和“为罪之魁，以定策国老自居，门生天子视朕”，将其削职为民。

嘉靖八年（1529年）六月，杨廷和病故，享年七十一岁，以平民礼下葬父亲杨春墓旁。

杨廷和去世多年后，大明财政问题再次浮出水面，朱厚熜忧心忡忡，召来大学士李时问道：“太仓里的积蓄还有多少？”

李时回答说：“还可以支付几年。这是由于陛下初年即位，下诏书裁减多余人员换来的。”

朱厚熜默然良久，感慨地说：“这是杨廷和的功劳，是不能抹杀的啊。”

杨廷和虽有不少缺点，但他依然是个于社稷有功的人。对于这位四朝老臣，隆庆时期礼部所拟定的评价可谓盖棺论定，亦不失公允：“廷和性抱忠贞，才优经济。相武庙于危疑，吁谟默定；翊先皇于初统，朝政一新。正始厚终，庸勋卓著。高风直节，誉望尚流。”